呵护宝贝内心的高能量

提升孩子的自我认同
给予孩子真正需要的滋养

冰释◎著

北方文艺出版社
·哈尔滨·

图书在版编目（CIP）数据

呵护宝贝内心的高能量 / 冰释著 . -- 哈尔滨：北方文艺出版社，2022.8
ISBN 978-7-5317-5664-4

Ⅰ.①呵… Ⅱ.①冰… Ⅲ.①家庭教育 Ⅳ.① G78

中国版本图书馆 CIP 数据核字 (2022) 第 113282 号

呵 护 宝 贝 内 心 的 高 能 量
HEHU BAOBEI NEIXIN DE GAO NENGLIANG

作　　者 / 冰　释	教育顾问 / 战吉华
责任编辑 / 富翔强	装帧设计 / 树上微出版

出版发行 / 北方文艺出版社	邮　　编 / 150008
发行电话 / (0451) 86825533	经　　销 / 新华书店
地　　址 / 哈尔滨市南岗区宣庆小区 1 号楼	网　　址 / www.bfwy.com
印　　刷 / 武汉市籍缘印刷厂	开　　本 / 710×1000　1/16
字　　数 / 236 千	印　　张 / 15.5
版　　次 / 2022 年 8 月第 1 版	印　　次 / 2022 年 8 月第 1 次印刷
书　　号 / ISBN 978-7-5317-5664-4	定　　价 / 68.00 元

序 言

写这本书的时候，我刚刚从身体和内心能量的低谷慢慢爬出来。生命有的时候就如潮汐的海浪，受着天体引力的影响周期运动，浪头越高浪谷越低，激情越高越需要在低处更多的蓄势，以便再度激发向上！

在生命的低谷里，咀嚼着无尽的自我伤痛，消耗着仅存的能量，一度感觉没有了生气。所有的注意力都在自己内心的澎湃里，没有什么关注和爱可以分给孩子，只是例行着接来送去，念了故事陪他们睡去。在这样的生命阶段里，我跟孩子是那样疏远，表面近在咫尺，心却天涯海角。

心不在焉的状态里，又在我的内心积累着愧疚：别人的妈妈会细心安排好宝宝的生活、饮食，而我只是胡乱煮熟即可；别人的妈妈闲暇一定会陪宝宝出去玩，而我竟总如一团乱泥没有力气地蜷缩在家里；别人的妈妈会给宝宝扎漂亮的辫子，而我全然没有任何兴致；别人的妈妈会主动关注孩子在校情况，跟老师及时沟通，而我从来都不管不问……

愧疚的能量更加速了谷底的深度，更加重了对自己的批判，套紧了身上的自我否定的绳索，勒得自己更加喘不上气，更加无力！这份愧疚又同时如同锁链，一头牵扯着我，一头握在孩子的手里，或许也正是这份牵扯，给了我尚有的一丝生的愿望！我发现，我越是挣扎、越是否定、越是不能接受，这深谷的底越向下沉。

我成长在一个开明温暖的家庭，父母和谐温情，原生家庭的挑战对我而言是基本没有的，小时候几个重要的伤害烙印是来自家庭之外，更准确地说是校园霸凌。对于有着这样相对较好的原生家庭的我，依然有着生命里起伏难耐的内在荒漠时期。对于原生家庭矛盾冲突较多的人来说，成年之后内心的挑战和局限自不必说，而这些挑战和局限是锁住我们能量的锁链，并且深藏于我们的潜意识，更多时候甚至连我们自己都忽略了它们的存在，但实际上它们锁住了我们成功的能量、财富的能量、幸福的能量、自我实现的能量……如今我们又成了孩子们的原生家庭重要的成员，要如何才能不把我们的潜意识锁链再锁向他们？

生命的每一种状态，都是一种特别的恩赐，在其中有太多成长和学习。在低谷里我学习和总结了自我蜕变和成长的方法，同时也收获了陪伴孩子成长的秘诀！世间太多的父母，真的与孩子在一起吗？包括那些全职妈妈，每时每刻的身体陪伴，就是最好的陪伴吗？你的心时刻与孩子在一起吗？到底如何才是高效的陪伴？你的爱，孩子怎样才能收到？你以爱的名义，促进了孩子的发展，还是限制了孩子的发展？我们每一个父母都是望子成龙，那么怎么样就可以成龙？父母如何做、如何站位才能助子成龙？

我也是平凡父母中的一员，也有着普世皆有的望子成龙的愿望，之所以想要写这本书，是因为自己也有这样的需求，同时想把自己的得失呈现给世人，让天下父母可以不用经历我已经经历的沟壑，把健康的爱传递给自己的孩子。我过往的特殊内在状态，在我如今醒悟的能量层级里回头再看，孩子们不仅身体没有停止成长，老大已经到我的肩膀，我如同才睁开眼睛看到自己的孩子，已然出落得美丽高挑。当然，能力方面也在不断进步，可以一个人穿越北京城去自己选择培训班，可以把自己的学习安排得很好，为了迎接接下来的初中可能的住校生活，也在准备着生活方面的能力。心灵上，不经意间印着一些我和父亲的思想烙印，曾经我的状态也很大程度影响着她们，安全感、归属感和价值感依旧有些缺憾，青春期的叛逆也彰显无遗。我曾一度觉得我没有资格分享一些教育理念，因为自己没有培养出一个完美的孩子。但实际上教育的成功不是完美的，世上没有完美的人和孩子，而是激发、引领、唤醒孩子自身的能量，去成就他们自己！在不完美里，恰恰有着更多的学习和成长，我更感谢宝贝们带给我的挑战，正是这些挑战让我有了更多的学习、成长和领悟，让我知道如何更好地在未来高效陪伴和成就他们！同时，我发现，孩子的成长虽与我们有关，又随时彰显着他们自己磅礴的生命能量，不被干扰反倒时时令你吃惊。因而也引发了我对父母是谁、父母的角色思考和印证，引发了我对如何呵护这份生命能量的反思，也因此成就了本书的核心理念。

醒悟在任何时候都不晚，在任何时候遇到都是最好的安排！我的初创事业带给我太多人际关系的挑战，在我能量消耗殆尽的时候，我遇到了中国传媒大学的MBA，我以为管理方法是给我救赎的稻草，而实际上是为了引领我去到心理学层面。在传媒有很多收获，最大的莫过于跟着曾海波老师一头扎进心理学的海洋里，意识的帆船驶过叙事疗法、精神分析、人本主义、系统动力、催眠完型、合作取向、超心理学等学术流派的岛屿。结合自己内心的波涛汹涌、求助者的迷茫，发现了人类能量的密码！多年来，接待太多心灵痛苦的个案，而几乎所有的痛苦问题都指向0～18岁的成长经历，最多的是原生家庭，再者是家庭之外的伤害（在当时父母没有进行及时疏导），以至于影响一个人一生的能量状态，他们沉浸在痛苦里一生都难以自拔。这些经历都让我更坚定地将这本书写出来，帮助更多父母学习如何呵护孩子的自身能量，如何陪伴他们开启属于他们自己的精彩生命！所有的一切，包括这本书与各位的相遇，都是最好的安排和开启！

目 录

第一章　内心强大的高能量宝贝的核心素养

一、正向积极的自我认同 5
　　（一）过低的自我认同 5
　　（二）过高的自我认同 7
　　（三）自我认同的构建过程 8
　　（四）构建正向积极的自我认同 12
二、与生俱来的高能量 19
　　（一）重新认识你自己！重塑自我认同！ 22
　　（二）从旧有模式走出来，发现新的可能性！ 23
　　（三）走上正确的人生方向 24
　　（四）清理自己的生命俱乐部 24
　　（五）你想要的爱，不在你之外 25
三、具备身、智、心、灵多维度的高能力 28
四、拥有高情商、高心商 31

第二章　洞悉孩子内心（灵魂）的密码

一、孩子的内心（灵魂）要用什么来滋养？ 37
二、到底如何来爱？如何来构建这关键的四感？ 43
三、孩子是自己生命的主人和专家 50
四、外化问题：孩子是孩子，问题是问题 57
五、认清孩子的所有问题：都是源于爱 63

第三章　父母的位置恰当，是孩子幸福的源泉

一、情绪报警器 71
二、健康的亲子关系 72

三、有待提升的亲子关系..74

四、情绪报警一..76

五、情绪报警二..79

六、情绪报警三..83

七、情绪报警四..85

八、教养还是误导？..87

九、父母到底是谁？..92

第四章 成为资源合作教练式父母，点亮孩子内心

一、爱、自由与规则..99

  （一）爱是主旋律..99

  （二）自由唱响的音符..100

  （三）规则的五线谱..104

二、倾听和鼓励..111

  （一）反射式倾听..112

  （二）积极的倾听..114

  （三）精神的鼓励..117

三、成为孩子的资源..119

  （一）无条件的爱..119

  （二）社会化技能教练..121

四、成为自己期望的样子..124

第五章 释放孩子的能量

一、信任与恐惧..133

二、惩罚和奖励..136

三、宝贝，我看见你了！我需要你！............................140

四、天有多大？..143

五、太好了，我们可以学到什么？................................147

六、确保孩子收到我们的爱..150

第六章　清晰的生命界限，让孩子的内心没有羁绊

一、我、你、我们、你们、天 159
　　（一）天人合一期 159
　　（二）执拗期："我"的萌芽 161
　　（三）自我验证期及青春期：树立界限 165
　　（四）顺应天意 170
二、生命界限是双刃剑 171
三、中国式家庭的生命界限现状 174
　　（一）中国长辈是牺牲性付出 174
　　（二）西方家庭过于清晰的界限 175
　　（三）生产力水平决定界限范围 177
四、如何把握恰当的生命界限？ 179

第七章　训练孩子的社会能力"你一定能想到办法"

一、清晰描述行为和感受 187
　　（一）在敏感期顺势训练 188
二、了解和舒缓自己的感受 199
　　（一）大美情绪 201
三、理解别人的感受和看法 204
四、找到多种解决方法 209
五、自己评估后果，找到多赢方案 216
六、分步计划并实施 221

第八章　爱给出去，会变得更多

03

第一章 内心强大的高能量宝贝的核心素养

高能领袖需要的特质清单一直在生长：演说力、创造力、洞察力、沟通力、理解力、学习力、记忆力、判断力、内省力、合作力……人们对孩子的美好期待也一直在延伸：好学、礼貌、诚实、耐心、幽默、智慧、正直、负责、自信、合作、热情、开放、自律、友好……你或许还期望更多！

第一章 内心强大的高能量宝贝的核心素养

每个父母都有着对孩子成龙成凤的期待，孩子需要的特质清单一直在生长：演说力、创造力、洞察力、沟通力、理解力、学习力、记忆力、判断力、内省力、合作力……人们对孩子的美好期待也一直在延伸：好学、礼貌、诚实、耐心、幽默、智慧、正直、负责、自信、合作、热情、开放、自律、友好……你或许还期望更多！

每个父母都期待自己的孩子能够成龙成凤，为此我们觉得自小需要着意培养他们许多高能领袖所具有的特质，而且这份清单也一直在生长。

高能领袖特质	已具备	期待品质	已具备
演说力		幽默	
创造力		自信	
洞察力		智慧	
沟通力		礼貌	
理解力		热情	
学习力		好学	
记忆力		友好	
判断力		开放	
选择力		正直	
内省力		负责	
合作力		合作	
自愈力		诚实	
坚韧力		耐心	
行动力		自律	
策划力		谋略	
影响力		领导力	
……		……	

我们的假设是：孩子是一张白纸，我们可以在上面描绘任何特质的蓝图。只有如此，孩子将来才能够成就一番天地。如果你也是这样想的，有一个问题请您考虑：上面的特质，你具备多少？或许你会说，正是因为我没有具备，所以我才没有成功，也就更应该着意雕刻我们宝贝这个璞玉，而且应该趁早。于是，一

呵护宝贝内心的高能量

大批拥有上述诸多特质的"机器宝贝"诞生了，却唯独失了自己也失了心。

每个宝贝出生都携带着大量的基因密码，并不是一张白纸，这个基因密码连接着家族潜意识和人类集体潜意识。这份原初的能量磅礴而纯粹，因此，宝贝的起跑线并不是你以为的：出生后你的后天教育初始，在你选定配偶的那个时刻，两个家族的潜意识状态就已经决定了孩子的起跑线。我们在这里并不指任何后天的物质、财富，而是指精神和意识。所谓龙生九子，九子不同，后天大脑知识和逻辑的训练只是一个人生命状态极有限的部分，心理学家已经研究并得出结论，决定一个人的生命状态并不是大脑后天所被训练的内容，那是一个人的显意识，只占一个人意识的5%都不到，而潜意识则占有绝对优势。孩子的天生磅礴能量和基因密码都在潜意识里，在这里我们把我们头脑显意识之外的意识统称为潜意识。但潜意识是有次第的，我在这本书中，仅表达所有这些不易被我们所了解的意识的集合。

在孩子后天的培养中，如何呵护孩子本初的高能量，使得孩子能够有健康的心灵状态，是最根本的教育，而这个部分并不需要你做太多，尽量不污染和打扰他们的自我解码过程。

后天的社会化的教育，需要我们家长的教练式训练，让孩子主导和体验自己的生命活动，并形成全能感。什么是全能感？也就是我们在随后会探讨的孩子的自我认同感，感觉自己只要愿意尝试和想办法，就能够做到。一个身心健康的孩子，首先能够主张和专注于自己内在想要的状态，同时在完成的过程中能够时时觉察自己的内在状态且能够自我调整（使自己时时具有全能感），还能够感受、同理他人的状态获得合作和资源，并且在失败中同样能够获得精神食粮，最后才能够成就自己。

这样的孩子才是我们所说的心理强大的孩子，他与自己的内心时刻在一起，不必屈服于环境和他人的影响，在社会上成龙成凤之前，首先应该成为自己内在的主人且能全然地接纳自己。

培养呵护孩子本有的高能量，并不需要你比现在对孩子做得更多，请放下期待回到你自己，经由本书，在学习如何培养孩子的同时，学习如何绽放和成长自己，只有你自己的内在也恢复初有的高能量，才能更好地引领孩子。否则，你对他的影响只是在污染和拉低他的能量。

一、正向积极的自我认同

你或许会问：那要如何？什么都不做吗？

你可以重新审视一下自己的周围，是否能找到内心没有煎熬矛盾，生命的基本能量能朝向清晰去处的人？请闭上眼睛回到你自己的内在，你如何看待和评价你自己？如果可以，你可以一条一条地写下来。你是否能够完全接纳你自己？你的内在是否和谐合一，平静喜乐？你是否知道自己此生想要的是什么？你是否能中正做自己而不被外界影响？

世界上也少有能够完全接纳自己的人，我们芸芸众生的普通人，多数人常常咀嚼着内在自我认同与外界意识矛盾的苦楚，自我消耗着生命能量，沉吟着"人生为何如此之苦"而庸庸度日！

实际上，生活里看到和遇到太多的个案都受困于自我认同状态，而心理医生最主要的工作路线是借助各种心理流派的技术帮助人们重新解构、认识、重塑自我。解构是通过对原有自我意识状态的重新审视、质疑、分析，破除主流、集体、外界价值观所认为天经地义的信条的桎梏和影响；进而重新诠释、认识、塑造新的自我意识，这是心灵工作者的工作地图。

（一）过低的自我认同

当我问：你如何评价和看待你自己？你能说说你是一个怎样的人？很多人都一时语塞，他们或许从来没有从这个角度审视过自己，一味地追求自己在别人眼中、别人评价的结果；或许即使偶尔有思考，却从来没有认真总结过，一时不知道从哪里说起。

你有没有发现自己或身边人有这样一些现象或感觉：

呵护宝贝内心的高能量

不经意看到有人聚在一起窃窃私语，就觉得他们是不是在议论自己，进而感觉很不自在；

身边多数人都觉得此人有能力、很成功，但他们自己却不这么认为，不是假谦逊，是真的总是对自己不满意；

有一点点小失败，立刻就对自己全盘否定，觉得自己很差劲，不是从中学到些什么教训，而是把更多的能量放在懊悔上；

总是不知道穿哪一件衣服，总是觉得别人看向自己是挑剔而不是欣赏；

遇到优秀的人，总觉得自己不够好，配不上做某人的同事、恋人或者朋友，总等着别人做决策，接纳自己或是远离自己；

遇到事情，总是不能确定自己能够完美、完善、周全地做好，没有自己的措施和方案，总是需要不断地请示和确认，对做完后别人的回馈很在意，甚至是对方的表情、音调、眼神都要咀嚼回味半天，总觉得别人不满意，期待别人的好评价和赞许到病态的程度；

对别人的请求，虽然心里不情愿，但从不会拒绝，甚至竭尽所能去迎合别人的要求，直到自己被消耗成渣，下次依旧；

听不得一丁点批评，甚至是别人的建议，也会认为是挑剔，要么沉默在心里难受，要么不客气地怼回去；

暗恋一个人很久，却从不敢表白，觉得对方一定不会看上自己，总是拿别人的优势戳自己心窝；

生活和活着的唯一动力是证明自己的价值和能力，实际上内心因为深深觉得自己没有价值、没有能力，耗尽自己的能量，证明给谁看？

过度的责任感，什么事都觉得是自己的错，别人骂人也是骂自己，别人发脾气也是因为自己不好；

朋友或兄弟被表扬，内心会有较强妒忌的感觉，别人过得比自己好，内心非常煎熬；

……

觉得自己不好，觉得自己不配得，是这些负向自我认同拥有者的共性，在人生旅途里，不但较难有大的成就和作为，甚至每日沉浸在自我否定的责难里，觉得自己一无是处，痛苦只有自己知道，也是自己创造的。这是多数心理咨询室里重复的故事。

（二）过高的自我认同

相反还有这样一些人：如武侠小说里的形象，觉得天下唯我独尊，顺我者昌，逆我者亡，自我认同过高，甚至走向邪恶、众叛亲离。这样的人从不觉得自己有问题，从不觉得自己有错，自然也很罕见于心理咨询室，虽然病入膏肓，却不觉得自己有病。只有透过身边其他人因他的这些状态发生巨大变故时，比方爱人要求离婚、朋友都躲着、孩子变得跟他一样等，才有可能稍稍触动他们。否则就一直生活在自己构建的崇高意识帝国里。凡事都是别人的错，凡是功劳和荣耀都是因为有我。在未来的社会，不存在武侠世界的暴力和绝对的权力，依靠单打独斗已经很难有建树，需要更多合作、整合的时代，自我认同过高的人也会成为社会的边缘人，难有大的成功！

这样的人中的一些，其实内心也是很孤独和恐惧，那份高傲实际上是一件厚厚的盔甲，咄咄逼人的气势实际上是在保护自己脆弱的心灵不受到伤害！

当较低自我认同的人遇到过高自我认同的人，简直就是灾难。

小白给我打电话的时候很沮丧："我辞职了，觉得没法干了，我现在心里特别难受，我能跟你聊聊吗？"

"可以，但我很好奇你已经在那里干了十几年，已经是中层干部了，这样撤出来，一定是有很重要的原因，你如果愿意说说的话，我一直在。"我回答。

"你要说什么特别大的事吧，也没有，但是就是心里憋得慌，好像喘不上气来！"我"嗯"应着，表示我在听。

"你说世界上，怎会有这样的人？以前吧，我年轻，资历浅，也就没有办法计较，总觉得自己的努力不够，好好干就行了。现在我都快四十了，她怎么还是这样对我？是，她是我的主管领导，有些我的业务，她要参与也是正常，可是你说，她怎么就能说得出口，每次项目成了，她就说是她的功劳，项目失败了，就指责我。你说项目是我跟了很久，业务关系也都是我维护的，你就例行公事地出席一次宴会，就是你的功劳了，你可没见，她说话的那个样子，她多么多么英明都说了什么什么，结果就成了！我现在一点也不想看见她，看见她我就堵得慌，得了，我不干了还不行吗！我就辞职了！可现在想想吧，我这些年的努力，就这么白费了，也真是可惜！你说我怎么碰上这么个人呢？我忍了她十几年了，现在忍不了了！"他一口气说了好多，说完舒了口气，又叹了口气。

"你有没有试着把你的感受告诉她，你有没有跟她说过你希望她如何来跟你相处？"我问。

"她总是高高在上的样子，油盐不进的样子，肯定说不了，再说，她一直是领导，我怎么说啊！"他回答。

……

这样的情况也并不少见，对于过高自我认同的老板来说，他们甚至都没有觉察和意识到自己的言行给别人造成的影响。而对于小白，这种煎熬已经咀嚼了十几年，都不觉得自己有资格、有权利、有能力、有必要为自己争取事实上必要的立场和利益。小白有着较低的自我认同，将自己正当的表达和要求都扼杀在自己的内心深处，直到最后火山爆发式地发作，最后受伤的依旧是自己！或许，自始至终，那位领导都不知道这深层的原因是什么！甚至对于小白，在这次谈话之前，他只是有着对那位领导无尽的愤怒，也不曾觉得自己的低自我认同感也在这个过程中起着重要的作用。自我认同感的状态，在人们生活中就是这样起着决定性作用，却经常不被人们自己所清晰地意识到，因为它深藏于人们的潜意识。

（三）自我认同的构建过程

自我认同的构建，并不是在成年走上社会后，而是在一个人幼年到成熟的 0～18 岁成长期，但每个人却是带着这份自我认同，真正走上社会，在社会的熔炉里磨砺，在与人的互动里展现。自我认同的状态，影响着人们与人交往的方式，也影响着一个人内在能量的状态，最终影响着人们自我实现或者说是成功幸福的状态。

我们知道，孩子呱呱坠地直到一岁多，孩子是基本没有自我的，更没有自我认同。自我是后天在社会化的进程中发展和习得的，进而形成一个人的重要人格组成部分。最终，这种后天习得的自我被大多数人认为是自己的全部，从而成为一个人看待世界、创造世界的方式方法。实际上，自我只是一个人的极小的部分，每个人还有超我、本我，灵性修行的道路就是在接纳自我的基础上，回归本我进而升华超我的过程。

这里，我们只是剖析我们凡夫所沉浸和迷失的我——自我。

自我分为生理自我、社会自我和心理自我。在人的早期生命中，通过与周边环境的互动、学习逐渐形成和固化，有些显化在显意识里能很好地被辨识，有些深藏于潜意识，对生活和生命进行着影响却很难被显意识觉察。因而自我的探究是一个必要而复杂的过程，但是却是真正影响生命质量的议题。

◎生理自我：

生理自我主要与身体相连，与我们的感觉系统相关，最初的生命中，我们就是通过身体的感觉来认识世界。

八个月前，婴儿甚至不能意识到自己和外界的分别，吮吸手指、脚趾、妈妈的乳头都一样津津有味，同样，也不能分辨自己和妈妈，认为所有的事物都是一体的。而后开始慢慢意识到自己的身体和妈妈的身体以及与玩具是分开的。

一岁到两岁之间依然把自己当作一个客体来对待，从成人那里了解到一个名字，并且像称呼其他东西一样称呼自己。

直到"可怕"的两岁来临，他们开始认识到"我"，著名的执拗期来临，通过执拗和更多的区分"我"，婴儿开始进入下一个自我发展阶段。

在生理自我发展过程中，还没有太多"好"与"坏"的二元分化，主要是一个自发自然的学习过程，因为自我发展只是萌芽，与外界的冲突和矛盾很少，而且主要是身体生理方面的发展和发现，出现伤害性自我印记也相对较少。但却并不是完全没有，主要的可能性在能量层面，也主要是与父母之间的

呵护宝贝内心的高能量

连接状况。

以下一些典型事件，被心理学家证明，对孩子自我发展和心理健康有较重要的影响，比如：

怀孕是未经计划，生育与否父母纠结犹豫，对新生命的到来是一份惊慌而不是喝彩和欢迎；

怀孕期间，母亲心境不好；

生育这个孩子之前，有过堕胎、流产等；

无知的妈妈，出生后奶水不足却不了解，孩子哭闹是因为饥饿，妈妈因为一些原因产后抑郁，没有好好温存和抚慰宝宝，造成孩子安全感缺失；

一些医院为了母乳喂养，出生三天母乳不足，也禁止其他辅助方式补充；

因先天疾病、早产、黄疸，出生后即住院或在保温箱，与母亲较长时间分离；

父母因为不了解，阻碍孩子用嘴探索世界，阻碍了感觉系统发展。

出生婴儿被遗弃；

执拗期没有被父母了解，在这个特殊的时期没有科学陪伴好；

入园焦虑期的处理不当；

幼儿园的教育理念、环境、老师同学之间的一些特殊状态的处理；

这个时期的发展，对一个人的自我认同影响，是否能够形成一份原始信任，即一对一地抚养依赖关系，婴儿透过感觉将自己和世界逐渐分开，并依靠感觉与抚养人连接。这份原始信任对孩子后期的"安全感"发展至关重要，稳定的爱并及时回应婴儿更有助于这份信任和安全感的确立，而这份信任和安全感又是未来形成正向自我认同的重要基础。

了解孩子成长规律的人，会利用这个时机，充分发展孩子的感觉系统，透过告诉孩子他正啃咬、抚摸的是什么，接触到的感觉是什么，以及到1岁之后认识自己的情绪。比方："啊，很好吃吧，硬硬的，这是勺子，喂宝宝吃饭用的。""宝贝，噘个小嘴，生气啦！告诉妈妈怎么了？"孩子感觉系统的充分发展，对未来认知和智力的发展、感受和接受爱的能力都是非常重要的。

◎社会自我和心理自我：

这两种自我都主要在2岁至18岁间形成，而且基本上是同时在矛盾、冲突、统一的过程中涅槃而生。如果一定要进行区分，相对而言青春期前属于社会自我的树立期，青春期到18岁是心理自我的树立期，也是一个完整的自我认同形成并开始。社会自我更多的是个体对外界的意识形成过程；心理自我主要是个体对内在自己的意识形成过程。

首先是2岁到学龄前后，开始有除了家庭之外更多的社会活动，也就有了更多的人际互动，更清晰地区分"我""你""他"，也有了更多的思想。从别人的反应和语言中，开始学习到"好"和"坏"，因为这二元的分别，开始遭遇到被喜欢、被接纳、被拒绝，进而发展出"羞愧感""疑虑感""嫉妒感""掌控感"，等等。更多的"我"语言的表达："我的玩具""我自己来""我要糖糖"，这个时期的自我是完全站在自己的角度，用自己的观点去诠释外在世界，并把自己的想法投射到外在世界。与此同时，在幼儿园、社区，又学习和接触到很多社会角色：老师角色、学生角色、性别角色、家庭角色，等等，孩子通过模仿、认同、练习，加快了、加深了个体社会化影响。

其次是6到12岁，青春期的初期阶段，孩子的社会自我更丰富、更深刻地树立，孩子依旧用从成人那里复制来的社会化准则、对错标准、处事方式等，来应对他们自己尚不十分清晰的社会角色活动。视角依旧是外向的，虽然在试错的过程中经历很多情感的冲击：疏离感、被控制感、疑惑感、嫉妒感、束缚感，常常将情绪感受与行为认为是一体的，还不清楚情绪是自己的主观感受，不能与行为分离。

最后，青春期12岁和18岁前的后青春期，是心理自我形成的重要阶段，自我认同逐渐形成，并据此与社会进行交互。青春期身心更多方面的能力发展：性的逐渐成熟、逻辑思维和想象力的发展、感受性的敏感度提升，都为心理自我的发展创造了基础条件。进而心理自我意识分裂为观察者（主体自我）与被观察者（客体自我），自己能从自己的角度分析、认识、评价自己的行为、想法和心理活动；有足够的能力从自我的观点去认识客观世界，而不是完全复制别人的观点；逐渐明显和清晰的理想自我和现实自我的矛盾冲突，主体自我和客体自我的矛盾冲突，青春期的心理自我经历着明显的冲突、矛盾、统一的过程，也就是表现出来更多的独立意识和摆脱成人控制的自由意识。正是这些矛盾冲突使得青春期的孩子情绪、想法、做法会出现时而这样，时而那样的不稳定状态。家有青春期孩子的家长，一定非常熟悉这些情况：这一分钟亲密无间的朋友，下一分钟怒目相视、相互不理睬、还扬言不再做朋友了，再下一分钟又在一起哈哈笑个不停；这一分钟热血沸腾地研究飞碟是怎么制造出来的，下一分钟又开始研究隐形迷彩衣，再下一分钟又开始研究游戏装备，大千世界什么都想尝试；这一分钟跟我们还在争论一件事情怎么办更好，我们说我建议这样，他们立刻说不，他要坚持说那样，于是经过一番争论，你觉得他的想法虽然不成熟，试试也无妨，就同意按照他们的想法来，结果他却又说不，按照你说的办法来，说"不"他们已经是习惯，而且比思考快百倍。所以，青春期的孩子的陪伴极富挑战，搞不好就成了抗争，需要对这个时期的特殊性有较深的了解，方可站好位、陪伴好。

同时，青春期的孩子内心也是波涛汹涌，对自我的意识也是极富矛盾的：时而觉得自己什么都行，时而觉得自己很幼稚；时而能较客观看待自己，时而又非常主观；时而专注于自己的一个好的方面，时而又极端地只看到自己不好的一个方面；时而觉得自己很优秀，时而又自卑到低谷；他们的这种自我分裂、冲突、矛盾存在状态和形式，使得他们很难有统一性。

在青春期的后期，孩子们的矛盾分裂的自我逐渐成长发展趋向同一，这种同一是在更高水平上的一个发展。当然也有可能形成积极的或消极的同一结果，积极的结果形成新的真实的自我统一，正向的自我意识和评价、正向的自我实现动力；而消极的结果是对自己较低的自我认同，自卑或自负，影响之后成年一生的发展轨迹。

（四）构建正向积极的自我认同

◎ 0～2 岁

在孩子形成统一成熟的自我意识过程中，0～2 岁是重要的生理呵护期，主要关注其身体的成长、营养的状态，给他们的身体打一个极好的基础。这段时间，父母是相对主导的，主动理解宝宝需求，全权决定和处理与宝宝有关的问题，也是最辛苦、最快乐的时光。

这个时期的抚养人需要相对稳定的慈爱，母亲是责无旁贷的第一抚养人，建立好孩子的原始信任和依赖关系，为孩子的安全感创造必备基础。

此时的孩子是依靠感觉来与世界互动，你的拥抱、抚摸、亲昵的声音都是他们重要的精神食粮，心理学家做过研究，完全没有互动的孩子极容易夭折，因此有些医院要求护士每天都要轮流拥抱和抚摸留院治疗的婴儿。在能量层面，被人接纳和珍爱是生命的最基本的精神营养。

网络上曾流行过：千万不要经常抱，否则养成习惯，妈妈就会很累；不要一哭就抱，否则就会形成依赖，总是哭。这些都是养育的误区，婴儿时期的哭泣都是有需求的，要么是有尿、大便；要么是饿了；要么是困了；要么是想要换个体位，等等，及时的响应是孩子感受爱的来源，感受到安全感的基础。更多的响应、逗引，高兴的情绪，都能让孩子在爱、信任和安全的感觉中很好地成长。

最为关键的是口欲期的敏感期，很多无知的妈妈都阻止孩子吃手、用嘴巴咬东西，也阻止了这个时期透过感觉探索世界和认识世界的途径。带着爱，帮助孩子借助口腔的感觉认识所有他们想认识的东西，不仅会帮助孩子认知发展，还会增强他们的语言发展系统。

◎ 2～3岁

2～3岁是孩子第一个自我发展期，开始认识到"我"，也可以有一些相对准确地表达了。父母可以训练孩子更多自我意识，比方说可以有意识更多用"我""你""他"信息，让宝宝知道更多"我"的想法和需求跟"你"的经常会有不同；他们想要"我自己来"的事情需要有意识地让他们尝试等。

"这是谁的小袜子？哦，是宝宝的！"

"这是妈妈的衣服扣子，你帮我扣上吧。"

"宝宝想要自己穿呀，太好了，妈妈看着你穿。嗯，真棒，穿得又快又好！"

"宝宝伤心啦？那是姐姐的橡皮，这个才是你的！"

呵护宝贝内心的高能量

父母自己也需要做好逐渐从宝宝生活的主导地位开始退出的准备，逐渐开始训练宝宝和自己。说到家长需要有意识地训练自己，你或许会有些奇怪，但却是我在这里强调的重中之重！我们会情不自禁地替宝宝做、替宝宝想、替宝宝决定，就如之前我们一直是这样做的一样，在两岁之后，这样的做法就是对宝宝自我成长的一种剥夺。不要惊讶于这里的用词，而是转向自己内在好好思考。当我调查很多两岁的孩子能做的事情，得出的结果让我自己都后悔不已，后悔自己在那时没有给孩子足够的发展空间，还是一味地全方位保护，用爱剥夺了孩子珍贵的成长阶段。

2～3岁孩子能完成的事情：

把玩具收拾好，并放在固定的合适地方；

扫地、擦桌子；

布置餐桌；

饭后打扫食物残渣；

帮忙把杂物放进餐具柜或垃圾桶；

叠自己的小衣服和整理袜子；

提前选择自己第二天要穿的衣物，自己穿衣服；

去幼儿园自己背书包；

给小兔子讲睡前故事；

小朋友摔倒了，哄他起来并安慰他；

决定自己的东西是否要与别人分享；

参与制订自己的起床时间、玩耍时间、看电子产品时间等日常管理；

生气了、愤怒了、害怕了，自己知道怎样能够快速好起来。

……

你知道，当孩子很愿意参与这些工作，并且能够做得很好，他们的内心是多么自豪和有价值感吗？孩子做完后，更有价值的事情不是奖励，不是夸奖，而是轻轻地问他：当你把这些做好，你自己内心的感觉如何？重要的是孩子做事的能力，还有他内心的自我认同感的培养，而不是做这些你顺手做得比他好、比他快的事情！

所以，重要的是训练自己，作为父母可以相信孩子能够做好自己的一些事情，能够管理好自己的一些事情、能够更多地认识自己和调整自己。对于孩子，我们总有太多的恐惧，害怕饿着、害怕摔着、害怕受伤害。我们只要时常问自己几个问题，就能更清晰。

你更愿意在你的陪伴下，孩子通过试错学习到必要的生活能力和社会能力，还是愿意在你的呵护下，孩子可以不用学习，有一天长大了，突然毫无准备地进入社会？

孩子自己的能力强大更重要，还是你的能力强大更重要？

◎ 3～12 岁

孩子 3 到 6 岁和 6 到 12 岁两个阶段，是孩子社会自我构建的重要阶段，父母除了赋予孩子机会去做自己能做且会收获价值感和自豪感的事情，同时在日常需要着意于培养孩子自己思考和解决问题的能力。通过游戏来让孩子更多地了解人的个体性和社会性，以及所承担的角色，思想和内在感受也不同。让孩子通过遇到或假设的事件，想出多种办法，并通过对自己以外的相关人员有可能因此带来的内在、外在影响来评估自己的办法，从而选择和确定方案，并制订计划实施。

"我们来角色扮演吧，谁来当小猪佩奇？谁来当乔治和猪爸爸？我是猪妈妈。"

"小猪佩奇心里会怎么想呢？当乔治弄坏了她的积木城堡。"

"要怎么办，才能让小猪佩奇不伤心，乔治也会很高兴呢？"

"如果你是猪爸爸，你会怎么说，怎么做呢？"

在 6 到 12 岁，青春期来临之前，需要训练孩子在我们的陪伴下解决自己和自己遇到的社会性问题，包括学习问题、同学关系问题、师生关系问题，等等，解决问题本身并不重要，重要的是他们因此能够学习到如何解决问题，如何从多赢的角度解决问题。即使他的选择不是最好的，放手让他们去尝试，即使失败了，从中能够学习到什么，以便在未来可以更周全。在我们的陪伴下犯错、失败，好过在未来，没有足够的能力解决问题时独自犯错、失败。这段时间欢迎犯错，犯错更有机会学习到重要的内容和技能，父母对犯错的态度是孩

呵护宝贝内心的高能量

子面临犯错时状态的直接反应，当你能够用欢迎的态度而不是恐惧的态度，孩子也更能放松自己去看到错误里所蕴含的意义和收获。对于父母，这确实是非常难的，觉得这样的话，未来就如何如何，所以很难淡定，也很难有欢迎犯错的态度。这是需要意识到和训练的，要看到在你陪伴下的犯错与未来孩子独自面对问题时犯错的不同，现在至少还有你的陪伴和引领。

"看到你的个子已经长到一米五了，关于上学，你还能自己做些什么呢？"田田三年级的时候，我问她。

"你指什么？妈妈，我自己做作业，我自己收拾书包，我自己……基本上学习的事情都是我自己在做呀？"她问。

"不知道，到什么时候，你可以自己去上学，放学自己回家呢？"我问。

"不知道。"她马上回应。（家长不要被孩子的回答影响，实际上他们往往回答后才开始思考）

几天以后。

"妈妈，今天我跟我同学一起回家，你不用来接我了。"田田说。

"啊？！"我反倒愣了一下："哦，太好了，你竟然可以想到不用妈妈接自己回来的办法。"

四年级之后，她就自己带钥匙上下学，再也没用接过。（当然，田田的学校离家很近）

在之后的很多时候，她会跟姥姥、其他人很自豪地表达：我三年级之后，就自己上下学了！语气里透着自豪和自信。孩子能力的提升会增加他们的价值感；孩子被接纳和认可，会增加他们的归属感；孩子能够自己决定和按照自己的想法做自己的事，会增加他们的权利感；孩子有机会帮你做些事情，会增加他们的责任感。这些重要的内心感觉，是孩子形成正向自我认同关键的精神基础。

◎ 12～18岁

然后是大家谈之色变的青春期12～18岁，孩子心理自我发展最关键的时期，孩子自己内在自我的分离、矛盾和冲突激烈，犹如地心的岩浆，自然会火山爆发似的突显出来，从哪里出来，自然是从地壳薄弱的地方喷发出来，对孩子而言,薄弱的地壳在哪里?自然是我们这些父母。相对少数孩子的青春期能量爆发殃及外界,多数都是发生在家庭内部。当然早恋除外,即便是早恋,在孩子看来也不是事,重要的是父母如热锅的蚂蚁。同样的原因是,父母又去到了未知的未来,恐惧长此以往孩子会长歪了,不能成为一个正能量的栋梁。既然这股能量在时刻汹涌地酝酿着,什么方式更有意义?堵还是疏?堵能否堵得住?还是需要疏通和升华。

其实,这个时候的孩子对自己也是很难理解的,实际上他们也在面对自己的矛盾冲突,不知所措。也在感觉自己与社会互动过程中的冲突,当接收到不同回应,自己内心激荡着不同感受和想法,他们自己也觉得困惑。这个时期,他们拒绝被指导,因为觉得自己已经长大了,甚至从身高上有的都比父母高了。但是又对自己独立面对有些恐惧,还想要继续依赖。后面我们在技术部分将详细说明的"积极聆听"将有助于父母陪伴这个时期的孩子。帮他们确认自己的感受,清晰自己的想法,鼓励他们尝试并接纳结果,共同寻找更加有效的方案。父母成为孩子的教练,而不过多参与孩子的生活,会被孩子更容易接纳。

"今天你回来后,没打招呼就直接进卧室,再没出来,你有点不高兴吗?"吃饭时,暄的妈妈问。

"没有什么!"暄头也没抬地回答。(明显不想谈,或者还没准备好,孩子此时带着情绪,但请分清楚,这份情绪并不针对你,倘若你以为是针对你,就很容易激起你的不被尊重的愤怒,陷入更僵更混乱的状态)

"那就先吃饭。如果什么时候,你想要说说的话,你可以再找我。看到你的行为和神色,妈妈有些担心。"暄的妈妈没有紧追不放。(表达他的行为给我们造成的影响,不指责、不强迫,让他们可以放松下来,有所思考)

"妈妈,今天上数学课,同桌知涛跟我说昨天他发现一道很难的数学题,老师以为我们俩不好好听讲,狠狠地批评了我们。我接受不了。你说他为什么不问一下再发怒?"睡觉之前,暄坐到妈妈旁边,开口说话。

"当时,你的内心有什么感受?"妈妈问。(先处理感受,确认并理解)

"我觉得很委屈!也觉得很不公平!"暄委屈得嘴唇有些抖,但是没有流眼泪。

呵护宝贝内心的高能量

"如果是我,我也会觉得委屈。你觉得老师发怒,是希望你们怎么样?"妈妈问。

"希望我们能好好听讲,但是他讲的内容,我早就会了。你知道妈妈,现在我们都需要学奥数,课堂上讲的东西都太简单。"暄的情绪已经很稳定了。

"你觉得老师看到你们在说话没听他讲课,他会有什么感受?"妈妈问。

"他可能会觉得很愤怒,的确,他很愤怒。他可能觉得不被尊重。"暄似乎自言自语。

"你觉得上课讨论奥数题,是很好的时机吗?你们可以找个不会让老师发怒,还能不用伤心的时间吗?"妈妈问。

"妈妈,我知道了,晚安!"暄思考了一会儿,起身回屋。

如果你已经打好了让他们自己解决问题的能力基础,此刻更能够放手让孩子自己面对自己的问题。我们这些父母退守到后方,作为他们的"司令部",当他们在前线需要弹药的时候,及时补充;当他们需要思想工作时,及时输送指导员;当他们退了敌人,疲累了想要歇一歇的时候,张开我们温暖的怀抱。在此刻和之后的生命里,我们总是他们的资源,总是世界上最愿意为他们提供任何资源、愿意与他们合作的人,成为一个资源合作式父母。

如果之前孩子的能力没有训练好,青春期自然会有些混乱,干预的过多会遇到抗争,干预得少了,由于他们还没有足够的能力和方法面对自己的问题,又会抱怨我们不爱他们、漠视他们、不重视他们。由于解决问题的能力不足,在社会化过程中也有可能遇到挫折,对情绪的管理也不得法,自然会把愤怒、烦躁、焦虑发泄给我们。

我们也可以约定,在彼此都平静的状态下,随时都欢迎他们跟我们聊聊。请一定训练自己只是倾听,只是倾听,只是倾听,如果一定要说,请一定训练自己不是教导和建议,而是表示理解,以及还有怎样可以使事情不一样,一定要珍惜这样的时间,如果让他们觉得跟你谈话会转化成教导和指责,这样的机会也会从此失去,他们宁愿转回自己的内心对你全线封锁!

在心理自我的形成阶段,过多的批判和否定,会摧毁孩子自我认同的同一过程,当他们形成较低自我认同时,孩子的一生都会在纠结、抗争中消耗不必要的生命能量，影响其价值和事业，当然也会影响他们的亲密关系和幸福感！这都不是你想要的，任何一个父母都不想要这些！

所有的时期，都是以呵护孩子自身能量，培育他们自己解决问题的能力，成就他们正向的自我认同作为养育宗旨，在这样的过程中，将自己打造成资源、合作、教练式父母，在孩子的问题上，能进能退，并且是他们真正需要和渴望的，因而才会有健康、亲密的亲子关系。

二、与生俱来的高能量

高能量更多的是指一种生命状态，在正向自我认同的基础上，生命持续处于一种喜悦、和平、幸福的状态。这是我们做父母的最期待孩子未来拥有的状态，也是自己最渴望的状态，无论成功与否，幸福是要有的。但实际上，当孩子处于这样的状态，成功反倒轻而易举，没有能量消耗，没有能量干扰，生命能量自然会去到正向，就如同深山无人的森林，树木可以几千年繁盛不息，不为了任何事，只为了生命本身！

前面也提过，有人能达到那纯粹、和平、逍遥、不假外物、不屈外物的高能量状态。婴儿在逐渐发展生理自我、社会自我、心理自我的过程中，模仿学习、内化人类社会规则、集体意识的进程里，逐渐被自我的能量遮蔽了本源的能量，人们逐渐认同自我为全部的自己，忘了本然纯然的真我，人们的生命能量也就随着低下来。心理学家发现，人类有史以来近几年才有了能量的提升，整体超过200（最高能量是开悟：1000）的负面线，刚刚转向正向。而这生命能量（或者称为灵性能量）才是一个人生命状态的终极体现，他的内在能量层级在哪里，他的生命状态就会呈现相应的状态。也就是说，一个人内在认同自己是怎样的人，他就会呈现出来怎样的状态。

当人们心由境转，更多地被外界环境、外人对待自己的方式所影响时，人们处在较低的能量层级：受害者的能量层级，当今社会90%的人们处在这样的

呵护宝贝内心的高能量

低能量层级里。因为太易受环境和人言的影响，也因为根本不明晰此生所为何来，自然没有方向更别谈成功，即使偶有小成，必伴着负面情绪，不得不为之，过程的灵性所得自然微乎其微也与幸福相去甚远！

当人们能够清晰自己的使命，能够确定自己的人生方向，不被外界环境和人言的影响，又能时刻觉察和同理自己身边人们的状态并以负责的态度，进行疏导和引领，人们处于较高能量状态：负责者的能量层级，当今社会有9%的人们处于这样的能量层级里。成功自然信手拈来，追求的过程里虽然不可避免有苦楚，但是因为明了，自然也不觉得负面，欣然直前，幸福和成功常伴左右。

当人们超越自我，回归本然的生命之源——能量之光，生命不为其他只为照耀，无所谓成败，无所谓荣辱，只要能够照耀人性就是最大的成功，将自己活成光、活成本然真我，人们就处于自由者的最高能量层级，内心和世界都充满自由、爱、和平，这样的人类的存在本身就是对人类世界最大的救赎，可以引领千万个仍然在受害者能量层级挣扎的人们释放负能量。至于人类世界的名、利、所谓的成功对于这个能量层级的人来讲意义索然，如果想要也是在起心动念之间即可实现。

真正可以成功，成为领袖、领军人物的人能量层级更多是在负责者和自由者的能量层级，这份高能量，我们不止一次说过，与生俱来和后天修炼是两个迥异又无他的方式。每个人都天生具足这份高能量，在自我发展的社会化过程中迷失了，有觉知的人们还可以透过自我修行再次回归和找回这份本然的能量。并不是说负责者和自由者就一定不会遇到较艰难的处境，而是对他们而言，内在世界丰硕广袤，外在世界的不如意可以轻松转化和升华，而不会在内在形成负面的影响。对世界、环境和人性的引领，只要回归，找到和活出自己的高能量状态就好，这是一份照耀和引领，而不是我们常用的抱怨、要求、鞭策、驱赶、说教，虽然后者往往具有显著的短期效用，但长期负面作用大家都品尝得足够了。

能量层级	能量状态	能量指数	抵消人类低于200的负面效果数量
自由者层级	开悟	700~1000	7000万个人
	和平	600	1000万个人
	喜悦	540	80万个人
	爱	500	75万个人
负责者层级（环境的主人）	明智	400	40万个人
	宽容	350	20万个人
	主动	310	9万个人
	淡定	250	5000个人
	勇气	200	
受害者层级（环境的奴隶）	骄傲	175	
	愤怒	150	
	欲望	125	
	恐惧	100	
	悲伤	75	
	冷淡	50	
	内疚	30	
	羞愧	20	

注：这里的指数值是一种为了更好地诠释，一种人为定义，探讨具体数值没有实际意义。

请各位自我觉察：

1. 自己的能量层级状态在哪里？

2. 日常所处的内在状态以哪些为主？

3. 当你遇到艰难的处境和人际状态时，你会较长时间被影响和拉低你的能量？还是可以较快摆脱和转化？或者是否能够将这种影响和负能量引向和升华成正面动力？你是如何做到的？

4. 当你能量状态不太好的时候，你会不由自主地成为孩子或他人的负面环境吗？你会把内心的状态轻易写在脸上或者释放吗？

5. 家里或身边，谁最容易受到你的状态影响？他们如此在意你，你是否了解？之所以在意你，是因为恐惧还是因为爱？觉察到这样的现象，对你之后的行为可能发生怎样的影响？

6. 据你的觉察，你的家人尤其是你的孩子是怎样的能量层级？受害者还是负责者？觉察到这些，你准备干些什么？

7. 你有哪些转化能量的方式可以提升自己的能量？你准备如何教你的孩子提升自己的能量？

8. 高能量既是与生俱来的，我们的孩子在人之初即具备这样的能量，我们要如何呵护或帮助他们找到自己的本源状态？

9. 我们这些父母所创造的家庭，对于孩子而言，能量状态如何？是滋养他们还是拉低他们？要怎样才能成为滋养他们的状态？

10. 当孩子在他们的生命中遇到挫折、低能量环境、低能量人群、低能量状态时，他们是否具有足够的能力、意识和方法来应对？

无论你在哪个能量层级里，无论你是90%还是10%，任何时候你开始意识到都是最好的开启，开启你自己和孩子高能量成功与幸福的未来！但对于养育方法而言，处于不同能量层级的人们的确会有些不同，因为孩子的环境（就是你们）不同。

显而易见的是，对于能量层级依旧处于受害者的父母，首要的事情并不是训练孩子，而是提升孩子的环境能量，也就是提升自身的能量状态。更多的觉察自己日常情绪、内在变化受环境影响的情形，更多地觉察自己是否清晰自己的人生目标和使命，更多地觉察自己的能量都消耗在哪里，自己的环境能量如何，每天所接触的人都是怎样的，他们带给你的是高能量的滋养还是低能量的丧失？

（一）重新认识你自己！重塑自我认同！

将你对自己的自我认同写下来，自己是个怎样的人？然后找到所有的家人，让他们把他们对你的评价写下来，当然还要列出他们期望的爸爸、妈妈、妻子或者丈夫的状态；再找到至少五位了解你的人，同事或者朋友，同样写下他们的评价和期望。当然你需要请他们客观地评价，你也要确保自己不被负面评价所影响，呈现你的受害者状态。看看自己的评价和别人的评价有什么不同，并把相同和不同的项目分别列在纸上。

你对自己的评价高于外界的评价还是低于外界的评价？

发生这种偏离的主要原因会是什么？

你的生活影响了多少？它们是怎么发生作用的？

当你了解到这些，会对你的未来生活有怎样的影响？

这些评价，哪些是你想要保留并继续内化成你的品质，哪些是你想要转化或摒弃的？

在未来的生活里，你要如何运用你的觉察力，发现和处理你的这些负面品质？

或者，你是否能全然接纳所有，只是觉察到负面品质来临时及时提醒自己不被旧有模式所禁锢，看看可以有怎样的不同响应方式，从而得到不同的结果。这是一个持续的内在工作，无人可以替代，只有你自己能够看到你内在世界的运作，也只有你自己可以引领自己有所不同！在这个过程中，你会深刻感受到，内在世界你才是王者，你才是主人跟专家！

（二）从旧有模式走出来，发现新的可能性！

这不是一个轻松的过程，基于之前对自己深刻细致地内观，更多地认识自己和那些自动运作的模式。在前进的每一步里，别忘了给自己喝彩，如果能够记录成日记就更好。接纳自己，在这个进程里，偶尔可能会疏忽掉，旧模式运作完了才发觉；接纳自己偶尔可能想要放任一下。就是自觉自在地试探着往前走，允许自己尝试各种不同，也允许自己偶尔保留一下。因为，一些模式是你在自己的自我发展中学习内化的，一些模式是人类发展经由你的家族潜意识传承的，对于前者或许转化起来会相对容易一些，对于后者，相对更有挑战。当然，所有呈现于你的显意识，被你觉察捕捉到的模式，都是可以被转化的，而对于潜意识固化的一些模式，你甚至觉察不到，需要机缘。所有给你带来深刻情绪体验的，都是潜意识模式浮出水面的难得机缘，无论这些体验有多么刻骨铭心，让你难以招架和承受，这些机缘的背后都是成长的启示和人性的学习！

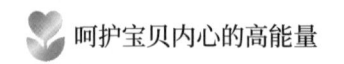

（三）走上正确的人生方向

你的情绪，无论是正面的还是负面的，一直都是你的人生方向探测器，你的自我有可能引你去到歧途，而情绪不会，并且忠实地时刻提醒着你。

那些你感兴趣，做起来轻而易举，甚至经常忘却周遭环境达到忘我境地；做这些的时候你身心愉悦，没有名利等外物的驱动，你一样会沉浸、陶醉、喜悦地去做；即使现在没有在这个方向上，但提起相关内容你就精神振奋、心心念念从未放下过，就如你的初恋。这个方向才是你正确的人生方向，才是你天赋才华所在的方向，才是你内心为之歌唱的高能量方向。

而那些为了名、利的驱动，你不得已所走的方向，或感到压力、或感到无力、或感到无奈、或感到无聊、或感到愤怒，这些情绪都无时不在提醒你，该停下来听听你内心的声音。当你执迷于低能量的错误方向，你的人也自然会在低能量的层级和状态里，消耗着自己，也向周遭释放着低浊的负能量。

聆听情绪的警笛，带着自己去到让心歌唱的方向，成就真实的自己。给你的孩子真我纯真的引领，听从内心本源的声音！

（四）清理自己的生命俱乐部

每个人周围，都围绕着形形色色的人，就像一个俱乐部一样，我们可以称其为生命俱乐部。而我们之前也说过，90%的人们都是在人世间浑浑噩噩、不明就里机械地生活着，能量很低，叫苦连天。每个人都携带着一个独特的能量场，人们在交流、碰触、合作等过程中，实际上是能量场的交汇、融合、平衡的过程。如果你依旧在受害者的能量层级里，极易受到外界能量场的影响，这里充斥着威胁着你、消耗着你能量的能量"吸血鬼"！大家可能看过《吸血鬼》电影，可能现在还心有余悸，而在能量场里，同样有着能量"吸血鬼"。跟这些人在一起，即使并没有亲密的交流，依旧会流失你的能量，被他们污浊的能量吸走了，虽然没有做什么，当你一天下来，依旧会觉得精疲力尽。

有一种情况，你一定不陌生，远远的，当一个陌生人缓缓走向你，仅从能量方面你就会对他有所连接，当他的能量开放、喜悦、正向，你会比较放松接纳；当那个人的能量是紧缩、负向，你会紧张和防备。你会很自然地觉察自己是否喜欢他，这就是能量场的感应，甚至据此选择躲开还是留下。而刚出生的婴儿，天然携带着纯净充盈的能量，任何人靠近他们，都会心生喜悦忍不住触摸和逗引，这也是能量场的感应。自我不喜欢这些直觉的警示，他们更喜欢头脑的分析，客观的、主观的，穿着、手势、面色、表情、发饰等，实际上情绪和直觉是非常精准的探测器，学会信任自己的能量，比信任自己的智商精准一千倍。

守住自己能量的办法最重要的是信任自己的能量直觉，清理自己的生命俱乐部，对于吸走你能量的那些人，认真审视他们留在你生命里的必要性。如果不是必须，你可以选择将他们清除出你的生命俱乐部，尽量减少或杜绝能量交汇机会。对于那些不能排除的生命俱乐部会员，比如至亲的人，就要提升自己的生命能量层级，去到负责者的层级，减少周边环境对自己能量的影响。

当然，提升能量层级是万能的法宝，能量层级提高，遇到吸血鬼也没有关系。相反，对于那些滋养自己能量，与之相处能够激发你生命能量的人，则应更多地珍惜呵护他们在你内在生命俱乐部的地位和会员权益。

你的生命俱乐部，你说了算！

（五）你想要的爱，不在你之外

当我们的能量层级在受害者的低状态时，我们每个人都相信爱是由他人给予的，这是自我的把戏，自我在其形成过程中更多地映射着外界世界，自然对于爱的获得途径也是映射于外界的。我们在低能量状态时，内在状态更多投射着外界的反应，就如同一株含羞草，一有触动就关闭自己，尤其是自我认同较低时更是如此：别人批评我们，我们就觉得自己不够好，更不会感觉到被爱，然后关闭自己的心门，希望把批评隔在门外；别人冷落我们，我们就感觉很无措，对之前笃信的爱也开始怀疑和动摇，尝试几次沟通，不如意也一样关上自己的心门，战战兢兢；别人欣赏我们，我们就会感觉很自豪，感觉到被爱，会变得敞开或受宠若惊，十倍的关爱回馈给对方。这些能量都在200以下，也是多数人对这个世界的一个互动反应模式。

不够好、不被爱的感觉如此强烈，我们如此沉浸在里面不能自拔、且无所适从，蒙蔽了我们对世界全面的认识和了解的机会，无法看到批评的背后别人真正的意图，更无法真正确认冷落背后别人真正的需求。尤其是当那个人也处于受害者能量状态，也处于低能量状态，他们的负能量表达也是对爱的索取与渴望。两个低能量的人在一起，激发对方愤怒、恐惧、不安、愧疚情绪，这样的关系可想而知，纠缠着、依赖着、互损着、伤害着，人间悲情，皆源于此。

我们来看看，使我们感觉被爱、感觉良好的状态是怎样的？当你处于较低能量时，你有一些特殊的时刻，你会期望外界关注到你，并给你你想要的喝彩，注意，是你想要的方式，即使外界有关注有反应，不是你想要的方式，你依旧会忽略别人的喝彩，找不到成就感和价值感，甚至有时碰到恰是你想要的回馈，你的内心虚空的黑洞里甚至会呈现出怀疑和不信任：他是真心喝彩吗？我真的值得被喝彩吗？

当你的内在本身就充盈着正向较高的自我认同和能量，首先你不会那么迫切渴望外界的反应，你对自己有足够的滋养，其次更不会在意外界回馈你的方式，不用外界，你依旧满满的成就感和价值感。因此，你的内在状态，才是你是否感觉良好，感受到被爱的基础条件。高能量的人，不会因为外界的阴晴圆缺、人情冷暖而动摇自己内在的丝毫；《红楼梦》里的林黛玉就因落花而怜自己、因宝玉的情感而牺牲了自己的生命。

提升自己内在的能量层级和状态，不被外界环境所侵扰，是最好的爱自己的方式。在这样的状态里，我们能接纳自己所有的样子，对自己有正向积极的自我认同，也有能量接纳身边的人，包括爱人、孩子，允许他们成为他们想要成为的任何样子。爱，才能在人与人之间健康地流动，才能走出彼此抓取、干涉的怪圈。

我们可以想见，在低能量状态，我们与外界环境的互动模式是被外界环境牵着鼻子走，我们时刻被外界环境激起千层情绪之浪，然后将这些情绪之浪反倾给那些不明就里惹着我们的人，包括我们的孩子。在我们这样的环境里，孩子也慢慢学会同样的反应模式，受害者低能量被环境刺激影响着不明了自己的状态。而一时半刻，我们的能量也不太容易提升到更高状态，我们需要慢慢来，需要更多的时间。那么我们要如何减少孩子因为我们能量的阻塞和低落？我们要如何陪伴我们的孩子，使他们能够回到他们本有的高能量状态？

我们知道，高能量的前提是正向积极的自我认同，孩子对自己的自我认同如何，也直接可以反映他们的能量状态如何。带着觉察，对每一次与孩子的互动中，寻找自己的模式是如何的，是提升了孩子的自我认同还是降低了孩子的自我认同？无论你的孩子年纪多大，呵护和提升他们的能量，都是教养过程中重中之重的事情。

如果孩子在三岁以下，恭喜你，你还有足够的时间调整自己并学习守护孩子原有的高能量，你需要做的是此刻就开始信任孩子、尊重孩子，孩子想要尝试的事情放手放心地让他们做，你只要在旁陪伴保护，或者跟他们一起做，以便示范。

如果你的孩子12岁以下，同样恭喜你，你仍然处于较易找回孩子能量的阶段，你同样需要有意识地帮助孩子学会解决问题的能力和多种解决问题方法的筛选实施，重要的是发展孩子解决问题的能力，而不是你的。

如果你的孩子已进入青春期，虽然不是每个孩子青春期都那么激进，但是你真的面临着极大的挑战，一方面是不被孩子青春期矛盾冲突的个性所影响的挑战，一方面是孩子在否定和内化自我的过程里对你的训练能够接受程度的挑战，你需要给自己更多的宽容和接纳，需要明白不能一蹴而就的事实。

实际上，到现在我们已经非常清楚，影响一个人生命状态的重要因素中，被外界认同不及自己的自我认同；被外界训练的能量状态不及自己的原生能量；从外界收获的爱不及自己对自己的爱。所以，不管你在哪个能量层级，培育孩子的方法不是不够而是太多，参与孩子的成长不是太浅而是太深，传递给孩子的理论不是不广而是太杂。我们需要做的不是增加养育办法，而是清理和做减法，把孩子的生命交还给他们自己。

　　一切的一切，都是基于呵护孩子本有的高能量状态，让孩子自己掌控自己的生命，让孩子自己从生活经历里学习，让孩子自己认识自己和社会，让孩子自己处理自己的生命问题！而你，3岁之前是物质资源提供者和生活能力的教练，3岁之后是物质、精神资源提供者和解决问题能力的教练，12岁之前是啦啦队喝彩者，12岁之后是精神的支持者和护航者，逐渐放手你的小航母拥有全方位能量和能力，去深海远航。带着满腔正向积极的自我认同，带着海陆空全方位解决问题的能力，带着你的爱和支持，带着百毒不侵明辨他我的高能量。你只有对他们接下来成功笃定和平静地等待，不会有深深的担忧和恐惧，因为你知道，他们已经一切都准备好了，由内而外！

　　而你最好的生命示范，不是牺牲自己为了另一个生命，哪怕是你最爱的孩子，你的这份牺牲是孩子承受不起的，对生命能量的维度来讲，是一份沉重的负担。你需要去成就自己的生命，成为你最想成为的自己，绽放、敞开，成为光。尤其是现在盛行的全职妈妈，给孩子最好的礼物，不是无时无刻的无效存在，而是信任他们并合适的站位，为孩子提供资源的同时使自己魅力四射！

三、具备身、智、心、灵多维度的高能力

　　一个人的生命能力从大的范畴可以分为：身体能力、智力能力、心灵能力，虽然不能完全清晰界定和区分，有些事情需要其中的两项或三项能力综合才能完成，但是却对养育一个幸福成功的人有着切实的指导意义。我们可以将主要以身体完成的事情归为身体能力，比方体育运动、体力劳动等；将知识类信息处理和运用能力归为智力能力，比方计算、比方记忆、比方背诵等；将情感情绪和关系类信息的内外觉知、处理、创造力归为心灵能力，比方情绪管理、人际关系、创新、直觉力和洞察力等。而获得幸福和成功主要依赖的是心灵能力，

身体能力和智力能力只是必要的工具，遗憾的是，95%的人们主要在发展身体和智力的能力。

我们一直在说，一个人生命能量能够绽放，并获得成功幸福，成为领军人物的关键基础是：正向积极的自我认同，而这个认同中最关键的莫过于"我能行"和"我有价值"这两个认同感。而能力感和价值感的获得，一定是来自长期成功完成和处理事情的过程。当孩子在自己独立做到了某件事，你可以采访一下他的感受，你一定会吃惊于他自己的自豪感和成就感。而现代物质极大丰富，甚至全职妈妈陪伴，一家六个人的恩宠，孩子们是否能够被允许获得自己完成和处理事情的机会？我们也常说："穷人的孩子早当家。"何以能够获得早当家的能力？自然是有机会实践和掌握早当家的本领。也就是说，如果有机会和条件，每个孩子都可以实现早当家，每个孩子都能够学会早当家的本领，无论富有还是贫穷。早当家的本领，孩子早晚都要学习的，不是吗？之前，也问过大家同样的问题：你是愿意孩子还小的情况下，在你身边，透过你的教练和指导，学到当家的本领，还是愿意在未来，你将毫无本领的他扔进社会的洪流，让他在跌跌撞撞的江湖里学习？

有一段经典的相声，说古时候地主老财家里着意培养傻子，有人会问，哪有着意培养傻子的啊？孩子是怎么被培养成傻子的呢？相声里说，财主家的公子，拥有跟妈、哄妈、奶妈还有很多丫鬟、小生，甭说不用做事，就连吃饭十几岁了还要喂着。有一天喂饭的跟妈没来，公子不知道吃饭，因为没有人喂了！孩子自然就被培养成傻子了。

一个当家的领袖或领军人物，需要具备哪些必要能力？你可以翻看前面的特质清单，是的，每一项特质都是他们需要具备的心理和精神方面的能力，要想具备这些能力，自然在日常生活里，他们需要有机会去经历这些方面，才能获得极好的各方面素质。给予孩子机会，父母和养育者自然需要退后，并给予信任和指导。全职妈妈的意义在于给予孩子更好的安全感和归属感，但是透过有效的表达和无条件地接纳，即使不能时时陪伴，也能很好地给予孩子这些，关键不在于陪伴了多长时间，关键在于，你的爱是否有效的被孩子接收到。而现在的主流价值观，更多地强调形式上的陪伴，比方连写作业都要陪伴，一个

呵护宝贝内心的高能量

连写作业都需要陪伴的孩子，如何获得自制力、自控力，又如何在未来领导团队、果断指挥？我们的父辈甚至更早的历史，多数穷人孩子早当家的典范里，有哪个不是经历并自我应对诸多挑战的？欲使孩子将来能够领导一班人马通过合作共赢获得成功，必先使孩子先学会成己达己，独立面对自己生命里的所有议题，而你只是他达己有力的支持！

每个孩子在两岁左右，生理自我形成的敏感期，都会有所有的事情都要"我自己做"的要求，我们需要顺应他们这样的需求，在旁保护，无论他们做得怎么样，当然也要慎用夸奖，而是多问他们做完后的感受。从这个敏感期开始，我们就要更多地遵从请求原则，当我们被请求帮忙的时候，不是马上去做，而是更多地询问宝宝有什么办法可以做到？孩子以"不知道"或者"不会做"来寻求帮助，正是我们施展教练的好时机。总之，父母需要有意识地鼓励宝宝自己完成所有与其直接相关的且力所能及的事情。

当然，在五六岁时，他们有时候又想要确认这个总在旁边的养育者，是不是真的爱我，一些本来他可以做的事，他又要求你来帮他做。比如本来两岁，一些坎坷的路途，你或许想抱着他过去，而他却说："我自己走。"而四五岁，你很确定他能够自己走，他又要求抱着走。我们需要搞清楚他是不是在寻求关注，对你的爱不太确信了，如果是这样，我们可以深深地拥抱他，然后告诉他我们的爱，同时商量是否可以牵着他的手走过去。当然，你也很容易分辨，他是不是困了、累了、饿了等，以确保他能收到我们的爱。在后面的章节里，我会详细介绍和说明，在确保我们的爱传递给他们的同时，如何培养他们自己解决问题的能力。

在高能领袖特质清单里，或许有一些能力，是你自己也不太具备的，比方说演说力。我们有很多成年人，对于公众演说，也是很恐惧的。而演说力实际上也是人人具备的能力，往往被一些低能量情绪所蒙蔽，害怕别人嘲笑、害怕别人觉得自己不够好、害怕出丑，等等。只要会说话，就具备演说力，只是可以透过专业的训练，使得演说过程的感染力、通心力更加高明而已。究其原因，依旧是没有更多实践的机会，没有足够成功的体验。我很欣赏一位演讲者的自信：这个时代，只要你有内容，无论是什么，只要你敢讲，就有人敢听！关键是，你是否敢讲，让你不敢讲的原因是什么？有人说：我声音不好听；有人说：我一说话就紧张；有人说：我恐惧；还是心理因素，能量低的原因。关键依旧在于高的自我认同、更多的实践机会、从失败中学习的机会，无他！那么，不难想见，每一个孩子在他表现的敏感期，有更多表现表达的机会，自然就会绽放他们的演说力。公共场合、家里、幼儿园、学校，无论他们说些什么，重要的是说本身，不加评判地鼓励他们愿意表达自己的想法！

而同时，处理自己内心的恐惧、伤心、愤怒等内在世界状态，同样是一种重要能力，这属于情商能力也就是心灵能力的范畴。无数的实例及研究已经证明，决定一个人成功和幸福的是人的心智能力也就是情商，而心智能力也是人人必然具备的或者说是生而具备的，可以透过后天的认识和觉知去发现和整合。比较有意义的是，这项能力的获得并不在外界，而在每个人内在空间，本自具备，不是去创造，而只需发现、认识和整合。

四、拥有高情商、高心商

对于情商，人们都不会觉得陌生，现实社会里，情商与智商的书籍和论著都很多，而情商尤为被重视，正如我前面所述，心灵的能力是根本，智能和体能只是工具，一个人是否能够成功或成为一个领域的领军人物，心灵的能力或者称为"心能"（心商），是核心的核心。而情商是心灵能力的一个部分。情商的含义很广泛，简而言之可以包含两个部分，一个是关乎己、一个是关乎人。关己者自然是认识自己、信任自己、了解自己的情绪、情感发与止的规律，并能很好地升华运用和管理；关人者自然是认识他人的情绪、情感状态、共情了解他人内心感受，愿意聆听和理解他人想法和意愿，并能够寻找和评估使得自己和他人共赢的解决方案，从而获得良好人际关系。

事实上，情商与前述能量和能力有着水乳交融的相关性，情商之所以高，是因为有着较正向的自我认同，内在能量处于恐惧、愤怒、愧疚之外的和谐喜

呵护宝贝内心的高能量

乐的状态，这样的正能量状态会自然释放到周围影响其他人；相反，当一个人处于较低的能量状态，易于受外界影响而引发自我否定、我不够好、我不配得等负面情绪，内在处于矛盾、混乱、压抑、紧张的敏感状态，沉浸于内在的纠结自然就难以感知外界的其他人，因而也很难处理好人际关系。同样，当一个人感觉自己什么都能想办法解决，也就会有更多自信迎接挑战，也更容易有能量和毅力坚持，抗挫力也会较高；当一个人觉得自己对很多事情都无能为力，没有办法解决，就会增加无力感，自然也会在挑战面前退缩或逃跑，也不会有什么能量和毅力，更别说勇气。所以，对一个人人格和创造力最核心的影响，是在早期的人生经验里，是否建构了良好的自我认同，也就是是否处于较高的能量状态。

0～6岁是黄金滋养培育期，是影响自我认同形成的关键时期；6～12岁是较重要的能量巩固和发展期，由于交际和面对的环境突然社会化，获得较好的引导和训练，也会获得较好的能量基础和自我认同品质；12～18岁是世人谈虎色变的青春期，但是0～12岁若有科学的教养方式并强化孩子的自我认同，青春期恰恰是整合自我高度发展的阶段。但若孩子的能量较低没有形成健康的自我认同，青春期恰是他们伸张自我主张的重要阶段，家长在这个阶段再没有深刻清醒的认识，必然会激化矛盾引来权力之争，或者孩子彻底屈服于家长的自我。这都将对孩子一生的生命质量造成深远的影响，对孩子情商的发展可能产生决定性的羁绊。

前面也提到，家长的爱和肯定是孩子正向自我认同的基石，情商不高的孩子，或者有问题的孩子，都是缺乏爱的孩子。关于爱的缺乏，有些是父母没有给到，有些是孩子接收不到。关于爱的方式的沟通和探讨，在任何家庭都是必要的过程，孩子也可以教会家长如何爱自己才能够接收到，效力才最高。或者，有的父母会说，父母怎会不爱自己的孩子？是的，每个父母都是爱自己的孩子的，只是有些东西阻挡了爱的传递：比如父母内心的纠结和问题、孩子已经形成的对外界的反应模式、信任基础薄弱、表达方式的不一致、不能理解孩子不同敏感期的特点，等等。一个带着满满被爱感受的孩子，向外界传递的也会是爱的能量，自然处于高情商的状态。

对于情商，抗挫能力，近年被更多的关注和重视。所有的事物都是有两面性的，抗挫力和意志力高的人，自然韧性和毅力更强，其前提是建立在正向有价值且个人主动性和达成愿望强烈的情况下，自然配以较强的抗挫力可以排除万难获得成功。倘若相反，人们又需要有很好的觉察和洞悉力，能够尽早发现方向的合理性和适宜性，做到及时调整甚至是调转方向，才能避免更大的损失和浪费，尤其是能量方面。所以，意志力需要跟洞察力配合，才能能战能退，走得更远更有价值。

还有最为重要的方面就是自我情绪的管理和识别他人情绪的能力。很多父母都不能做到掌控自己的情绪，更无从教育自己的孩子，没有方法更没有思想。而情绪是人人都具备的本能特质，很多情绪来了如排山倒海难以应对，要么深陷情绪之中难以摆脱并引发自身的不适和低能量，要么把情绪的能量发泄给周围的人，继而引发他人的情绪，最终形成情绪的旋涡团，辐射出去，影响所有关系。因为情绪难以掌控，自然生命质量难以保证，甚至成功也常失之交臂。

近年，情商更多地被心商所代替，心商是指保持心理健康、缓解心理压力、保持良好心理状态和活力的能力，实则是高情商、高能量人群的表征。拥有高心商的人们，不会太多被周围环境影响，情绪管控良好，清晰自己的人生目标，并有极强的意愿和意志力去完成目标，同时收获合作共赢的人际关系。

第二章 洞悉孩子内心（灵魂）的密码

　　孩子生而纯净，孩子的灵魂和身体不曾带有任何问题，我们对身体的喂养尚能应对，但是对于孩子的灵魂所需，我们无所适从，因此产生和出现了一些生命的问题，我们要如何看待和处理，才能够滋养到孩子，激发、升华孩子的能量而不是压抑消耗孩子的能量？这个小生灵的主人更会是谁？

一、孩子的内心（灵魂）要用什么来滋养？

做父母和老师是一项既自然又富有挑战的任务，陪伴孩子是成就孩子、圆满自己的修行！

请思考：

1. 成为父母，或者说孩子是完全由你和爱人创造的吗？
2. 孩子与你是怎样的关系？你在孩子的生命里是怎样的角色和定位才是正确的？
3. 对于孩子的生命，你是主人还是他是主人？
4. 培养一个幸福、健康、成功的孩子，需要用什么来滋养他的灵魂？
5. 你自己希望亲人如何来滋养你的灵魂？
6. 你的灵魂是自由绽放的吗？
7. 你明确自己此生所为何来？
8. 你在实现自己的道路上吗？
9. 你在追寻自己此生使命的过程是一帆风顺还是九曲十八弯？
10. 是什么阻碍了你的自我实现？
11. 你希望孩子明确自己的目标、梦想和未来吗？
12. 当孩子认真说出自己的梦想，你的内心是欣喜、不以为然，还是一笑了之？
13. 你相信孩子的原始梦想吗？无论他说的是什么。
14. 你知道是什么使孩子拥有安全感吗？
15. 你知道为什么孩子会有叛逆行为吗？
16. 你如何看待和处理你与孩子的冲突？
17. 你喜欢听话的孩子吗？为什么？
18. 你想你训练出来的听话的孩子，未来会听谁的话？

19. 对于孩子来说，什么是促使他走向成功的动力？
20. 怎样才能使孩子拥有高情商？

今天在这里，我们不想去谈有关科学依据，在物质世界，可以用所谓的科学来衡量，对于意识世界，科学的研究还太薄弱，更多的是难以用科学解释的现象。物质世界关于科学的研究充斥着矛盾，也一直都在发展，或许今日我们所引以为真理的科学，在未来会被更新的认知所替代，就如曾经的"地心说"演变成今日的宇宙论一样。

我们孩子的内在是更高层级意识流，这个意识流就是我们常说的灵魂（精神胚胎、高我、真我、存在都是它的名字），我们创造了孩子的身体，而意识流却来自更大的能量场，这股澄澈的意识流连接着我们的孩子。我们只是孩子来到世界的管道，一切的发生有更大的力量，而这个伟大的力量才是生命的源头。每个人来到人类世界实际上是将意识流解码、完善、绽放发展的过程，也就是我们常说的发现自己、完善自己、实现自己的过程，这个过程能否顺利实现，多大程度上被干扰，决定着一个人一生的生命状态。一个能被允许完成这样的发展过程，就有更高的能量实现成功、幸福、引领这个世界的使命。

我们的孩子比我们有更高的能量，他们是更伟大的力量的杰作，他们纯净、美好、丰盛、独特，我们作为他们的父母，是守护这份杰作的第一责任人。带着爱、珍惜、滋养、呵护。

孩子通过父母连接家族能量，透过家族能量连接生命的源头——那个更伟大的力量。如果断了跟父母的连接，孩子就会陷入迷茫，失去了与生命源头的连接，坠入一个无人知晓的心灵深渊。什么是连接？是孩子感觉到被接纳、被爱、被允许。

对于父母，首先是跟孩子有爱的连接，然后才是主流价值观：学习、生活，孩子只有在爱的连接里，才能连接上那更大的力量，成就更好的自己，而这个更好的自己也非我们认为的样子，而是他本来的样子。

断了连接或连接得不好，孩子就会用尽自己的力量寻找、争取，甚至愤怒、抓狂、叛逆，也就是我们所认为的负面解决方式，来寻求连接，如果总是不能达到连接，孩子就会陷在这种问题里，成为我们通常所认为的问题孩子。

对连接的渴求、争取、寻找的能量，如此强大，顾不上我们传统价值观里的要求：学业好、成功、正直……

说到这里，很多家长又会问：我们也是爱他们的呀，我倾尽所有、所能爱他们呀，到底要怎么爱，怎么办才能算连接？才能算正确的爱？

各位，在此刻，请大家使自己处于舒服的状态，无论你是坐着还是躺着。试着深呼吸一次，再深呼吸一次，闭上你美丽的眼睛，让思绪跟着我的语言，我们回到自己的内在！这是我常引导人们做的回到内在的冥想，能够更清晰自己的需求和心路历程，也能更深刻地理解我们的孩子，你可以深呼吸后自己缓缓地读，也同样可以有相似的效果。小组成员间、家庭成员间相互读给彼此听也是非常好的方式。

当你还是孩子的时候，你有时努力表现得知理懂事，那是在什么时候，怎样的状态？

你如此努力，是为了让谁看见？

他们是否看见了，你当时的期待是什么？

当他们看见了你的努力，你的感受如何？

当无论你如何努力，他们都看不见你的心意，你的内心又有怎样的感受？

你这样努力要求自己，你想要的是什么？

直到现在，你的努力依旧在继续，为了那个你心里面一直在意的人。

你有时觉得很失望，无论你怎么做，都没有人看得见你的心意。你觉得失望、无助，你想要放弃努力，你觉得你可以不在乎那些你曾经在意的人的看法和想法，你开始挑战他们的要求，开始叛逆。你发现这很管用，他们看见你了，但是反馈的是责难、批评、甚至是一顿板子。

那是什么时候，他们又是谁？

在你放弃了努力的时候，却收获了相反的关注，你的感受如何？

当你看到这些，你有怎样的想法？

有时，你觉得这种相反的关注，不是你要的，你觉得不公平，而你想要更多公平、合理，但你又不能打回去。于是你开始了你的回应，凡是他们想要的、要求的，你统统都不想让它成功。

你开始透过自己惩罚他们，虽然你觉得这跟你想要的相关甚远，但是却循着这股寻求公平的力量，越走越远，直到你忘了，你曾经想要的是什么！

或者有时，你想要停下来，又想要透过证明自己的能力，来获得他们的在意。你对此渴望已久，你拼尽你所有的能量想要成功，直到有一天，你收获了所有的关注，唯独没有他们的，或者恭喜你，你被他们看见了，却没有你想要的激动、欢欣。

一路走来，你要的到底是什么？

你在追寻的又是什么？

你在追寻的路上收获了什么？学习到了什么？

直到有一天，你已经不再清晰或者从来都没有确定，你要的到底是什么？

或者，你有你自己的路线。无论如何，现在，你可以深呼吸睁开你的眼睛！回到现实，试着动动你的手和脚，对着自己微笑！

几十年来，你的所有努力、行为、放弃、抗争，都是为了什么？你所要的，也恰是生命本身所要的，只是不同的时代，承载的内容不同，20世纪八十年代之前的父母，更多偏向于物质，现在的孩子，更多偏向于精神，那么，我们到底要的是什么？

人们也不禁要问：我们每个人终其一生所追寻的"爱"（连接）到底是什么？

首先，是归属感和价值感，这是我们原始需求，也是所有生命的最原始需求。

对于伟大的力量来说，透过意识流，使得每个团体、家族趋于完整，是最基本的动力。你终其一生所追求的，正是这股力量最基本的运作模式。有兴趣的朋友可以读读海灵格的书《爱的序位》《生命活泉》等。你在寻找的，正是你所连接的伟大力量所想要达到的，而不同的是，你想要透过的父母和家族有其局限性，有很多还没有连接好的人，没有得到这份爱或者正在寻找过程中，因而他们给不出来他们没有的或依旧没找到的，因而你的连接也受到阻碍。

其次，是自我权力感，就是对自己生命的掌控感，我们前面说过，您也非常清楚，生命的主人是自己！

当我们的自我掌控权受到干扰或者被替代、剥夺，就会产生愤怒，进而有几种选择：一种是放弃，一种是奋起反抗争夺权力，一种是带着愤怒的屈服。生命能量磅礴，只是被用在不同的方向。

比如放弃的人（听话的孩子），会一生为了别人的期望、别人的要求、别人的目的而生活，全然没有自己。他们多数成为好好先生，没有主意，讨好型，人缘会相对较好，没有生命的界限。但是，他们很难成就自己，因为根本不知道自己想要什么，也无法独立承担责任和开拓进取，总是期望得到外界的确认和认可。他们根本不相信自己内心的声音，凡事都需要请示和听别人的意见，谨小慎微，自然难以成功。因为总是需要服从外界的指挥和意见，就总是处于矛盾中，因为外界人人都是各执己见的，他们也难以获得轻松和幸福。

奋起反抗争夺权力的人（叛逆的孩子），会一生痴迷权力。作为孩子，同父母抗争；到社会跟同事、伴侣、所有有关系的人抗争。当然他们在抗争的过程中，关注着外界的声音也关注着自己的，颇具批判主义色彩，也较有自己的主张，在此过程中也发展了较多领导力。他们在实现自己的路上铺满了自己制造的荆棘，人际关系紧张，反对的力量总大于合作，他们需要付出比常人更多的能量。在达人方面也是一样，即使是为了别人好，却往往被误解和不被接纳。总在矛盾中，又如何幸福？

屈服但带着愤怒的人，会把这份愤怒传递给弱势子孙、弱势群体，畏惧、屈服于权威，欺凌或漠视弱者。这也就是我们常常说的"窝里横"的人。对外界很有礼貌也很友好，对自己人则往往横眉冷对，使得自己的亲属关系、亲密关系紧张，难言幸福。他们要赢得真心的合作也很难，因为心离他们越近，越会遭到他们的暴虐，成功也会离他们越远。

而自我权力感好的人，会感觉自由、决策力好、领导力非凡、生命方向清晰，生命能量不必浪费、纠结，枉费在抗争、寻找、索取上。更不必浪费在修复由于父母、家族或者其他人的局限性而导致的：永远无法获得的自我权力感和爱的连接。没有浪费的能量，生命自然朝向他们的目标前进，人际关系也自然而和谐，他们更易于达到成功幸福的巅峰。

再次，是清白感。

清白感：我是对的、我是清白的，我不亏欠任何人。

与清白感相对的是愧疚感，伴随着我是错的，我亏欠于你的自我认同。愧疚感很沉重，是负能量之最，消耗生命能量最多。

清白感与愧疚感，伴随着施与受的过程产生。与父母的施与受过程，是孩子所经历的第一份施与受的关系，在这个互动中，产生的清白感和愧疚感，影响着孩子一生财富的状态。

对于父母和孩子之间，且不说生命诞生之恩，就是哺育养育之恩，孩子永生报答不了。

正常情况下，父母的施与没有条件，不图回报，而孩子不必怀有愧疚感，只要带着父母的爱，传递下去，给自己的孩子，给周围的人。

但在孩子归属感、价值感和权力感没有很好地树立的情况下，清白感也不可能很正常。对于父母过量或者有条件的施与，孩子会感觉到窒息，对清白感的渴求甚至心生愤怒，觉得自己不配得，自卑，能量极低。

当父母在付出爱的时候，经常表达对孩子不知回馈的谴责、要求孩子成为父母想要但很难达到的样子（比如一直乖巧懂事、考第一），或者夹带着不耐烦、附加条件、不切实际的期望，孩子就很容易因为达不到父母的要求和期望而产生深深的愧疚感，清白感（无债一身轻的感觉）自然就很难产生。这份沉重的愧疚会跟随孩子一生，就如欠了别人的债，多到永远也还不清，不是引人奋进，而是消耗人们的能量，让他们觉得对任何事情都无望又无力。

当我们没有被爱足够滋养，我们会终其一生耗尽自己，追寻这些我们本在孩子时期就该获得的感受。这份寻找和失望埋藏在我们的努力、抱怨、咆哮、烦躁、依赖、控制的背后。滋养、释放、理解了这份爱的需求，就释放了更多能量去到正向、给予、创造。

孩子所呈现出来的问题行为密码——对爱的呼唤。

一个行为不当的孩子，是一个丧失信心的孩子，他在呐喊：我感觉不到爱，我想要爱，但是我怎么才能得到爱？

可悲的是，我们很多父母也处于这样的呐喊状态里，也在寻找自己的爱，自己没有的，又如何给孩子？

既然我们也在寻找我们的爱，我们又如何在自己的有限里，陪伴孩子的无限？跟孩子一起，找到、滋养自己需要的爱？

爱，自然在那里，在陪伴孩子的过程中，借由每一个被孩子触动的契机作为入口，回到内在，养育孩子，也养育自己！

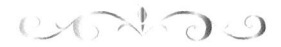

二、到底如何来爱？如何来构建这关键的四感？

每个生命来到这个世界，除了身体胚胎之外，还有一个精神胚胎，身体胚胎携带着 DNA（脱氧核糖核酸）密码，只要提供足够的营养、食物、关照，就可以健康成长，这是我们明显可以看到的发展；同样，精神胚胎也携带着精神密码，只要提供适宜的环境和关爱，也可以由孩子自己构建，但这不是显像的，因此人们往往忽视或者不得法而受到阻碍。

儿童对外在世界的感知是从什么时候开始的？很多人都会说：生下来呗！其实，儿童是在形成胚胎之时就开始了感知：自己是否是被欢迎的、被期待的。胎教已经被证明其有效性，胚胎能够感知的比我们了解的更广泛和深入。或者说，精神密码带着深邃的能量随时感知着自己的存在、发展与外界的互动。母亲怀胎过程中的心境状态，也已被证明对胎儿的成长与发展有着极大的影响。甚至基于现象学的研究，很多自然流产的胚胎是因为深刻感受到自己的到来是

呵护宝贝内心的高能量

不被欢迎甚至是被憎恨的。

胎儿从出生到一岁之前，他们的意识是跟周边共生的，他们无法分辨自己的和别人的，犹如我们曾听到的古代神话"盘古开天辟地前的宇宙洪荒混沌状态"。是的，自胚胎形成，孩子带着精神密码在妈妈子宫里，一直到出生后的一岁左右，孩子的精神胚胎与世界是混沌一体的状态。能量学说认为孩子在形成自我之前，与宇宙能量深度链接，甚至说就是与宇宙能量是一体的。自然也与周边环境、人的能量一体，能感受到是否被欢迎、欣喜、拒绝、恨意、纠结。同样，孩子本身携带着一份让人类世界为之感动的纯粹、美好、极高的能量。这份感受和能量不仅仅是关乎父母，甚至是关乎整个家族的能量。

无论何时，作为父母，能够明白孩子的这份原始归属感的需求并能带着爱的心境欢迎、期待，都为时不晚，当然倘若在怀孕之前就能够了解，对于孩子来说，是最大的福祉！可以想见，这份原始的归属感需求，孩子对于自己在家庭系统的存在有怎样天然的在意！可以想见，如果父母表现出来排斥、麻烦，甚至厌恶的情绪时，孩子会感觉多么内疚、伤心，甚至可能会对自己生命的存在开始否定、放弃、不珍惜。每当听到有些成人吓唬孩子，诸如："再不听话，就不要你了！""你真是个大麻烦！""你真是太讨厌了"，等等；我似乎都能看到孩子滴血的内心！

意大利教育家蒙台梭利很早就发现和提出，孩子是在外界环境下进行自发学习的，是在精神胚胎的引领下，透过吸收性心智（0～6岁）、选择性心智（14岁之后逻辑思维发展之后）从外界环境中自发、自动学习和发展自我的过程。提倡学校、家庭教育最重要的是提供适宜孩子发展的环境以及允许孩子自我学习、发展和创造的自由过程。孩子最初是靠感觉吸收性的学习，14岁之后才透过逻辑不再依靠感觉进行学习。既然，感觉是孩子学习和与外界交流的最重要入口，父母的爱的传递也不能离开感觉。

首先是父母内在接纳的能量孩子是很容易感受到的，尤其是0～2岁共生状态下的幼儿，所以从内心深处萌发的喜悦、接纳的能量，是父母对孩子爱的最根本的因素。如果你不能做到，更需要细细钻研，或者寻找合适的心理医生和课程进行研究，尽快处理自己生命里遗留的问题，回归澄澈、柔软、喜悦、富爱的内在状态！

其次，透过触觉、听觉、视觉各个方面的感觉传递你的爱。拥抱疗法已经存在几个世纪，心理学家发现拥抱能够促进人们的身心发展和愉悦度。新生儿如果没有抚养人的抚摸和拥抱，会有夭折的危险，也会有感统方面的障碍。透过抚摸和拥抱，在每个合适的时机，让孩子自然接收你的爱，这也是传递爱的最重要途径。自然，透过语言直接表达和确认你的爱、透过微笑和喜悦让孩子了解你对他们的欢迎和接纳，都是极为重要的。

再次，你的关怀、关注、在意以及看见，跟孩子温暖的对视如同恋爱的情人，也会提升孩子的能量。当孩子为家、为你做了一些事，需要及时发现，并表达自己看到和接收到他们的爱，这是价值感最重要的方面。让孩子做自己能够处理的任何事，也是提升价值感和自我认同感的途径。

龙生九子，各不相同。一个家庭里的兄弟姐妹，即使完全相同的父母、完全相同的教育过程，也会发展成迥异的人格特质。就是因为，每个人的成长与发展是一个自我创造的过程，都是根据自己内在精神胚胎的指引，选择性地吸纳、学习、发展，从外界观察、感受现象、事物，然后进行总结整理内化成自己的行为模式。

我们成人总觉得孩子什么都没有，都需要我们来灌输，但真正能够内化成孩子自己的东西，是孩子自己的选择！因而，我们所有的强制和干扰，除了造成恐惧、阻碍之外，无法直接形成孩子自身的生命内容，除非他们放弃自我权利感允许你的主张和灌输。但同时孩子也失去了作为自己生命主人的能力，会造成一生都被次人格捆绑和控制的状态，也必然会有不可逆的伤害和痛苦伴随他们的生命。因而，发现并尊重孩子自我发展的过程，并能够调整，放下恐惧和控制，允许孩子透过他们自己内在的指引发展自己，给孩子发展和成长的自由，这是建构孩子自我权利感和清白感的重要方面。父母需要深度成长，才能做到这样无条件地接纳，为了孩子，你是否愿意？

孩子清白感的构建，对于中国父母，是比较难的。我们是一个崇尚母德、母爱的民族，为了孩子，生命都算不得什么，是一个拥有伟大的母爱精神的民族。这本没有任何问题，反倒有利于孩子安全感、归属感的构建。但是凡事过

呵护宝贝内心的高能量

犹不及，爱孩子也是需要爱的界限。爱孩子不能成为控制、替代孩子的美丽掩护。过多的控制和替代都会阻碍孩子自我发展的步伐和能量，影响孩子的自我权利感和清白感。尤其是后者，当一个母亲爱孩子到了只有孩子没有自己的状态，还常以"我一切都是为了你，你应该如何如何！"来要求孩子做父母想要他们做的事，想要成为的样子，孩子就会怀有极大的愧疚感。这份愧疚感也会带进他们成人的生命里，沉重到无法快乐、轻松、幸福地生活，同时内心怀有愤怒，永远无法回馈所获得恩情的愤怒，自然也难以做到跟父母亲密、孝顺。被母亲的爱淹没，也没有了自己，迷惑、纠结、愧疚一生而不自知。更有甚者，放弃了自己，成了一个彻底的依赖者，觉得自己不能做任何事，必须依赖另一个生命，在父母面前依赖父母，在亲密关系里依赖爱人，也难以获得健康的亲密关系和成功的人生。

2010年秋，一个俊朗的研究生小伙，坐在学校心理咨询师团体治疗的圆形队伍里，格外醒目，因为通常这样的活动，女孩子会比较多。他眉目低垂，摆动着自己纤细的手指，阴郁的能量，散发出来，弥漫在周围。带队老师是擅长叙事后现代疗法的曾老师。我也痴迷于他所引领的治疗活动，没有分析、没有评判，只有无数的问话引领，使得聊天的人，脸色越聊越亮，凡是这个老师带领的活动，我都会参加进来，但只是观察。我的目光，又一次扫过所有的面孔，再次被这个俊朗的小伙吸引。

果真，今天的治疗，主角是这个小伙！

"关于你，你想从哪里聊起？你对今晚的期待是什么？"老师开口柔声问道。叙事后现代疗法，是一个温暖的流派，尊重、谦卑是必备的素养。

"我总是在逃跑，最近又有这样的冲动，但我自己知道，我考这个研究生本身也是为了逃跑，虽然备考时我也很辛苦。而且，我觉得活着没有意义，逃跑是我较好的想法，有的时候，我想要死去！我想看看我是怎么了！"小伙没有抬头，向上撸了一下左臂的袖口，一个切口伤疤赫然爬在白皙的腕部。空间里响起几处嘘声。

"当想要逃跑的念头找到你的时候，有什么事情发生吗？"老师问。

"我妈妈给我来电话了。"他依旧低着头。

第二章 洞悉孩子内心（灵魂）的密码

"妈妈说了什么？你的感受是什么？"老师问。

"妈妈一来电话，我就异常紧张，果然，她又在谋划着让我毕业后去当地的一个什么厉害的企业。"我看到在座的几位，露出羡慕和迷惑的神情。"她总是这样，什么都不跟我商量，我恨她！"他竟然用了"恨"这个字！

"对于妈妈的安排，你希望她跟你商量，没有跟你商量，恨意和想要逃跑的想法就来到你的心里？"老师问。

"她不会跟我商量的，本科毕业的时候，她就早早地安排我在供电局工作，去了几天，我就逃跑了！"小伙更用力揪扯着手指。"凡是她安排的事，我都不能平静地接受，烦躁和愤怒让我没有办法干任何事，就是想跑！我在一个小县城卖鞋的店，找了份工作，后来我做到店长。可是，她用她的关系找到我，命令我回家！我不想回家，一想到回家，我就烦躁！我又逃跑了，找了个小旅馆，越想越没有意思，我就切腕了！"他的胸部起伏着，隐忍着愤怒。"后来，旅店老板救了我，我妈妈把我带回家。伤好了，我依旧不想去她安排的地方上班，我想要自己找工作，她依旧不同意，说我找的工作太低级，丢她的脸！后来，我在家天天上网，看到了考研的信息，我要考得远远的，我就开始学习，准备考研，她见我挺安分地看书，也就相安无事一段时间。我们根本没有沟通，说不上两句，她就开始教训我！"

"你迫切想要自己决定自己的生活，哪怕从世俗认为低微的事情开始做起，你极不喜欢妈妈的安排和教训，只要是她安排的，你就想要逃跑，甚至不想继续活着。相对于妈妈的安排，卖鞋和当店长，给你带来的有什么不同？"老师问。

"是的，凡是她安排的，我都一刻也不想停留，就是想逃跑，跑到她找不到我的地方。卖鞋的那段生活，我觉得特别放松，那是我有史以来第一次自己为自己做决定。我干得特别有劲，几乎吃住在店里，老板特别看好我，让我当店长，并且还让其他人以我为榜样。我第一次觉得自己的生命有了价值，这种感觉特别好，安心、放松、有激情、有意义！"他的脸略微抬起一些，有了一些放松的感觉。"但是，她总能找到我，我觉得无路可走，无处可去，我在所有亲戚眼里，就是一个没用、不懂事、叛逆、不识好歹的家伙，我不想回家，

呵护宝贝内心的高能量

也不想回那个城市！"他脸色又阴暗了下去。

……

治疗的过程，我只回忆到这里，人们的内心丰富而迥异。我想那些发出唏嘘声的同伴里，很多人都羡慕这个小伙的家境和妈妈的安排，可以少走很多艰难的奋斗路，可以更快实现自己的梦想，更好地发挥自己的价值。但是，一个被捆绑了多年的因心，对自由是那样渴望，内心尚存的一席自我的光芒，引领他一次次地抗争，一次次地希冀，为的是内心深处的对自我价值感的在意，对清白感的渴望。而他的母亲，从世俗的角度来看，是个尽力为孩子的好母亲，这些安排里又怎么能说没有妈妈的爱，但是爱里还掺杂着更多的东西，使得孩子排斥这些的时候，连同爱也一起排斥了。在已病了的心灵面前，叙事后现代的咨询师可以温暖而谦卑地放下一切既定和自以为，陪着人们看看自己的内心到底发生了什么，想要去向何方。作为爱孩子的父母，又如何不能如此？去发掘孩子的生命力而不是去埋葬那份磅礴的生命力，仅仅因为我认为这是对你好？

另一种状况，父母身体柔弱、心灵柔弱或者家庭不和谐，孩子很小的时候就担当起照顾父母的身体或者心境的责任，对孩子也易于造成一种伤害，孩子在内心深处会觉得是自己不够好，才使得父母如何；或者觉得自己比父母强大，需要站出来保护、照顾父母。虽然这种状况很多时候是我们这个社会所提倡的子孝，但孩子很幼小就承担起本该大人承担的责任，没有了自己，没有了童年，孩子会觉得被淹没。因为这份责任本不是孩子的，他们自然难以承担，会感觉到难以名状、无奈的累，甚至到成年也会不自觉地去承担本不该他们承担的东西，直到有一天精疲力尽。这样的孩子，易于形成反依赖的次人格，会主动去承担一些本不属于自己的责任，但当对方真的依赖上自己的时候，又开始渴望逃离那份责任，尤其是在婚姻里往往会再度重复这种与父母形成的关系。

下午四点左右，阳光透过窗户，将最后的一点余晖照在对面的女士面上，这是一张极度疲惫的面孔，用手支持着下巴，似乎脖颈都抬不动自己的头颅。

"我觉得好累，我这一辈子都很累！"女士声音很低，似乎也没有力气说话。

"什么时候开始有这样的感觉？"我问。

"一直都有，最近更厉害了，一点力气也没有，什么都不想干也没有兴趣干！"她的声音低到我需要努力去听。

"最近发生了什么事，使得你觉得更累了？"我问。

"妈妈生病了，又得住院，我想想头就大。"她有气没力地说。

"妈妈又生病了，为什么用'又'字？之前也有过？"我问。

"妈妈一直身体不好，小的时候，从我记事起，她就一直病恹恹的。"她依旧低语着，"我害怕会失去她，我很小的时候就可以做家里所有的事，还得照顾弟弟、妹妹，我似乎没有过童年，呜……"她转而捂起脸，连哭泣都是低沉的，没有能量。

"你很小的时候，因为妈妈生病，你就开始支撑这个家，那个时候，其他人呢？"我问。

"我爸爸因为妈妈生病，他不能面对，整天借酒浇愁，甚至整晚不愿意回家。"她带着哭泣的声音继续低语，"我记得我曾经做好了饭去他单位，求他回家，他回了家也只是叹气。他就像是一个经不起事的小孩子，这是妈妈病了，倘若是他，就是一直哼哼，很小的病都大惊小怪的。"说到这里，她有些情绪让她声音稍大了些。"弟弟妹妹都还小，是我把他们照顾大的，我还记得我有一天早上醒来，是在锅台边上，我是刷碗的时候睡着的。"她接着低低地饮泣。

"你可以好好哭出来，把所有积蓄的情绪哭出来！"我静静地等着她。待她稍稍平静一些，"爸爸都不能面对的事，是什么力量使得你承担着这个家庭照顾者的责任？"

"我害怕，怕极了，怕了一辈子，怕妈妈会离开我们！现在，弟弟妹妹都大了，妈妈生病了，似乎依旧是我一个人的事，没有人来帮忙。当然他们的生活过得也不太好，我因为从小就能干，我还得接济照顾他们的生活。现在，妈妈又病了，我觉得我也到了极限，我撑不下去了！"她又哭起来，我等着她，轻轻抚摸她的大臂。"我的老公去外地打工了，孩子上六年级，小升初关键时期，我没有时间陪他，我没有力气扛了。但是事情却一直不会停下来，安宁下来！我真的好累啊！"

……

太多的案例，人们成年的不如意、痛苦、艰难都来自遥远的儿时，太多人们在生命的成长历程里，丢了自己，把生命依附、寄托、捆绑在另一个生命上，彼此都迷失了自己，纠结痛苦在一起。

陪伴孩子，不是轻易简单的事情，而是需要用生命去学习：让自己的生命精彩，也让孩子的生命自由绽放！这正是本书的原始动力，让更多的人别伤在童年，痛在一生，学习在未病之前，明了如何去爱。每个父母都需要有觉察的爱，爱孩子也爱自己，爱得适度，爱得入心，爱得有效！

三、孩子是自己生命的主人和专家

说到这个话题，很多读者可能都在嘀咕：

1. 你说孩子是自己的生命主人和专家，他们知道什么呀？
2. 我自己还没有做到成为自己生命的主人和专家，怎么教孩子？
3. 成为自己的主人和不是自己的主人，对一个人的差别在哪里？
4. 人在江湖，身不由己，怎么成为自己的主人和专家？
5. 如果我不管孩子，孩子将来走歪了，谁负责任？
6. 玉不琢不成器，我怎么能放手让他们来管理自己？

你会有很多的疑问和不放心，从这些问话里也可以看见你个人的内在信念，这些信念是怎么来的？当然与你自己的成长经历有关，你已经被安排、被操纵、被指挥了很多年，自己都被带离本然的自己很远了，又如何可以放下这些，信任自己的孩子具有这样的能量？同样有一些问题值得所有人思考：

1. 你清晰自己此生所为何来？你坚定这个方向吗？
2. 你能够自动自觉为自己的目标做一切可能的准备吗？不需要外力的要求和促动？
3. 你能够合理高效地进行自我时间的管理吗？
4. 你常常将工作拖延到不能再拖的时候才会去完成？

5. 你所从事的方向，是让你怦然心动、自耕不辍的吗？

6. 你有多容易受别人的影响？尤其是专家、权威人士、家人、朋友、领导？你比较容易被别人劝说并按照别人的意愿做事吗？

7. 你常常愿意劝说别人按你的要求做事吗？结果如何？

8. 你能够拒绝别人对你的请求吗？小到物件大到借钱？

9. 你更愿意顺从别人还是愿意抬杠、抗拒、辩论？

10. 你喜欢别人参与你的生活吗？

11. 对于未被请求，就干预你的事情的人，你是欢迎的还是愤怒的？你的真切感受是什么？

12. 你曾经坚持自己的初心吗？是为了什么事？你的感觉是什么？

13. 当你被别人影响时，你确定他们真正理解你想要的吗？

14. 你在做决定前，通常是不需要征求任何人的建议还是你会很习惯征求别人的意见？你征求意见时，真的是想要建议，告诉你如何做，还是只想要一句"肯定"？

15. 你做决定前，都能自我确认还是总觉得心里缺少点什么？拿不准？

16. 如果让你没有任何顾虑，只考虑自己的内心需求，你会是什么样子或者说你的生活和工作会有怎样不同的安排？你的人生会有怎样的不同方向？

17. 你的内心是充实、满足、充满爱的？还是矛盾、空虚、迷茫、无措的？

18. 当你所有的愿望都实现了，你不需要为生活担忧，你最想做的是什么？你还差什么？你准备什么时候开始？

19. 你常常认为你的情绪都是因为外界还是因为自身？你认为"你太让我生气了"是对的，还是错的？

20. 你对自己的情绪、情感、内心状态、如何才能让自己开心、富足、丰盛达到最佳状态，是否有足够的认识、了解？

是的，若要允许孩子成为自己生命的主人，需要有一份信任，这份信任也同样适用于自己，在认识和了解孩子的过程中，也同时认识和了解自己。这份信任之所以不在了，是因为我们的成长过程被过多干预、影响和不被信任。我

呵护宝贝内心的高能量

们所有的行为内驱力都是我们的信念系统，当我们能够找回我们对生命本身的信任，借由这份信任也就可以放手我们的孩子，并陪伴护佑他们将自己主人和专家的地位巩固和坚定。这是陪伴孩子中父母最关键的成长，找不到这份信任，就一定会将自己的有限强加给孩子，带着孩子一起迷失在内在之外，变成受外界影响的浮萍，没有根基更别提成功和幸福。

让我们回到生命的初始，借由我们的孩子。且不说十月怀胎，妈妈除了吃足够有营养的食物、保持良好的心情，你能感受到生命在体内自发的生命力，借由渐渐鼓起的腹部等身体变化，借由孩子在腹部的蠕动，妈妈会为这个生命而充满期待。无论你是否欢迎他们，他们都在以自己的步调成长，任何人除了人工终止妊娠外，没有人能够干预他们的节奏。这是生命自己的步调，是灵魂自己的奏歌，我们能做的就是准备好迎接，并提供足够营养和健康的环境！当然你也可以进行早教，让生命之歌者能够更早感知到世界的美好！这份生命的能量，纯洁、美好、自发，也带动着周围的能量。

孩子呱呱坠地，随着响彻的哭喊，他们来到人类世界。虽然满是不适、陌生，但他们依旧能够悠然自得，只要成人能够提供足够的温暖和食物。孩子依旧是那个美好、纯净的生命，但是此时开始，他们被安排起自己的生命，继而产生很多的问题。比如：

坚决执行母乳喂养的医院，要求不能添加任何人工乳粉，要求孩子进行母乳吮吸，即使母乳还很少甚至没有，孩子饿得哇哇连夜哭泣也不行。母子都身心俱疲不说，孩子也会因此对陌生的世界心生恐惧。这是医院医生的信念，有错吗？看如何评判，确实一些母亲能够尽快适应孩子，有更多的乳汁分泌出来，而一些母亲因为精神焦虑反倒停止乳汁分泌，医生为的不是一时，而是为了孩子将来能够有足够的母乳进行身心滋养；而有些医院的医生会认为需要给孩子70%～80%的人工乳粉，但需要更多锻炼孩子的吮吸母乳的能力，以便能够尽快获得母乳喂养，孩子和母亲可以有时间休息身心；还有的医院在母乳喂养没有被广泛提倡的时候，提供充足的人工乳粉，以便能够让孩子适应某种乳粉的味道，占据孩子的第一口奶，从而可以从乳粉厂家获得回报。而孩子也彻底失去了母乳喂养的机会。这些都是外界成人信念系统的不同所创造的结果，从而也影响着孩子的身心成长。

再比如，早产儿和黄疸严重的孩子，刚刚生下来就会被放入保温箱，有些医院允许父母陪伴，允许母亲能够触摸、轻轻地跟孩子交流；而有些医院是要跟父母隔离的，孩子在特殊病房的保温箱，妈妈在普通病房。后者更加剧父母和孩子的焦虑、抑郁以及恐惧。

太多这样完全相左的处理方式，对孩子都有深远的心灵方面的影响。虽然同是被安排，但是不同的安排方式，对孩子会有绝对迥异的影响。而所有这些影响，都在那份纯净、美好的能量上抹上了一生都难以磨灭的心灵污点！很多的心理问题都被证明与这些特别早期的经历有关，深藏于孩子的潜意识，在一生中悄然运作着，影响孩子的生命质量。

孩子生而纯净，没有问题，所有的问题都是外界干预的结果，我们因此需要在孩子的问题来到的时候，更多地着眼是什么导致了这个问题出现在孩子的生命里，而不是谴责孩子、诟病孩子。后现代心理学和蒙台梭利教育理念，一个源于澳洲美洲，一个源于欧洲，竟不约而同地建立了这样最核心的哲学基础：人是自己的主人和专家，所有的问题都是来自外界，人还是那个纯粹美好的人，将人和问题分开。借由这样的哲学观，后现代心理疗法解构和救治了太多的心理问题个案，仅仅透过将问题和人分开，帮助更多的人重新建构美好纯粹的自己。

而那个本就美好纯粹的自己，是与生俱来的，具有足够的美好、能量去面对人世间的任何事，并指引着人们朝向生命本该朝向的方向发展。真我携带着智慧和密码，自然发展着自身身心能量，成就着自己的生命。如同在妈妈子宫里一样，只要有足够的食物，孩子都会自然生长，从不能视物、仅靠感觉与母亲连接，到能够翻身爬行，再到直立行走、咿呀学语，挡都挡不住的成长步伐和学习力，完全自动自发，没有外力可以控制和阻止。我们都经历和见证了孩子这种生命力的呈现和发展，我们也在这段时间顺其自然、安心陪伴着这份能量的自发运作，惊喜于孩子每一点进步和成长。他们天然纯粹的能量也激发着我们柔软安然的能量，幸福地跟着这份能量的指引和流动。

随着孩子意识的成长，思想的萌芽，父母也开始不能淡定和安然了。虽然

呵护宝贝内心的高能量

现在越来越多的父母选择自己亲自带孩子，不再过多依赖老人和保姆，甚至不惜有一个从社会生活中退出，回归家庭专心带孩子。但是，各种思想的冲突和养育方式的冲突就开始上演，有些支持早期教育，有些反对，有些支持全职陪伴，有些反对，有些支持快乐教育，有些更倾向大棒教育，等等。人们都希望给孩子最好的，但是什么是最好的？父母很快迷失在各种说法和流派中，没了自己。更重要的是，孩子开始发展他们自己的思想，尤其是有时候跟父母的思想和期待相左，在执拗期、六七岁、青春期又极度坚持，父母开始内外焦虑。这个时候，很多的问题来到孩子和父母之间，父母也忘记了那个曾经连自己都感动着的：自动发展着的孩子的生命密码，开始更多诟病、干预自己的孩子，进而亲子关系也开始出现问题。

当我们将问题无限放大，感觉到焦虑、无措的时候，我们又被自己的情绪所捆绑。加之我们自己的教育方式多是自己童年所经历的延续、重复、改进，很难有更好的角度和方案来面对亲子间的问题。我们每个人都可以审视自己的教育信念，什么更占据着你的意识，他们是怎么来的？"棍棒之下出孝子""要想孩子记住，得给他们点厉害，得让他们感觉很糟糕""小树必须得修理，否则就长歪了""孩子什么都不懂，都需要依赖我""不能让孩子干活，得让他们无忧无虑地成长""亏什么也不能亏孩子，孩子要什么我都会满足他，不能让他像我小时候受罪"……你的信念决定着你的教育方式，但所有的一切都是基于"我得教他"，最广泛流传的一句话"养不教，父之过"，不教，父母都会有很深的愧疚感，特别是当父母活在自己之外，对于外界的评价敏感而在意的时候，就更得加紧"教"！似乎孩子之前什么也没有，孩子的成长，完全仰仗着外力的"教"，俗话说，孩子是一张白纸，一张白纸好作画，这画谁来做？父母还是孩子自己？我们又很容易忘记了我们孩子自己的生命能量，他们不是什么都没有，他们有着自然而纯粹的生命力和方向。你是顺势而"教"，还是依你自己而"教"，你是允许孩子依照自己的生命指引而学，还是必须依照你的安排而学？孩子的生命到底是谁能主导，你还是他自己？你靠什么来主导他们？除了恐惧，还有吗？你主导了一时，主导得一世？

这是个灵性教养的问题，而非一个社会化的问题。当然，如果你自己本身是极为社会化的，受到外界环境的影响并易于被外界评判和影响，你会遇到一些挑战。

田上一年级的时候，我就要求她自己负责自己的学习。因为她较正常年龄儿童晚一年上学，加之文字能力较其他孩子更强，所以读微信上老师所留作业以及其他要求，没有任何障碍。每天回家，我会把手机打开，让她自己找到班级通知群，看作业内容和家庭配合工作，然后自己做作业和做准备。我只负责签字。但毕竟，她那时也只是个孩子，作业都没有问题，对于学校老师其他要求有时就不能顾及得很周全。

有一次，趁着放学老师出门送孩子的时候，我跟老师了解一些情况。老师说："奕然学习很棒、纪律也很好、跟同学的关系也非常好，就是有时会落下老师要求的家庭联络事宜，你得帮她弄一下。"老师有这样的要求，我也答应要注意。但是，换了一般妈妈，都会回来全权接过这份事情，代替孩子来做，毕竟那是学校设置的家校共育的资料，可以说是对孩子的要求，也可以说是对家长的要求。

"田，今天接你的时候，老师说家校共育的单子，你经常会落下，忘了带或忘了签字。你看我们一起想想办法，怎么才能处理好，每次都带上呢？"领着田回家的路上，我引导她共同思考。

"妈妈，我总是觉得作业是第一位的，那个单子我确实没当回事，而且，所有的事我都尽力做到最好，你刚才也听到老师说了，是我没有重视那份单子。我以后会注意的。"田回答，思想清晰也体现了她做事有分寸，听完，我的内心很欣慰。

"老师要求妈妈帮你弄，你觉得需要妈妈做什么？"我继续问。

"不用了，我注意一下就行，小事一桩！"她很笃定。

养育一个自立又自信的孩子，在这样的时候会轻松踏实！

后来，一个孩子上初中的大学同学跟我抱怨："你说老师总是在手机上布置作业，本来想杜绝孩子看手机吧，这下他总是借着做作业的时候，趁我不注意就看手机。不但如此，还有很多事情需要家长弄，又是照片啦又是填表啦，每天搞得我特别麻烦！"

呵护宝贝内心的高能量

我在心里不禁庆幸，当我建议她可以让孩子自己来做，且锻炼了孩子用手机的能力，她会很坚定地否定："他哪里弄得了呢？再弄错了，回头老师还得说我！"

你是否愿意相信和给予孩子机会？是你的内在信念使然。只要有机会，孩子学习任何技能的速度都会让我们吃惊！

因而，对于孩子的生命，一个不能逾越的核心问题亟待处理，就是孩子生命主导权的归属问题。这也是父母如何定位自己的问题，你是孩子生命过程里的什么？其实，到现在为止，所有人都基本清晰：孩子的生命是他自己的，他才是那个主导者，他才是主人，如何成长，往哪里成长，怎么实现，只有他自己最清楚。当然这是个内在解码的过程，孩子需要在生命过程中对自己初始所携带的灵魂密码（或者说精神密码）进行解码的过程，也可以说是不断试错最终清晰的过程。一个被允许主掌自己生命的孩子，试错成本和耗时比较少，会比较容易找到自己的方向；一个被控制、干预比较多的孩子，他的试错成本比较高，有的甚至是人到中年甚至晚年才找到自己生命的方向。

那么父母到底是谁？如何陪伴另一个自己创造的生命，却越来越清晰自己对其直接成长的无力。孩子的生命就如一棵树，你亲手将自然中的一粒种子或树苗种在地里，自此你有了与其的连接和牵挂。但是对于这棵小树的成长，你能做的只有时常触摸、提供水分、营养，剩下的只有希冀。或许在小树成长的前几年，当酷寒或狂风来临的时候，你可以多培些土、做一个防风架帮助它抵御，但当小树已经足够强壮之后，你又会是谁？你只是，从树下经过的所有人中，最为它骄傲、最欣赏它、最愿意为它喝彩，看向它时眼睛里爱最多的那个人！长大之后的小树，会长出甜美的果实，你是它最愿意将果实提供给你品尝或奉养的那个人。而我们的孩子，是一棵可以活动的小树，可以比小树给你更多爱与互动滋养的人。我们是他们的土壤、空气、阳光、水、园丁和关注者。如果一定要加上一项，我们应该成为他们的引领者，将自己的生命活出来、绽放出来、实现自己的此生使命！"教育的本质是一棵树摇动另一棵树，一朵云推动另一朵云，一个灵魂召唤另一个灵魂！"把我们本不能替代的事，无论是行动还是心灵都交还给孩子，尊重他们是自己生命主人的事实，余下更多的精力活出我们自己的生命。每个父母都会收获到轻松、亲密、尊敬、孝顺！

四、外化问题：孩子是孩子，问题是问题

每个人都生而具足，恰是他们生命精神密码想要成为的样子，有些人生而美好，有些人生而残缺，无论是美好还是残缺，都是他们想在此生修炼的课题，都是恰恰好的开始。每个灵魂刚刚来到人类世界，都是纯粹、闪亮的，我们的孩子都是与宇宙共生的高能量个体，带着纯净的能量，来到世间。是孩子来到世间，他们选择了时机、选择了方式、选择了状态，其背后是更伟大的力量在悄然运作。

"是我自己选择来到中国的！"两岁的女儿曾如是说。

在孩子还跟我们共生，分不出来自己和我们的区别，我们彼此共振着能量的0～1岁，我们无条件地爱着、亲昵着这个小生命，感觉那份能量涤荡着我们彼此的心灵。在现实社会摸爬滚打了一天，回到带着这样纯净能量的婴儿身边，迎向那面带微笑急切张开的小手臂拥之入怀，轻触那娇嫩肌肤，深吸那带着奶香的体味，感受着被无条件深深的需要、爱着和悦纳，一切的疲惫和烦恼也都被涤荡干净，沉醉在这份温柔里。你慰藉了孩子的思念和渴望，孩子慰藉了你在世间的被忽略、被评判、被冷落，生命在心灵深处的灵魂里交融，没有一丝掺杂。请锚定在这样的情境里，孩子本身一直都是如此纯净、美好，一直都没有变过甚至是现在！

那么，后来发生了什么？使得你和孩子之间的关系和这份连接里，有了些不同的杂音，变得有了距离、隔阂、分歧、陌生？孩子在自觉学习的过程中，逐渐发现自我，犹如哥伦布发现新大陆，穿过感觉系统的学习，发现自己和周边事物不是一体的，而是分离的，或许先发现的是从自己手中掉落的小球、或许是妈妈上班后长久煎熬的等待、或许是第一次察觉到有便便从自己的身体里分离并被水冲走……随着从人类世界尤其是家族中不断地自我学习，婴儿透过

呵护宝贝内心的高能量

他们没有评判的吸收性心智学习到很多，包括当我不小心把水杯碰到地上，妈妈惊呼一声并愤怒地冲我吼叫；包括当我不想要分享我的故事书时，妈妈数落我，并一直劝我跟别的小朋友分享；包括当我不想睡觉，蹦跳到很晚，爸爸会对我很烦躁；包括当我想要看电视，妈妈说不能看很长时间，小眼睛需要休息，但是我很喜欢看，不想停下来，妈妈关了电视并狠狠地训了我一顿……孩子感受到，父母吼叫、烦躁、强制、规劝、训诫等与他们沟通的方式，给自己内心造成了怎样的影响，有的孩子感觉很害怕、恐惧、伤心，透过哭泣宣泄，有的孩子发现这些方式的威力，内化成自己的方式，并加之应用，应用到跟父母、同学、老师的互动中。对于最初的孩子来说，他们没有任何的分辨能力、评判能力，家族的正能量和负能量照单全收，从中筛选形成自己的东西。

因而，孩子之后所呈现出来的问题，无论是在孩提时段还是长大成人，都是来自较早期陪伴者的互动中的吸收性学习。孩子的状态，如同一面反光镜，将照顾者的教养和互动方式淋漓尽致地呈现出来，那是教养环境的映照和如实反映。孩子依旧是之前纯净的孩子，孩子所学习到的与世界的互动方式，并在应用过程中出现了与父母的矛盾，以及在几个关键敏感期对自我树立和感知的需求，造成孩子的执拗和叛逆，让我们成人感觉到曾经的乖巧不再、曾经的亲昵也蒙尘，感觉是孩子出了问题。但实际上，这些问题本不属于孩子，是这个孩子之外的环境和世界沾染到孩子而呈现出来的，看待孩子的问题，我们需要练就一种本领，就是时刻觉察，怎样的状态浸染到孩子，让孩子呈现出来这些本不属于他们的问题，我们跟孩子一起，将问题外化出来，细细研究如何面对这样的问题。这样，孩子就和父母站在一个战壕，共同面对那个问题，问题就有了更清晰的脉络和解决的可能性，父母与孩子又可以恢复到之前没有被污染的状态，父母就成为孩子最重要的生命资源而不是对抗的对象。

确实，这样看待和思考问题，并不是很轻易和自然的。人们在惯常的思维里，很难将人和问题分开，有些还因为这些问题造成人身攻击、人格侮辱，使得问题扩大化，尖锐化。如果人因为自身的问题，被外界关注、否定甚至是攻击，最终被自己内化，并因此降低自己的自我认同，认为自己是一个有问题的人、不被接纳的人、一个糟糕的人，将是一个令人十分痛心的后果，这个人有可能一生都会与这些负面认同斗争，失去创造、成长的能力。对他人所呈现问题的指责和否定，是一种精神上的剥夺，是一种精神的暴力，甚至有时候是一种精神杀人。太多来到心理咨询室，生命受困的人们，都是因为外界的语言暴力导致自己内化了这些暴力，一生都用这些暴力煎熬着自己。这也是为什么我们的核心主张是培养具有正向自我认同的人，当一个人有着健康正向的自我认同，尤其是孩子，就能够过滤外界的评判和否定，有则改之无则加勉，生命就不会被这些所捆绑。

心理咨询师所做的工作，恰恰是每个父母在孩子很小的时候就应该做到的，不以任何个案所呈现的状态为奇，是可以理解并有其存在理由的，都能够全然地接纳：是的，此刻的他正受着这样的信念和价值观的困扰，他正以这样的模式思考、行动。然后，才是顺着咨询者的叙述脉络寻找问题的来龙去脉，然后进行疗愈可能性的探索，是一个跟个案共同发现的过程，是个案自己的一个修复完整的过程。也只有这样的接纳，面对、探研和觉察的过程，才能够走出困扰模式，回到最初内在澄明的状态，这是修正自我的过程，也是回归真我的过程。如果，父母能够尽早了解，能够在陪伴孩子的过程中，有觉察地应用外化技术，不把孩子所呈现的问题与孩子捆绑，避免任何责难、批评等精神暴力，而是把它与孩子分开，带着爱跟孩子站在一起，面对这些经由外界来到孩子身边的问题，作为战友、作为资源提供者、作为更有生命经验的支持者。孩子才能够有被爱、被接纳的感受，从而也接纳自己，更有力量来面对任何生命的议题。这是呵护孩子正向自我认同，逐渐健康社会化的方式。比较矛盾的是，孩子的问题来源于社会化，而只有在将社会化进程中所有的问题接纳、包容，并在社会化进程中进行试行检验，才能内化成使自己和身边的人都能接受和舒服的方式，进而实现深度社会化。而孩子所呈现的问题，恰恰是难得的需要进行调整内化并升级的契机，如果恰好发生在与父母之间，我们应感到高兴，因为我们是这个社会、这个世界最愿意陪着他们走一走、看一看、调一调的人，在我们这里完善了，就可以放心大胆地鼓励和允许他们踏入社会的熔炉。

每个人的行为、情绪、言语背后，都有着丰富的背景：信念、初心、目的，

呵护宝贝内心的高能量

绝大多数的人尤其是亲人之间，这些背景都是带着爱的，你是否能够拨开表面的浮云，看见爱的真谛，与你是否将问题、行为、言语接纳并与人分开的能力有着直接的关联。放下紧张并时刻准备着的自我防御，透过表面的烟幕，看向更深的内在，你能感受到很多与说的、做的向左的新发现。把你的感觉找回来，跟着感觉去发现，将理性放在感觉之后，因为孩子们是生活在感觉的世界里，有着天然灵敏又善良的触觉，我们需要用心去感受，而不是用头脑。

11岁的田田严厉地批评霏，总是迟到！（她希望妹妹跟自己一样守时，当然在她小的时候，我有时也是魔鬼妈妈！现在很惭愧和遗憾！）

5岁的壮壮使劲地拉正在跟菲菲说话的小雨，结果把她拉倒在地上，小雨哭得很伤心。（结果，老师发现在小雨的背后，一步远的地方，有一摊狗屎，壮壮见小雨边说边退，很着急）

2岁的楚楚把菲菲的图画本撕了（他太喜欢封面上面的蝴蝶，像活的一样）

4岁的小苗带自己最喜欢的酸奶跟同学分享，结果洒在图图最喜欢的衬衫上（图图不想喝酸奶，小苗把吸管插好，送到图图嘴边，图图推开时酸奶洒出来）

带着欢迎的态度，有问题，太好了，让我们来看一看、探一探的心态，陪着孩子成长，也由此看见自己，提升自己！任何时候，都是最好的开始！是我们的社会化把孩子带离了纯净，如今，只是换个角度看孩子，拨开云雾见真性，对于孩子的内心以及亲子关系的构建，成为重要的缓解矛盾的途径。

思雨最近逃学了，老师打电话给妈妈的时候，已经是思雨离开学校的两天后。这是思雨去天津上学后的第二个月。因为是外地户口，不能在北京高考，思雨如几百万初中生一样，不得不在小升初的时候，去天津上学。父母早在几年前，就在天津郊区买房，并把一家的户口转过去，为的就是能够在天津参加高考。但是，父母很忙，初一开学，只是把思雨一个人送到学校，报道完，就匆匆回京照顾生意，一连三个星期都没有来接思雨。

妈妈好不容易找到思雨，但是他就是不想上学。经人介绍，他来到我这里。

低着头，一副不想沟通的防御状态。

"从什么时候开始，不想上学的念头来到你的头脑？"（外化：念头来到人）我轻声问。

他抬了一下头看了我一眼，可能是看我语气温柔，但又深深地低下去。

"遇到任何事，都没有关系，我和你一起，看看如何处理。"我摆明我跟他是一伙的。

"我就是不想上学，从上个星期开始。"他小声说，顿住，似乎等待什么。

"上个星期发生了什么事？"我依旧轻声问。

他好像没有等到他以为会有的，有些诧异。

"上周末，妈妈来看我，带我吃了烤鸭，然后就匆匆走了。"他似乎长舒一口气，接着说："我实在不知道，我为什么要在这里，我不喜欢这里的老师和同学，觉得他们都把我当外来人。"

"你想要跟妈妈多待会儿，你想要跟同学更亲近？"我回应他的话，以便让他知道，我在认真听。

"我妈从来没有时间给我，生意永远比我重要！我一个人在这里，觉得很孤单，我害怕这样子过六年，在这里，想想我就发愁，我想出去逛逛，散散心，在学校心里堵得慌。"他继续说着。

"你觉得妈妈重视生意比你更多，你觉得孤单，不想这样子过六年，你逃学实际上是出去逛逛，散散心。那么，你都去哪里逛了，逛完，心情如何？"我问。

"我去过商场，看着那么多人，都跟我没有关系。我去过医院，看见很多人着急，不是因为我，但是我还是很庆幸。我也去过图书馆，那里特别安静，也没有人关注我。我也去过网吧，在网吧里，时间能快一点，让我暂时忘记孤独！"

我拿出几个玩偶，他挑了一个最喜欢的，我问他，如果挑一个做孤独，他会挑哪个？他想了想，看了看，挑了一个小布龟。他给它起了名字，叫"慢吞吞的流浪者"。

"慢吞吞的流浪者，来找你，有什么话要跟你说？"（外化、拟人、具象，

呵护宝贝内心的高能量

更真切的外化）

"慢吞吞的流浪者，它内心充满了孤单，它不喜欢这种孤单的感觉，它想要找到快乐，它来找我，想要……"他在思考，沉入内心。"跟我玩成长的游戏！"小思雨的脸上说到此，一抹微笑浮上嘴角。

"怎么说，它是来找你玩成长游戏？"我好奇地问，内心也随之有些轻松。

"我其实是知道的，无论我是否喜欢，我需要在这里度过中学六年。我也知道，爸爸妈妈不容易，在这里买房子也不是很轻松。可是我就是有些控制不住自己，想要跟慢吞吞的流浪者出去玩，玩了快一个星期了，我知道慢吞吞的流浪者就是跟着我，无论我走到哪里，它都会跟着，即使在商场、医院、网吧。我对它已经不那么讨厌了，我已经熟悉它了，也不害怕它了。"一口气，说了很多，面对着慢吞吞的流浪者，两个手抓起来，摇一摇。

"你知道自己需要度过六年，知道爸爸妈妈的不容易，知道慢吞吞的流浪者会如影随形，也开始熟悉它了，这给你带来了什么不同？"我跟随着他，并引领着他。

"在我跟同学相处不太好，也不愿意跟他们多说话的时候，它就来了，很强烈地敲我的心，我很想逃学；在上英语课的时候，那个老师老是让我们抄写单词，我都会了，也一样需要抄写，我就会很烦，慢吞吞的流浪者就会来找我，跟我一起想出去玩；当我在图书馆，看有意思的漫画书时，慢吞吞的流浪者不会打扰我，我会忘了它的存在；当我在网吧时，也会忘了它的存在。"他继续自顾自地说，确定我一直在好好听着。

"发现了慢吞吞的流浪者的游戏规律，对你有什么帮助？"

"我不能在学校里打游戏，但是我可以带我喜欢的书，当我不想跟同学说话的时候，当我不喜欢抄单词的时候，我可以看我的漫画书，最好是看英文的漫画书，这样英语老师也不会太为难我吧。"他的眼睛亮起来。

"你找到了跟慢吞吞的流浪者在学校相处的好办法！真是太为你高兴了！还有呢？"我继续开发。

"我想跟我妈妈说，可不可以每周都来看我一下，我在这里太想他们了！"

……

生命就是这样流淌着，给予接纳，每个生命都会做好自己的主人，每个生命都能将自己的能量调整到正向，我们咨询师或者父母，就是允许着、陪伴着、支持着，却永远也无法参与，成长自然发生。相信在未来的岁月，吞噬掉很多人的孤独感，对于小思雨来说，只是内在的一个小玩伴，他完全能够掌控自己的生命，掌控这些不同的小玩伴，带着这些小玩伴，走在成长发展的自发道路上！我们感谢每一种发生，太好了，你来了，我们要如何在一起，才能更精彩、更美好、更幸福？将挑战和问题外化，生命本身就有了喘息、探究的空间，才能更好地与最好的自己一起，成长和升华生命的赐予。虽然不易，但我们在路上……

五、认清孩子的所有问题：都是源于爱

看起来，这是个人之初性本善抑或性本恶的问题，这个辩论也持续了很久远。而实际上，这是孩子原始信任是否完善建立的问题。这个议题我们在前面也提到过，儿童在母亲怀孕期间是否被欢迎、新生儿期间是否有早产、黄疸等被隔离的经历、是否有奶水不足的情况、是否得到足够的爱抚拥抱、抚育婴儿的母亲（其他抚育人）内在状况，等等，都会影响儿童早期的原始信任的建构。

对于原始信任构建得比较好的孩子，内心充盈着爱的能量，呈现给外在世界的更多是性本善的状态；相反缺乏原始信任，也就是最初都没有感受到爱的小家伙，加之养育者的内在满是纠结、困顿、痛苦，虽人之初，也易于呈现人本恶的状态。但实际上，每个生命都是纯然的初始，不分善恶，善恶是社会化的，也没有绝对标准的，因而人之初性本纯，善与恶则是社会化的评判，但实际上，每个行为的背后，我们之前用大量的篇幅阐述，都是源于爱！对自己的爱，对父母的爱，对家族的爱！而这份爱，无关乎善恶，只关乎本然！现在，更多的父母了解到："孩子没有问题，有问题的是父母！"

父母认为孩子所呈现的问题，有些只是阶段性成长的必然，比如可怕的2

岁、七八岁、青春期，这些问题的呈现也主要是父母在养育方面缺乏知识，不能够了解和支持到孩子，从而产生了这些让父母头疼的问题。比方父母与孩子意见相左，没有好的沟通方式时，易于引发权力斗争，因而父母会觉得孩子不懂事，觉得自己不被尊重；比方孩子坚持己见，而父母又过分担心引发的相互理解不充分等。

原始信任发展得好的孩子，因为感受到爱，自然会形成比较正向的自我认同。对外界环境感知比较充分，但却有自己的内在秩序和法则，不太会受到外界环境的影响，以至于能够掌控和处理自己的情绪，能够以内在的平静喜悦的高能量状态，将自己的爱散发出来，与外在环境产生共鸣。

而原始信任发展得不好的孩子，自然感受到对被爱的怀疑，外界的爱因为质疑而阻碍，也比较难以被感受到。因而，没有好的原始信任的孩子，很难接收到外界爱的输入，会处于爱的匮乏中，其行为也以获得爱为主要的动机。对外界的观察和探索，主要的方向不是我能给予什么，而是我能如何获得爱。即使有时以给予的形式与外界互动，也是以获得为主要目的的；即使得到外界爱的回应，也很难被接收和内化成爱。

后者也是很多现在的成人的生活模式，对于名牌的追逐、对于名誉的追逐、对于权力的追逐，等等，实际上是内在对被关注、被重视、被爱的渴望。直到有一天发现，一生所追逐的东西并不能满足自己的内在渴望，很多人因而失去了方向，没有了行动的动力和能量，走向抑郁。

当然，不仅仅是原始信任，成长过程中的任何经历影响了自我认同的建构，都会出现这样的问题。"别让我们的孩子伤在童年"，是我在经历无数痛苦个案之后，对这个世界的希冀，也是这本书所承载的最重要的核心！

孩子们在自己的人生道路上，是带着爱，幸福地走向自我实现和成功？还是带着对爱的深切渴望和怀疑，不明了自己此生自我想要去向哪里？太多的成人迷茫地被社会牵着鼻子走，透过透支生命的方式去证明自己、抓取别人的关注，最终遍体疲惫，只为了实现别人的梦想、别人的想法、别人的要求。即使尝到成功也难识其味，甚至依旧怀疑，这是因为通向这样的成功之路上满是痛苦，已然在其中麻木了的原因。更何况，还有太多的人，沉浸在童年的伤害里，无法自拔，毕生都不能做任何事，更别说去向社会贡献，成就生命。你希望你的孩子，将来拥有怎样的幸福和成功？

刚刚跟小禄通过电话，这是这十几年来，最为平静的一次交流。认识小禄是十年前刚刚开始学习心理学的时候，在后现代叙事疗法的工作坊里。小禄是我们学习小组的，来自内蒙古，皮肤黝黑、瘦弱的身材、近四十的年纪，周身透着僵硬。

小禄来自一个家暴的家庭，生命里能够记得的事情，最多的就是每天都要挨打，吃饭掉米粒被打一顿、上学忘了拿笔被打一顿、大声说话被打一顿……最让他不能忍受的是，看着爸爸打妈妈和妹妹们：妈妈那无助的眼神，妹妹们挂满泪珠的脸，让他心里如无底深渊！他曾经无数次跪倒在爸爸面前，无奈又无用地哀求。直到现在，爸爸已去世多年，自己也有孩子，他发现自己有多数情况有想要打人的冲动，堂堂男儿，一遍一遍地呢喃着："为什么要用打人的方式呢？你说为什么要打人呢？"身体和精神都是僵硬的，对这个世界无奈地僵硬着。

"我是内蒙古农村的，我从能够干活开始，我就是每年干半年活，攒点钱我就到处……到处去找各种大师，我去过少林寺、武当山，我听过各种心理学流派的课，我这一辈子只想弄明白一件事：为什么要打人？我保护不了妈妈、妹妹，我保护不了我自己，我有时真的……真的想杀了他，但是他是我的爸爸！我恨他，他死的时候，我没有掉一滴眼泪，甚至还长长地舒了口气！但是内心深处，觉得有愧疚，我觉得我对不起所有的人，救不了，也改变不了！有人说，过去的就过去吧，忘了它！可是我没有办法忘记，怎么能忘记，我忘记了所有的事，唯独这样的事，历历在目！我到处学习，我没有一点存款，全部都用来找大师、学习心理学，村里人都说我疯了，我一定要找到答案！"

对于小禄来说，生命里虽然在学习，但是头脑里对暴力画面的眷恋，让他没有空间看到和感受到新的世界与环境给他带来的温暖和支持；没有看到和感受到，父亲去世后，一家人的变化和内心的相通和相依。在满满的负能量充盈的状态里，没有力量干别的，就是与内在负面的能量进行排斥和抗争，虽然对爱充满着渴望，但是已经难以分辨爱，也难以感受到爱。

呵护宝贝内心的高能量

这样的抗争生活如此漫长和煎熬，内在满是愧疚和自责，吞噬着一个人所有正向的创造力和意愿。很多的心理流派有一些方式能够帮助他，但是十几年过去了，虽然内心有一些放下和松动，但他依旧不能坦然地面对，这样的寻觅和疗愈还要多少年？谁知道呢，可能是毕生的精力？当然，或许，在未来，小禄能够成为疗愈家暴贻害的专家！（很多心理大师都是这样修炼成的）最好的疗法，或许就是避免最初的发生！小禄没有这样的机缘，但是所幸我们的孩子有！

孩子所有的问题都是源于爱，源于对爱的渴望，源于想要给予爱！就如小禄，源于对父亲爱的渴望，源于对母亲和妹妹的护佑之爱！他对于"为什么打人"的执着探究，除了救己，背后更有救世之爱！每个人的问题、挑战，当然也包括梦想、日常行为，其背后的深层原因与动机只有一个，那就是爱，给予爱是以正能量的方式向世界表达，渴望爱是以显性或隐性的负能量的方式表达，我们能够学习辨识这些根源的爱吗？我们更多地了解母爱、父爱，为了爱甚至忽略自己的生命，恨不能倍予之，甚至升华成对国家、世界的爱！对于纯粹生命的孩子，为了爱何曾输于成人？只是，我们将之表面化了而已。

小艾的出生是个意外，母亲忙于打理生意，还没有准备好生孩子。在大都市打工是个万里长征，想要过上舒适幸福的生活，人们要牺牲的不仅仅是生儿育女的时机而已。因为有了小艾，母亲被迫不能参与生意，父亲有很多抱怨，母亲也心境很糟。

小艾出生后，比在肚子里更需要照顾，而且奶粉、尿裤等消费一下子增加不少。因为经济原因，父亲和母亲的争吵又不断升级。小艾在咿呀学语阶段很正常，各种发音都清晰而多样，但是一岁之后，会叫爸爸妈妈之后，就变得沉默了。整天都没有声音，更不会说别的。

父母又得带着小艾到处看医生，无论去哪个医院，医生都说声带、听力都很正常，后来心理医生确诊为自闭症。小艾的父母这下慌了神，把所有的精力从生意转到给小艾治疗自闭症的事情上，因为目标一致，争吵反而减少了。自此，生意都由爸爸来照顾，小艾妈妈开始了心理学学习，各种流派都去学习。直到有一次，她参加了海灵格的家族系统排列研讨会，了解到孩子为了爱可以牺牲自己甚至生命。于是请海灵格做了家族排列，排列中显示，因为父母有背离的可能，孩子带着爱周旋于其间，想要留住爱，留住爸爸妈妈。小艾妈妈哭倒在现场，因为几年来累积的求医疲倦、因为孩子对他们家的重视、也因为这么小的孩子承受着两个成人不成熟的行为负担，她的眼泪里有宣泄、愧疚、感动。

现在，小艾已经完全自由地表达自己，一家三口虽然清苦，但幸福地生活在一起，孩子用牺牲自己让成人看到和懂得爱的真谛！

很多时候，我们苛责于孩子的问题，更多的是因为我们不懂得真爱，而纯净的孩子，比我们懂得更多！每个父母都应该修炼，将问题与孩子分开，陪着孩子一起去看看问题的背后，更深的方向，那里蕴藏着的只有爱！世界上最纯最高的能量！出现问题的孩子，更是一份邀请，邀请我们看到孩子，并透过这份纯净的能量，看到我们自己！而如若我们自己也能找到和回归我们自己的纯净，孩子就能更放心地朝向自己该去的方向！拒绝成长自己的父母，就是阻碍自己孩子的成长。

第三章 父母的位置恰当，是孩子幸福的源泉

相对于孩子的生命，父母正确的位置在哪里？你到底能参与多少？参与多少是合适的？以什么来衡量？报警器已经拉响了，你可曾听见或者听懂？

一、情绪报警器

你可曾有过?

1. 跟孩子在一起的时候,感觉温馨、亲密、放松?那是什么时候?

2. 很多时候,你对孩子会有很多期待,期待他们成为你想要的样子,但孩子不以为然,无论你怎么说教,依旧于事无补,甚至变本加厉朝着相反的方向发展?这样的时候,你的内心是怎样的感觉?

3. 无论你说什么,他们都说"不";如果你要求他们朝西,他们一定会朝东;凡是你所提倡的,他们一定抵制,凡是你所禁止的,他们趋之若鹜;这时候,你的感受是什么?

4. 以你的经验,你深知孩子这样发展会影响他们将来,甚至危害他们的将来,而他们不为所动,你内心的感受是什么?你会如何做?

5. 孩子在家很乖巧,唯你是从,从不说"不",很会观察你的脸色,也很有眼力见儿,会做让你喜欢的事情,你内心的感受是什么?

我听到很多家长,抱怨说,现在越来越搞不懂自己的孩子,不知道他们小脑子里到底在想什么。有很多时候,很无措,不知道怎么处理比较好,就如俗语说:"豆腐掉到灰堆里,吹不得,打不得!"

孩子从两岁开始,家长很多时候就难以应对,这个特别的时期也被家长称为"可怕的两岁"。但这个可怕的时期,对于孩子心智的成长非常关键,无论传统意义上的"三岁看大"指的是什么,对于这个时期,看大的重要方面就是:是否被允许发展"自我"。这份允许,给了孩子自由的土壤,发展并认识自己,并在后面的七八岁、青春期发展出完善的自我,而是否能够发展出正向的自我认同,关系到孩子一生的幸福与成功。这三个主要的生命时期,是最困惑父母的时期,感觉到自己的很多意识和做法受到挑战,感觉到看不懂也不知如何是好。

在前面也不止一次提到过：孩子的成长和发展，是一个自我学习的过程，是孩子自己选择发展的过程；每个孩子都带有基因密码发展自己的身体，也带有精神密码发展自己的心智；外界的所有包括父母、家族、学校、社会，统统只是环境而已，并不是决定因素，但也确实有着重要的影响。这份影响也是孩子在自己发展过程中的审时度势的选择内化的结果，在自我解码生命的过程中，与外界环境产生矛盾的时候，是抗拒、服从、忽略、转向，还是屈服？生命的方向，自始至终是孩子自己在掌握。被外界环境影响、干预得太多，屈服了的孩子，会发展成为连自己都不再信任的人，而实际上，这份屈服也是作为生命主人自己所选择的道路。除非自己允许，否则没有人能真正干预和改变一个生命的发展。

与孩子的关系，以及父母内心所涌动的情绪，就如报警器，时刻提醒着人们觉察这份警戒，学习如何更好地支持孩子的生命发展。感谢所有令你舒服和痛苦的情绪，锲而不舍地提醒你，看见和审视自己与孩子生命交织的每个瞬间，学习到更好的陪伴技能，找到绽放孩子和自己生命能量的方向！

二、健康的亲子关系

如果，在养育孩子的过程中，你多半处于温馨、亲密、放松的状态，恭喜你，你处于基本健康的亲子关系状态中，孩子也基本上能够被允许自由地释放和解码自己的身心密码，成为他们自己本来的样子。检验孩子是否处于高能状态，就是他们的自我认同状态，你可以用不同的方式问他们：自己觉得自己是一个怎样的人？最近又发展了什么重要的素质、技能？最喜欢自己的什么方面和特质？等等。你也可以反馈给他们，你的观察以及你的感觉，但请切记评判对错、好坏，只是你的客观观察以及你内心真实涌现的感觉。如果你不确定自己的反馈是否能给孩子带来正向的引领，那么最好的方式就是，积极地倾听，仅仅是倾听和回应你听到他说的内容。比如：

"谢谢你告诉我，你最近开始能更好地倾听自己内心的声音，并能觉察到自己的言语和行动会给别人带来的影响和后果。我很高兴你能看到这些。"积极地聆听，我们在后面也会深入地讲述，就是如同回声一样，将你听到的内容，以你所理解的方式尽量忠于说者原意，再反馈给说者的一种倾听方式，能够让说者感觉你在认真倾听，并尊重和珍惜彼此的谈话，进而能够开启更多、更深的内心沟通。被广泛应用于心理咨询过程的这一有效沟通方式，用于跟孩子建立有效沟通，是非常值得各位父母好好学习的。很多时候，我们跟孩子好像有代沟，不能很好地沟通，很容易把话聊死，没有很好的沟通技巧，太急于把自己的看法、评价回馈给对方。但很多时候，被倾听，被尊重的倾听是每个人所期待的，人们表达并不是真的要听对方的建议，而是梳理自己、整理自己的过程。

当你在用积极的聆听方式跟孩子沟通，孩子也会觉得跟你谈话很舒服，也会逐渐学习和内化这样的对话方式，并在自己的生命过程中应用和传递。我们所创造的关于沟通的环境，就是孩子正向发展的资源。

当孩子遇到挫折或者做错事情给别人带来不好的影响，是马上批评教育，还是积极地聆听，理解孩子行为背后的初衷和爱的考量。我们说过，孩子呈现出来的问题，都是源于爱的意图和获得爱的渴望。引导和陪伴孩子找到更好的方式表达爱和获得爱。每一个这样的时机，都是难得的学习机会，孩子能从中学习更好的解决问题的方法和与外界沟通的能力；父母则可以学习到更有效的帮助和支持孩子的方式，以及应对自己呼之欲出的情绪。当我们主观臆断孩子内心行为驱动因素的时候，认为做错事就是因为有不好的动机，我们会情不自禁地想要教训和指导孩子。孩子会觉得不被理解，也不会很好地接受你的指责或教训，孩子被内在充满了不甘、愤怒的情绪所消耗，注意力转到如何应对这些情绪和抗拒面前这个自以为是的父母，而不是学习和思考，这样的方式没有效果。而透过聆听，孩子能在内心感觉到被接纳、被爱的高能量状态下，深入思考自己的行为，并找到更好的解决办法。把每一个这样的时机都变成学习的时机，待到孩子长大成人，必然练就了一个拥有宽广胸怀和气度的人、一个拥有非暴力沟通能力的人、一个了解自己也了解别人的高情商的人、一个多赢解决问题的人。你怎会担心他们不能成就自己也成就别人，怎会担心他们不能适应社会，走出自己的康庄大道，怎会担心他们不能解决生命中遇到的任何问题，怎会不成为领袖、大咖带给这个世界正向的引领？

三、有待提升的亲子关系

人们会因为孩子的一些"不良行为"而头疼，甚至不知道如何规避和改变，进而对孩子使尽：抱怨、指责、威胁、惩罚、怒骂、暴打等负面措施，而这些"不良行为"却变本加厉。父母因而在内在涌起很多的负面情绪，学习觉察这些负面情绪是什么，也会很轻易地通过这些情绪报警器，找到你与孩子之间究竟是怎么回事。

我们已经说过，孩子所有的"不良行为"需要在我们这里得到解构，不良行为是不良行为，孩子依旧还是之前那个纯净、美好的孩子。每一种不良行为的到来，都是在昭示孩子对获得自己想要的爱丧失了信心，也昭示着孩子对爱的渴望，都是一个很好的机缘，修复我们与孩子之间情感的距离，让孩子找到爱，找到信心。因为对被爱是缺乏信任和信心的，孩子采用这些自以为正当的方式，主要是希望获得爱的表征：被关注、被理解、被接纳、被允许，实际上是在寻求自己生命中最重要的归属感，借由这些行为所产生的实际结果，正是很好的时机，让孩子看到是否可以有更好的方式获得他们想要的这些。而负面的措施只能让孩子对其渴望的爱丧失信心，也越来越感觉到对爱的无望，长此以往，孩子很可能自暴自弃成为我们社会中的"问题"儿童。

父母需要谨记，觉察到自己的情绪，正如上了膛的炮弹，此时瞄准谁都是巨大的杀伤力。学习能够"暂停"的能力，在情绪里，不做任何决定，不说任何话，不做任何事！这里的暂停，不是暂停情绪，情绪汹涌澎湃，是难以被暂停的，而是暂停瞄准扣动扳机的行为，带着情绪深呼吸或者走到自己喜欢的空间，跟自己的情绪待上一会儿。你会发现，情绪也如我们的孩子，当我们否定、排斥，它们会来得更频繁更猛烈。当我们能够接纳和想要探究它们时，也倾听一下情绪的心声，它们就会缓和下来甚至慢慢消失。觉察，使得你看到孩子的行为或者听到孩子的话，会产生这样的情绪，你更在意的是什么？它们是怎么来的？它们来找你，有着怎样的意义？

每当看到老大和老二为很小的事情争吵，甚至动手的时候，我的内心对老大就会产生莫名的愤怒，我这只"老土枪"也经常被这样的愤怒点燃，火烧连营一片，骂完老大骂老二。

学习后现代心理学后，虽然在情绪里，做到问题与人分开，是比较难的，情绪让人失去判断、放空所知，陷入原始人的状态。但是，我会逐渐能够做到先调整自己，再处理问题。

透过对情绪的觉察，我发现自己害怕冲突，无论在家还是在单位，看到冲突，我都会很恐惧。倘若冲突的火焰不经意卷到了我，我成为当事人之一，就会很容易被别人的气势所控制，对别人的意见屈从，放弃自己的主张。这是我的生命议题跟挑战。当我看到孩子之间的冲突，我会比较容易进入自己的这种恐惧的反应模式中，同时伴随着愤怒，怎么回事？多次出现这种状态，让我越来越清晰，那份愤怒主要是朝向老大的，我自小被教育和内化为自己的核心信念：要保护、爱护妹妹，我是老大，我需要撑起这个家！

还记得，很小的时候，爸爸从来不打我们。我一直很乖巧，爸爸或者妈妈有不高兴的表情，我就会很紧张，觉得自己犯错了，偷偷回屋哭一场。就是非常敏感懂事，根本不需要用打的方式，就已经悔过自新了，有时甚至不是自己的错。这个问题在我的心理成长路上，也是主要的生命议题。但是，我的小妹妹不是这样的，她敢说敢做，有一次气得爸爸浑身发抖，冲到窗边拿炕帚（扫床的短柄笤帚），顺势就要抡下来。我赶紧抱住爸爸，硬是抢下炕帚（多年后，爸爸说他没有真的准备打，否则我那么小怎么抢得走）这件事在家族传为美谈，也内化于我的内心：保护妹妹，做个好老大！

看到自己的大宝因为一点小事跟妹妹互不相让，甚至还动手打人，我自己的内在信念怒火冲天！这怎么可以，太违背我的良心了！

看到这些，我更能面对自己的恐惧和怒火，这是我自己的生命议题，也在之后的成长里得到了很好的疗愈。你可知道我之后多么感谢我的大宝，能够带给我这些觉察的机缘。

回到大宝和小宝的议题，我会邀请她们跟我坐在一起，讲讲刚刚发生了什么事，每个小脑袋都是怎么想的，请她们看看，还有其他方式可以解决吗？每个人都想出了三种以上的方法，我们一起从里面找出两种最好的方式，她们答应在下次遇到分歧的时候，试试这两种好办法。我也给她们讲我看到她们的状态，内在都发生了什么，之后我是怎么处理的，这些内在的东西给我带来了什么。孩子们很喜欢听妈妈小时候的故事，也收获了处理情绪的方法以及自己解决问题的方法。我们一家人因为这样的看似不良行为，都收获满满！

当然，父母也要允许自己慢慢调整，再次被情绪控制，也不要自责，跟孩子们表达自己的内在，被情绪捆绑是我的问题，不是你们的，很抱歉于此，自己也会努力调整好。这样的表达并不会拉低自己的尊严，反而会拉近彼此的心，让彼此更加贴近！

四、情绪报警一

你觉得心烦、恼怒、着急、愧疚。

当孩子用"不当行为"想要获取你的关注时，你通常的感觉是心烦、恼怒、着急、愧疚。这些不当行为或许是本来他们可以做到的事，现在却希望你来代替他们做（非常典型的是有了老二之后，老大常有的倒退现象）；或许是他们采取很多方式来打扰你，在你明确表达不允许这样后，过一段时间又开始。你当下在情绪里想要通过哄劝、提醒、代替他做他早就会且能做好的事。这样的孩子在透过这样的方式期望你的关注，他们的内在想法是：只有你为我特别服务或者围着我转的时候，我会觉得你还是爱我的，我会觉得自己还有归属感！

感觉自己被关注得少，不确定自己爱的父母是否还爱着自己，对自己值得被爱的信心开始动摇的孩子，会有这些看似奇怪的举动。也就是孩子的原始信任建立得不够坚固，对归属感有怀疑，而归属感是一个人重要的四感的核心。

田田三岁多，她的自理能力发展得比较早，上厕所小便是早就没问题的事。那个时候，因为事业，我总是出差，这可能是造成她觉得被忽视的主要原因。

晚上，我陪她睡觉，讲完故事，她静静地躺下。我出差回来，满身疲惫，真心地希望，她就此香香地睡去，自己也好早点休息。可谁知道，她的节目才刚刚开始！

一会儿说："妈妈，你抱我去小便。"

一会儿说："妈妈，我想要喝水，妈妈帮我倒水。"

不到一小时，要求抱着去小便至少十次，喝水至少五次！

那时，我才开始学习心理学，还搞不懂她这些行为的背后是什么，可想而知，后面我就直接变"魔鬼妈妈"了！

以至于，后来学习的过程中，生出很多愧疚，觉得很多时候仅仅说一句"妈妈爱你！"紧紧地抱着她就能解决的事，我却采用了极端的方式，在小伤心里直接撒了一大把盐，彻底告诉孩子：这个妈妈真的不爱我！

所幸，有些事情还可以慢慢挽回和转变，关键是父母需要不断地成长和学习。老大性格里的很多未成长，让我犹豫是否有资格写有关养育方面的书，但是所有的一切都是学习的开启。老大带给我的很多挑战，正是引领我坚定沿着心理学的学习和探研之路走下去，也是我觉得有必要写一本养育的书的重要原因。

当我们在养育孩子的过程中，内心升起一些情绪，在面对这些情绪时，都是学习"暂停"的契机，在情绪里要记得什么都不做，不责骂、不抱怨，而是认识和探究这些情绪。这些情绪是我们的，虽然是被孩子的行为所触发，但是是我们内心的信念系统解读孩子行为并自我臆想的结果，并不是孩子的行为直

呵护宝贝内心的高能量

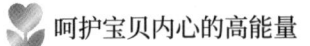

接引起的。你或许可以理解，每个人因为内在视角的不同，或者说是内在信念的不同，看待同一个行为，所引发的内在活动、认识和结论也是迥异的。这些不同的想法和角度，也会最终引发对待孩子的不同方式。重要的是，为什么你恰恰会产生这样的想法而不是别的？

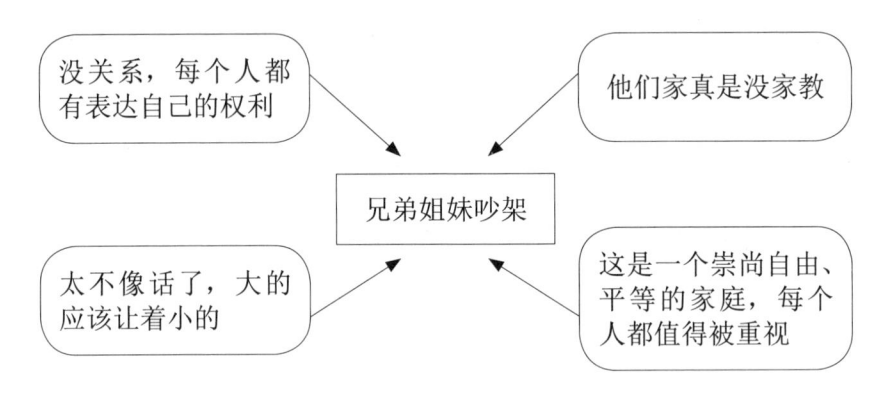

```
没关系，每个人都           他们家真是没家教
有表达自己的权利
                  ↘    ↙
                 兄弟姐妹吵架
                  ↗    ↖
太不像话了，大的          这是一个崇尚自由、
应该让着小的            平等的家庭，每个
                        人都值得被重视
```

看到兄弟姐妹吵架这个议题，无论你的内在升起的是什么评价和想法，一定会有其他人持有完全不同的看法。也正是因为这样，我们每个人都带着自己的人生经验选择和内化信念，看待这个世界所有的事情，并因此在自己的内在升起属于自己才有的情绪、思想。当有人跟你相似或相同时，你觉得遇到知音；当有人跟你不同，你可能会根据自己的经历想要与之辩论、探讨一番，想要证明自己是对的，而别人是错的。在每个人的内在，没有客观真理，只有基于每个人特别的人生经历所累积的个性化世界。而这个个性化世界，只有自己才能了解、认识，因而无论内在风起云涌还是风平浪静，只与自己有关！与外界所发生的事情，即使是导火索事件，实际上也没有太大关系，只与自己有关，如何观察、摄取到脑海，又启动了什么信念系统来诠释、处理和看待这件事。

这也完全适用于当你看到孩子的一些行为时，内在的情绪状态与孩子及孩子的行为其实本无关联。但是却可以就这些情绪了解自己的内在世界运行模式，也能了解孩子这些行为背后的动机，当然这些推测也最好能够得到孩子的确认，再引导自己和孩子在行为和思想上进行调整，以便彼此都能收到彼此的爱。比如，可以告诉孩子，你的爱一直都在，从来都没有变过，也不会因为任何事而变化，那是无条件的爱；在日常的任何时候，默默地爱抚和拥抱孩子；找到一些能给孩子带来价值感的、他们能完成的事，拜托孩子帮忙完成，并感谢他们；抽时间放下所有的事，专门陪着孩子，并跟孩子商量这样的专属又专注的"特别时光"，一周安排几次、每次多久比较好；通过与孩子一起来表达一下孩子的内心，自己的内心，看怎么做孩子才能更好地收到你的爱；共同设计一些仪式性的暗号，比方击掌表示对他们的认可，或者只属于你和他的暗号等。跟孩子一起探讨，是必要的，因为他们能收到我们的爱，这是重要的解决途径。

五、情绪报警二

你觉得被激怒、被挑战、被威胁，甚至被击败。

当孩子想要获得掌控自己生命的权力时，这是每个生命都本然渴望发展的，当孩子觉得自己的主掌权受到阻碍或者被限制时，或许会采取一些"不当行为"，以找回自己的权力。这通常就是许多父母所说的"叛逆"行为，孩子借由这些行为对你的权威发起挑战，借此找回自己的控制权。孩子只有在找回自己对生命的主掌权后，才会找到自己的归属感和安全感。

当你和孩子陷入权力之争的时候，孩子会借助做你不允许的事情、说你不准许的话来抗议，你会感觉到被挑战、被激怒，会本能地想要给他们点颜色看看，看我怎么收拾你，你翅膀硬了等应战的想法，或者投降、被击败因而感到无奈。这个非常重要的情绪报警，提醒我们，孩子感觉到被限制、感觉到被捆绑，孩子想要更自由，想要自己决定自己的事。我们需要审视自己，是否采用了权威式的教养方式，是否规矩过于苛刻严厉，是否可以在你允许的范围内，跟孩子一起讨论什么他们觉得苛刻，觉得被限制了，可以如何调整，能让他们感觉到舒适，也能更好地接受你的爱。

我们同样需要在这样的当下，了解一下自己是如何被激怒的，我们的什么信念在衡量孩子的行为时，感觉这些行为是无法忍受的和生气的，这些信念是怎么来的？除了跟孩子，还有什么时候也有相似的感觉，你在这些信念的背后，

呵护宝贝内心的高能量

最在意的是什么？

当我们跟孩子陷入权力之争，说明孩子对我们的限制感觉窒息已经为时已久，孩子通过自以为有用的其他方式做过争取，都没有任何效果，才会转而通过"叛逆"这样的不当行为来向你表明：你不会得逞的，你制伏不了我！我们应该为孩子旺盛的生命力而庆幸，此时，如果有幸我们能够觉察，能够跟孩子一起来看清你们之间的纠葛，并创造出彼此都能认可的方式和范围，关系就会很快被恢复，孩子也可以释放很多抗争的能量，用到更多正向的方向上去。

"最近，你做了一些事情，比如故意说脏话，比如故意把卧室弄得很脏，等等（只表达客观观察的事实），对此我说过你很多次，你依旧我行我素根本不当回事，对此我觉得很生气也觉得被挑战和不被尊重（只表达自己的感受），你做这些事的时候，内心是怎么想的？你觉得做我不允许的事情，给你带来的是什么？我的一些行为和做法，也许加剧了你的这些行为。我知道，我不能强迫你，我实际上也不想强迫你做什么，我只是想要你能成为一个知礼文明的孩子，希望你能有一个整洁的居住和学习环境（只表达自己的需求）。如果你觉得被限制和压制，我们都冷静一下，今晚七点钟，你写完作业，如果你愿意，我们可以一起讨论一下，怎样才能使我不用生气、而你也愿意做回真正的自己，不用用这样不妥的行为挑战我。无论你是什么样子，我都是爱你的！"

尽管对你来说，这样的开始不容易，但在亲子关系尚可修复的状态里，这样的努力又何尝不是最值得的。为了你和孩子能够重回亲密无间，这样的调整和觉察是非常珍贵的。你可能会问，在接下来的讨论中，什么样的方式和态度是适宜的？这是个好问题。到可以探讨的时间，要确保彼此都已平静，不再情绪汹涌，这是基本的前提，如果还没有调整好，最好再选一个另外的时间。讨论的议题主要包括：彼此所观察到的客观现象，不带批评指责，只是客观表达，父母可以说自己所观察到的孩子的具体行为，比如说脏话。孩子可以说出自己所看到的父母的行为，比如说话总是命令的口吻。然后是彼此的感受，之后是倾听彼此内心的声音，为什么会有这样的行为或表达方式，同样采用积极倾听，不带批评、指责。最后说出彼此的真实需求，以及共同寻找能够满足双方需求的解决方案，这个方案最好是能够由孩子提出且能解决双方需求的多赢方案，同时讨论实施的具体细节，以及相互提醒的暗号等。

这是非暴力沟通的具体操作步骤，在实际的家庭生活中，基于爱的关系构建方面会有积极的作用。当然也适用于未来孩子进入社会的各种社会活动的沟通和达成。透过每一份权力斗争的机缘，也同样可以构建更和谐、健康的家庭关系，将彼此的爱理解、看到和珍惜。将彼此的能量释放出来，脱离抗争，放到有建设性的方向上。

小静13岁，根据通常的各种表现，已然进入青春期，她的行为跟自己的名字截然不同。最近，迷上了说脏话，很清秀的小模样，说出来的话句句重口味，让人难以接受，而且不分场合和时机，让她的父母总是很尴尬。

母亲每天都要说好多次，责怪她不应该说那样的话，可是越是禁止，越是变本加厉。母亲很头疼，觉得很无奈也很愤怒。甚至母女俩的关系也很僵，有时妈妈想要靠近，都被小静推开了，很明显的拒绝氛围在母女之间横亘着，彼此都很不适。

后来母亲学习了非暴力沟通，也了解到小静的这些不当行为背后的真正需求，她决定用非暴力沟通的方式解决问题。

"小静，我想跟你谈谈，妈妈注意到你最近说话时总是带着攻击和脏话，妈妈听着觉得很刺耳，也多次严厉批评你禁止这样说，可是你依旧没有任何改变。对此，妈妈觉得很无奈，在一些朋友面前，妈妈也觉得有些尴尬，因为没有把你教育好。你能告诉我，这样说话给你带来的意义是什么？你为什么坚持这样说话？"妈妈很诚恳地说。

"我这样说话，是一种自我保护，我觉得这样说话很有力量，班上这样说话的同学，没有人敢欺负，我也觉得这样说话能够保护我自己。"小静说。

"听到你这样说，妈妈有一点理解你的行为，原来是为了保护自己。可是，当我听到你那样说话，我内心的感受是很恐惧，恐惧你因此惹怒了谁，如果他们比你强大，你会受到不必要的伤害！毕竟有些话说出来，很容易被人误解成

呵护宝贝内心的高能量

羞辱或嘲笑。妈妈也很担心你因此变得粗俗,妈妈很不喜欢不文明的行为。我们一起来看看,可不可以用别的方式保护自己,你看可以吗?"妈妈表示出自己的内在真实感受,小静少有的静静地听着。

"妈妈刚刚学习了非暴力沟通,刚刚也是用这种方式,在跟你沟通,你觉得跟之前,有什么不一样吗?"妈妈问。

"你没有指责我,也没有批评我,比较客观,而且你告诉我你内心的真实感受,那些是我没有考虑过的,我很抱歉!"小静很冷静,回到了以前的状态。"我不喜欢你总是挑剔和指责我,让我觉得自己是个坏孩子,其实我也有很多优点,你之前都看不见,只看到我的缺点。"小静也能放松地表达自己,似乎知道,无论怎样,妈妈今天不会再像以前那样对自己。

"我为我之前的方式跟你道歉!我也是刚刚学习了这样的沟通方式,才知道有些事情还可以有更好的处理方式。如果你愿意,我们一起看看,能不能用别的办法来保护自己,而且还能礼貌文明?"妈妈问。

"当有些同学也像你之前一样指责我的时候,我就会用这样的语言回敬他们,他们一般都会闭嘴。所以,我觉得这样的方式很有力,我暂时想不出还有别的办法。"小静低声地说。

"我以前跟你发完脾气,自己也会很后悔,觉得有可能伤害到你了,却也以为没有别的方式可以用。如果你愿意,我跟你说说非暴力沟通是怎么回事?你也感觉到这种沟通方式有所不同,对不?能够更亲近地解决问题。"小静出乎意料地点点头。

"非暴力沟通有四个要素,第一是表达观察的现象;第二是表达自己的感受;第三是积极地聆听对方;第四是提出自己的请求。如果再有同学挑剔你,你也可以试试这样的沟通方式。你可以说:'我注意到你这样跟我说话,我感觉到你是在挑剔和指责我,我觉得很伤心,我想知道,你这样说的初衷是什么?'听听对方怎么说,你只是倾听,需要回应时只是回应你所听到并理解的话,就如同同版但不同字眼的回声,告诉他们你在听且认真地在听,他们的话你都听到了,也理解了。通常我们都会发现,我们会误会或歪曲对方的初衷。然后,你提出你希望他们跟你说话的方式,告诉他们怎样的表达你会更容易接受和理解。

并且把你对他们的重视和珍惜表达给他们。"妈妈站在转述的角度，为小静介绍非暴力沟通。

"我会试试。"她回应了一句，轻描淡写的，妈妈不确定她是否理解并愿意试试。

但是，从此之后，小静粗俗的言语少多了，跟妈妈也更亲近，甚至主动要求妈妈抱抱。这样的亲密，妈妈的内心也充满了温暖，感谢自己愿意坚持多方面学习，才有这样的收获。

六、情绪报警三

你感觉到难以置信、伤害、失望甚至是憎恶。

这时的孩子，在心底已经接近绝望，觉得自己获得想要的爱根本没有希望，孩子已经被伤害到了极点，但仍没有放弃，他们依旧想要通过让你也不好过、我受到的伤害也让你尝尝的报复方式，表达自己对爱的深深渴望和对得不到的深深失望。这样的警报越发紧急，也让你的痛楚和感受更为真切，但是，你听懂了吗？很多父母，至此已经对孩子基本放弃，将他们打入无可救药、不孝不肖的行列，不但不反省自己，还更加贬低、斥责甚至用暴力的方式以泄心头之恨，从而使孩子彻底断了与父母爱的连接，造成一生也无法弥补的伤害。

很多孩子，不是不想爱，不想孝，是因为内心如荒漠一片，自己都没有获得足够的爱，自己还在内心的荒漠里无望地徘徊寻找，又如何有爱给出去，如何孝敬？

孩子的内心在呐喊："你怎么可以这样对我？"你的内心也在呐喊："我怎么会有这样的孩子？"而这呐喊的背后，对亲密的渴望，对爱的渴望，犹如火山爆发，本是炙热的火焰，爆发的却是吞噬的岩浆和窒息的硫烟。彼此所表达的是背离内心本意很远的东西，亲与子的心也就渐行渐远！

呵护宝贝内心的高能量

至此，当你能够觉察并了解这样的运作模式，有效的情绪管理学习是非常重要的，无论孩子感觉你伤害他们的方式是语言的还是身体的，都需要能够有效地停止，至少不再采用惩罚的方式，而是更多地觉察自己的内在，到底是什么促使你做了一些孩子认为极度被伤害的事。是什么样的信念，让你认为你需要做那些？如果，孩子的报复行为只是跟你之间才有，这似乎还为时不晚。等到孩子的报复行为拓展到社会，那是非常严重的后果。感谢自己能够现在被惊醒。

无论孩子做了什么，对你以示报复，无论你感觉到多么的受伤害和失望，请你在这个情绪中，停下做任何决定和事情，停下想要惩罚他们的想法和举动，停下你高举过头顶的拳头，尽管这很不容易。请你更深地觉察你自己，这样的挑战，就想要惩罚和给别人点颜色看看的想法和模式是怎么来的？是自己的原生家庭曾有的模式？是你在人生旅途里，为了保护自己而选择的模式？看到外界的任何风吹草动，你内心的所有念头和想法只与你自己的内在有关，与孩子与外界事物没有直接关系。如果你很难理清自己，也很难控制那个想要以伤害的冲动，或许你也在自己的童年有些伤害需要处理，有些重要的爱需要连接，你需要参加一些深度疗愈成长的课程，来学习如何进行情绪管理和爱惜自己。无论为了你自己，还是为了你的孩子，这样的修习已经迫在眉睫！

当然，有时候，核心的问题来自孩子被破坏的原始信任，孩子在内在没有原始信任的状态下，你的爱，都被他怀疑和排斥在外，也就是说，你的爱，孩子没有收到。这将在后面专门对此加以详述。

孩子的报复行动有些是针对你的，这是相对最轻的一种；有些是针对自己的，有自残、自我伤害的倾向；有些是针对社会的，你的强悍如此让他们恐惧，以至于不敢针对你，只好针对外界，这是最严重的后果。

七岁的小汤，家境很富有，有一个严厉且在商业上很成功的父亲，但是小汤不止一次被抓住，因为偷偷拿走超市的东西不付钱；

十一岁的彤彤跟同学偷偷抽烟，一根接一根，最后把自己抽晕过去；

十四岁的小敏，洗澡的时候，妈妈看到腿上多处有针扎的伤口，后来才知道，是她自己扎的；

八岁的方方，总是很不小心把盘子、杯子打碎；

四岁的壮壮，单独跟弟弟在一起，一定会传来弟弟的哭声。

内心感觉到极度失望，用报复的方式应对世界的孩子，不是一朝一夕能够扭转的，需要父母觉察到后能够切实管理好自己的情绪，并用加倍并确实能够被传递的爱，来慢慢滋养。这样的孩子，能量大量消耗在发现外界的不友好，并如何以牙还牙上，很难有足够的能量用到学习和创造上。父母需要深度的成长，陪伴孩子去看到孩子的情绪，以及教会孩子在情绪里什么也不做。看到自己情绪背后实际上是对认可、对尊重、对爱的深切渴望，学会发现爱、接受爱，提升自己的值得感，当爱来敲门，拥抱而不是怀疑和拒绝。慢慢透过被接纳，到接纳自己，再到接纳别人。当孩子找到爱和归属感，不良行为就会渐渐消失。每个父母都可以透过学习，获得陪伴任何孩子的能力，你也没问题，感谢自己愿意翻看书，愿意开始探索！

七、情绪报警四

你觉得绝望、无望、无能为力、无助。

当孩子觉得对于获得爱和归属感彻底失望，彻底放弃的时候，孩子会觉得：我怎么做也做不好，怎么努力也没用，我放弃，你们也不要对我有任何希望。无论你怎么要求、激励、鼓励，孩子都逃避、消极应对，毫无改进和响应，是的，孩子已经放弃任何努力了。你最原始的冲动也会是，放弃吧，他们是不会有出息的；或者想要替孩子做得更多。而实际上，孩子此时选择放弃，也不希望任何人介入，你的帮助也会适得其反。

应对这样状态的孩子，你会更加无措，甚至怀念曾经有着无限能量跟你斗争、报复的孩子，至少那时，孩子还是很有能量的。而此时，孩子似乎失去了任何想要尝试的意愿，也失去了对任何东西的兴趣，对你的爱也否定到零，对自己也充满了否定。认为自己很糟糕，没有人爱，也不值得任何人爱，完全放弃了想要获得爱的念头。这其实也是成人世界里经常讲的抑郁状态，别说学习了，对什么都烦透了，没有兴趣，甚至没有生的能量。这是能量极低，也极度脆弱的时候，需要小心呵护，并尽量寻找能够引起他们兴趣的东西。因为逃避，他们容易对所寄托的东西上瘾，比如毒品、比如游戏，因为通过这些，他们可以暂时忘记现实世界的一切，获得一时的安宁，而这份安宁对他们来说是那么的具有魔力，无法抗拒。

对于父母来说，这是最具挑战的时刻，虽然无法理解怎么会成为这样，但天然的父母之爱一般是不会放弃的，即使孩子放弃了一切，放弃了讨好、放弃了抗争、放弃了报复。是的，为今之计，只有文火慢慢滋润着这个小生命，抓住一切可能的机会，表达我们的信任、接纳、爱和支持。不要有任何大的期待，一点点、一步步慢慢走近他们，当然最重要的是停止批评、停止指责、停止说教、停止代替。哪怕他们自己做了一点点，都要及时鼓励。鼓励是唯一能用的武器，发现也是最重要的工具，需要善于发现，发现孩子一点点的变化、一点点的努力、一点点的兴趣。因而，父母的情绪管理、沟通技巧以及将问题与人分开的能力，需要切实地提高，跟孩子一起看看，这个自暴自弃是怎样的脉络，什么时候更强，什么时候可以做自己；这个自暴自弃是来做什么的？假如将声音借给它，它会说什么？一家人要怎么跟自暴自弃在一起？

当我们将问题外化于孩子之外，与孩子站在一个战壕，一起研究这个自暴自弃问题，或许会有不一样的开启。而这份开启的主角来自孩子，我们只是陪伴和支持者。当我们成人遇到问题时，我们会调动我们所有的资源：朋友聊天、找咨询师咨询、上网百度、出门旅行、听喜欢的音乐、看电影追剧跟着剧情放松地哭一场、给当事人写一封永不寄出的信，等等。我们也可以帮孩子找到他们自己的资源，以及询问他们，我们的资源有没有他们想要借用的，如果有，无条件地提供。有时候，父母不再责骂，只是允许着这份状态自然流淌，就是最大的支持。当然，让孩子感受到自己依旧是父母最爱的、最重视的、最珍惜的，仍然是不变的永远的主题。

请记住：孩子永远是那个纯粹美好的孩子，孩子永远都是要做自己的主人，孩子永远都是在追求爱和归属感，问题来到的时候，孩子光是应对问题就已经很不容易了，对孩子最大的支持，就是你的接纳和爱！

八、教养还是误导？

父母对孩子的爱，虽然就如水低流、云高飞一样毋庸置疑，这份爱又深沉到可以以命相替、誓死不渝，却依然有可能被障蔽，不能全然地在亲与子间流淌。不是因为我们爱得不够，而是因为我们不够了解自己，不知如何去爱，不够了解生命发展的规律。这些认知，都是可以透过学习来获得，所幸的是，如今愿意学习的父母越来越多。

比较奇异的是，学习做父母的人，竟然是作为父母的自己！你的生命状态，对孩子有着绝对的影响，而真正成了领袖、大咖的孩子，不是父母的复制版，而是父母的升级版甚至是变异版。你能给予孩子最大的支持是什么？不是你所知道的、不是你已经了解的，而是放下你所知道的、放下你所了解的，一个纯粹的自己！后现代的哲学理念，尊重生命的本然，就如我们的传统文化，效法道与自然，放下自己有限的认知，抱着"不知"的态度，跟随着孩子的成长步伐，在他们自我发展的过程中，顺应发展方向，提供自己的资源以合作的姿态支持孩子的发展。这份支持，或许什么也不用，只是让孩子确定，你一直在他们身后爱着他们就够了。

有人将孩子的生命比喻成一架飞机，坐在驾驶室里操纵这架飞机的是孩子自己，而我们，如果能够很好地支持孩子、让孩子接收爱，可能会被邀请坐在副驾驶的位置；如果不能，总有一天会被请出驾驶室。当然，最好的结果是，我们看到并相信孩子拥有足够的精神能力、知识储备、身体素质，能够很好地驾驭自己的生命飞机，去向遥远的天空，实现自己的梦想，而我们自愿也自然退出驾驶室。

无论我们是否有意要将孩子培养成你想要的样子，对于孩子，我们都有

呵护宝贝内心的高能量

着某种希冀，也无论我们是否有意要教育孩子什么，孩子都深受我们的影响。心理学家关于人格方面有很多的著述，也有很多分类，根据色彩的、根据星座的、根据血型的、根据与外界的应对模式的，有九型的、有四类的。终其结果，每个人都基于基因、精神密码；基于成长过程中的经历，拥有属于自己独特的人格特质。带着这些特质，跟孩子互动的过程中，无论是潜意识还是显意识，都会将你的人格特质、生活模式、信念系统对孩子有所传递，这些都是无言之教。同时，基于爱、基于保护，你或许还就一些发生的事，及时送上你的判断、你的看法、你的评论，希望孩子能够按照你的意思做事，进而学会你的处世方式、判断标准。期间如果能够允许孩子进行必要的自我加工，允许孩子在此基础上再创造，那么孩子还是幸运的；如果孩子因为你的干预，因害怕、逃避惩罚，而按照你的方式做，孩子也就被你局限在你的认知框架下，被限制了发展。

正如孩子渴望爱的时候会采用不当的行为获取爱，成人的人格特征所引发的行为，也会以不当的方式表达爱，这样的表达，很难让孩子们收获到爱，有时会阻碍爱的传递。

我在幼儿园时期，遭受到霸凌，而且时间较长，主要是因为自己的外貌缺陷。所以，内心深处内化了自己不够好。因为这样的深层信念，我从小就是乖乖女，很会看别人脸色，会发现别人需要怎样的帮助，自觉发现可做的事情，自觉做到最好，对别人的赞扬有近乎病态的渴望。从小到大，这样的赞扬收获了太多，但是依旧不能填满内心那个"觉得不够好"的无底深洞。

因为对被霸凌的恐惧，我极度害怕冲突，无论在冲突里我是否是当事人，我都会试图远离。因而，在我家，我对家庭和谐有着近乎病态的在意，希望一家人能够和睦相处。由于这份在意，对不和谐因素和声音也极度敏感，小姐俩有时候会争吵，对我来说就是重大事件。因为我自己一直被教导，老大需要让着妹妹、想着妹妹，加上我自己的经历，让我更加把老大的责任奉为圣条，也因为老大做得好，在家族中有很多的赞誉至今仍在流传。可想而知，我对自己家的老大也有同样的要求，却正逢我家老大天生极度追求公平公正，我们之间有过很多冲突，主要原因就在于如何与妹妹相处，老大根本不把我的一套当回事。因此我又觉得自己受到挑战，不被尊重，然后又升级成不尊重、不孝敬的高度。家庭内部，总是有战火，姐姐和妹妹、妈妈和姐姐，又谈何和谐？

透过跟孩子碰撞的过程，我越来越清晰自己内在的议题，也正是因为这些未成长的因素，使得我在工作中也压力巨大，想要扛起本不属于我的责任，自己喘息不了，却于事无补！自己也有表达自己心声的权利，不能因为身份所捆绑，真实地表达自己，是我的老大教给我的重要的生命方式。

现在，对待小姐俩的争吵，我不再如临大敌，能够中立地倾听两方的声音，理解她们的同时，邀请她们自己找到争吵之外的解决方法。

我不能想象，如果我没有自我觉察，而将自己的人格模式强加给孩子，长此以往，会给孩子带来什么扭曲的生命！我已经困了四十多年，再困住下一代，现在想来，都很害怕。

与我相反，我家先生更喜欢秩序，比如每天六点起床，九点上床，他对于规矩特别在意。每每觉得我对孩子太纵容，给了她们太多自由，害怕被我宠坏。他的这些也被老大挑战，曾经在气愤里，将家里的红木小方凳朝着女儿扔过去，万幸打在墙上，留下了掉了墙皮的深坑，倘若打在孩子脸上，后果不堪设想。

如果我出差，回来他总是说孩子们比我在家更乖，更好管理。虽然现在在我的影响下，他能够管理自己的情绪，至少能做到在情绪里不采取任何措施。但是对规矩的执着，依旧不减。

我与他的教育方式的不同，也促使我对爱与规则的反思，我们所培养出来的孩子，最终是社会的人，需要更好地适应社会化的规则，也需要能够中正于自己的个性化，这个度要如何把握。

但是一家人不同的教育方式，也给孩子带来困惑，聪明的她们有意无意地进行着各种试探，以找到她们自己能够觉得舒适的方式，这既是一种束缚也是一种成长，在持有不同信念的人之间穿梭，如何保全自己、做自己、成为自己！

每个成人的内在信念系统，都只适合于自己的成长经历，是否能够作为生命的火种传递下去，是需要慎重考虑的。当然我们在这里所说的是显意识层面的，可以被我们用行动、语言表达出来的部分。而更强大的传递，存在于潜意识层面，存在于0~2岁处于孩子与成人一体的混沌时期，具体传递了什么，什么被孩子选择了，无论孩子还是父母，有时候都是不清楚的。而潜意识生命模式只有被浮现到显意识，才能被我们所了解、认识和转化。与孩子相处的过程中，很多时候经由孩子的行为触发，我们潜意识的模式浮现出来，才有机会被我们所疗愈和处理。孩子就如同镜子，将我们潜意识的正向和负向都呈现给我们看，养育孩子的过程，更是疗愈和养育自己的过程，从生命的角度来说，真的谈不上教养，确切地说是经由孩子纯净镜面的反射，我们能够更多地疗愈自己。

小艾今年两岁多，带着自己的小桶到小区的沙地玩沙子。妈妈陪伴在旁边。小艾的妈妈是一个经历过家暴的二十八岁女人，面对冲突，除了害怕很难给孩子正向的引导。

一个小男孩，没有经过小艾允许，拿走了她的小桶。小艾很生气，妈妈也很生气。

"你去跟他要回来。"妈妈建议。

小艾自顾自地玩着，恢复了平静，似乎并不将这件事看得很重。过了一会儿，她发现那个男孩转身，就径直过去拿回自己的小桶，动作敏捷迅疾，妈妈还没看到怎么回事。

"你是怎么想到，趁他不注意拿回小桶的？"妈妈很诧异，也在心里有一丝欣喜，女儿面对冲突有自己特别的方式。

"哥哥比我大，我抢不了。"小艾表达还不是很充分，但是却有着自己的思想，她觉得哥哥比她大，正面抢夺自己一定抢不过他，就先玩自己的，却时刻注意着对方的动向，待对方稍有放松，快速拿回自己的东西。

妈妈觉得很诧异，两岁的孩子没有经过训练和教导，有着自己解决问题的能力和想法，甚至有准确的审时度势的能力。成人总是觉得自己懂得得更多，觉得孩子什么也不懂，经常拿"我走过的桥比你走过的路还多"，希望孩子能够按照成人的思想做事。这不是真正的教导，更多时候是一种误导。有太多证明表示，成人的个人经验多是一定时期的特定性信念。比如：在发达国家勤奋努力，起早贪黑的努力工作是很难被理解的，但是在第三世界国家又是很正常的现象；比如：三十年前，财富的积累依靠的是储蓄，而现在财富的积累依靠创造，储蓄只会造成负资产；比如：几千年前的等级制度，如今的人人相对平等……别说你所总结的个人经验，就连科学界很多被奉为真理的思想，都有太多被证实是错误或者是不成立的。

如果你害怕冲突，生活里尽量避免冲突，孩子们也会感受到这一点，会用执拗、哼唧、哭哭啼啼来达到他们的目的，因为每次这样的方式都会战胜你，得到他们想要的，孩子们就很难有很好的自制能力、延时满足及选择能力。

如果你生活里过于渴求别人的认可，往往采用讨好的方式，对所有人都没有底线的好。但是这份好的背后，有着你对"好的"的渴望。你对孩子也会用同样的方式，如果孩子没有很好地回应你的好，你或许心中会升起幽怨，抱怨孩子不知道感恩、抱怨孩子不懂事，孩子就会觉得很有压力，被好好对待的背后要承受不知道如何才能满足和回报的渴望。也正因为不知道如何是好，自然也做不到你想要的，孩子就更为焦躁、不安、甚至心生愧疚，这些情绪很沉重，会让他们不自觉地极力拒绝这些感受，当然是透过拒绝和抗拒你的帮助。没有压力、没有愧疚、没有必须要偿付的感觉，就是清白感，是人人都渴望的重要四感之一。

如果你的生活是透过变得更优秀来获得你的归属感，无形中你对自己的要求只有更好：感觉自己时时处在依旧不是最好的状态，我还可以更好。一生都不允许自己懈怠，你的生命处于一种紧绷的状态，你感觉到压力，感觉到疲惫，但是依旧不能允许自己停下来。对于孩子，你也会有同样的要求，很难给孩子足够的肯定，总是觉得还可以更好。孩子也可能会内化你这样的生命模式，也照着这样过自己充满压力和挑战的生活；也可能会彻底放弃，因为无论如何努力都没有尽头，都被要求更好。

如果你需要对生活和工作有控制感才有归属感，你就会特别在意秩序，在意一切都被掌控的感觉，你也会将这样的模式投射到你的生活和工作。对孩子也会有严格的规则限制，必须几点起床、几点睡觉，等等，有太多的必须，孩子就很难有机会按照自己的想法发展自己，在孩子自我发展的过程中也会跟你有比较多的冲突，孩子可能会为自己的生命跟你产生权力之争，也可能会屈服于你的控制，任你安排。

生活里，经由孩子、经由每一个有挑战的当下，觉察自己在怎样的模式中运行，从而引起这样的挑战和跟孩子的微妙关系，更好地疗愈和发现自己。经由自己的不完美，相信生命的绽放有着自己本然的节奏、本然的方向。

是的，孩子确实在潜意识里受你的影响，也确实是一个自我学习、成长的过程，又有着不受你影响的精神密码，在生活的经历里，自顾自地解码着。我们的有限，相对于孩子的精神密码显得太过拙劣，我们能给的，在潜意识里已经给过了，孩子从中选取了一些。在接下来的生命里，呵护孩子能够自由发展的解码过程，同时在合适的时机配合孩子了解一些社会法则，训练孩子自己解决问题的能力，就是最好的教育。

九、父母到底是谁？

生命将去向哪里？我们自己将归之何处？我们的孩子呢？

从日常的柴米油盐里，抬眼看向远方；从点滴的情感纠缠里，抽离出来看向生命的源头。

此生而来又必将远去，我们自己如今在哪里？

我生活的地方，住着老北京的一些原始拆迁居民，还保留着原有的习俗，经常听到几天的挽歌吹奏，挽歌为谁而吟唱，又何尝不是为了我们已逝去的生命？

你的生命状态正是你想要的吗？你期望你的孩子能有所不同？

在生命已过的几十年里，我们的父母曾经或依旧是谁？

对于我们的成长和生命而言，他们给予了什么？

那么，我们呢？

孩子很小的时候，实际上是清晰自己的天赋与使命的，我问过很多孩子，他们的回答都令我很惊讶。

长相端正魁梧的 7 岁方耀说："我长大了要当军人！"方耀的父母是普通的技术员；

口齿伶俐的 4 岁田田说："我长大了要拿诺贝尔文学奖！"田田是我家老大，而我只是一个小企业主；

还不太能清楚表达的两岁半的霏霏说："我长大了要当领导！"霏霏是我家老二，还不清楚领导具体需要具备什么能力。

身材纤细的 5 岁的小雨说："我要当顶级时尚设计师！"小雨的父亲是国企干部，母亲是财务工作者。

胖乎乎的三岁平平说："我要当科学家！"平平的父母是超市店主。

……

你或许没将孩子稚嫩的话语当回事，随着孩子的社会化，梦想也许也会被逐渐社会化，加入些好坏、加入些尊卑、加入些难易、加入些贫富等调味品，梦想也就变了味道。但是在那个当下，方耀确实很富有军人的天赋，在夏令营的营团里真的是老师的小帮手，帮忙组织各项活动；田田自小就对文字很有天赋，学前就能读不带拼音的《格林童话》原著；霏霏带着原始的对世界的敏感，了解和温暖着每一个跟她有关的人，心里也想念和装着每一个她见过的人，有着天然的博爱精神；小雨现在 12 岁已经可以制作一些自己需要的衣物，而且颇有创意，她带着妹妹们用这些衣物拍摄艺术照，非常有创意；平平在幼儿园就报名科学小实验，对科学有着独到的痴迷。这些都不是巧合，孩子即使在看似懵懂之年，对自己的生命去向却有着极为清晰的认识和定位，不受世俗的影响和污染，不为任何缘由，只为生命本身的密码指引。

我们这些普通得不能再普通的父母，该拿什么来呵护和陪伴孩子朝着这些生命目标前进？

我们不具备领导才能；不具备诺贝尔文学奖的水平；不具备科学家的素养；不具备时尚设计师的灵性，我们该如何是好？

通常情况下，我们在孩子的梦想的方向，都没有走过多少像样的路，我们又如何教导我们的孩子通向他们的梦想之巅？

呵护宝贝内心的高能量

更有些父母，对此付之一笑，甚至是嘲笑，将孩子的梦想扼杀在摇篮里，在之后的生命里，用自己的限制和捆绑之能事，将本是将相之才和龙凤之躯的孩子最终培养成自己的翻版，而后还振振有词：龙生龙、凤生凤，老鼠生来会打洞！

我们知道太多本不是龙的龙，也知道太多本不是凤的凤。有些是有幸得到父母接纳和允许，有些是透过自己的抗争获得发展的空间、自由和能力。无论是对时机的把握，对所需才能的发展，基本上都是依靠自我形成的。

当然，也有很多衣钵继承的，比方古代的帝王、比方百年传承的老店，都是需要选择贤明后辈着意培养的，但前提是所选之人本身具有可教、可塑、可担当的素质和意愿，否则也一样不能维系多久，所谓富不过三代！倘若志与趣不在此，任何的教养方式都枉然。君不闻巴菲特的儿子不也更钟情于艺术而非投资吗？多少个富家子弟，不愿意继承家族衣钵，上演着为自由而抗争的故事。多少个后世帝王，因为无意当皇帝，而致江山易主、社稷败落。

我若想为龙凤，必有成为龙凤的内在潜质、密码和机缘，内在才是根本，外在父母教养是辅助，没有很好的教养环境可能自己会创造环境；我若不想为龙凤，即使千般锤炼、万般抚育也枉然。

孩子生而拥有身体密码和精神密码，在其生命里最核心的是这一解密过程，其中包含天赋解密，而这个解密过程完全仰赖孩子自己。我们经常为几年不见的孩童长成挺拔魁梧的小伙或者美丽高挑的少女，而赞叹和惊诧，这是孩子对自身的基因密码解密的结果；虽然我们难以看见他们内心精神密码的状态，但也从举止端庄、优雅，仪态雍容中看到一些端倪，这也是孩子内心自我解码的结果。

我们越来越了解，在0～2岁孩子与父母在意识上浑然一体的时候，父母的意识已经无声地传递给孩子，父母的影响已经悄然存在了。所幸的是，基本上每个孩子在自我还没有形成之前，想法还很少，对父母依附较大的这一时期，都能够获得很好的呵护和爱的滋养。

2～6岁开始发现和发展自我，就开始了教养方式不同的分歧，这个时期较为少量的规则开始辅助于爱和自由，会对孩子的精神解码过程赋予丰沃的土壤；过于严厉的规则和权威，因为孩子还处于较多仰仗父母的状态里，关爱环境过渡到限制的环境，会让孩子开始怀疑自己是否被爱，甚至因为恐惧，丧失了自我意识解码的进行。当然，最好的方式是逐渐邀请孩子一起参与规则的设立。

六岁之后，无论家庭还是学校，如果能够有清晰的规则，而不是完全看父母、老师心情，会对孩子的发展有较好的帮助。当然孩子最好能够参与到规则的制订过程中，跟父母一起设立规则，而爱和自由在规则之上继续发展。

父母在孩子身心解码的过程中可以有重要贡献的地方是，允许孩子按照自己的想法在规则之上掌握自己的生命，包括自己的事情自己做，自己的决定自己做，处理生命里的社会人际关系。父母在孩子需要的时候，能够积极地倾听、理解并引导他们自己找到解决办法，适时将自己的生活技能、生存技巧传授给孩子。在孩子18岁之前，透过亲密时光和挑战时光，将孩子的心灵成长、情绪成长、能力成长储备完成，作为父母也可以放心孩子去经历江湖的洗礼，实现自己的初心与梦想。

在孩子的守护和成长过程中，无论父母是作为生命之树的园丁还是生命飞机的副驾驶员，了解生命发展的自然规律，并尽自己的能力辅助其成长和航行，在需要的时候，倾囊相授，是父母所能做的最多最有效的方面。父母是孩子的生命之源，即使什么也不做，但是赋予孩子生命，已经是很伟大的作为！在之后的生命里，父母无条件的爱，爱那个本然的孩子，并学会将孩子与后来的问题分开，爱孩子并支持孩子面对生命议题。而后是孩子梦想的忠实信徒、物资供应者、环境保卫者、精神引领者（活出自己的精彩）、知识智囊团、生命啦啦队！

资源合作教练式父母，正是这样尊重和呵护生命本然能量，允许生命自然解码发展并适时提供有效资源与技能的新式父母。虽看似源于西方后现代哲学思想，但究其根本也蕴含在我们的传统文化中，儒家的"因材施教"、道家的"道法自然"，皆可作为西方后现代哲学的始祖。生命本然的伟大与磅礴，岂是父母那有限的觉知之剪可以自以为是地修剪出的，不想使得儿孙成为"病梅"，抱着"不知"的态度，静待花开蒂落。

第四章 成为资源合作教练式父母，点亮孩子内心

父母作为烛光，不是燃尽自己去牺牲，而是点亮自己去绽放，用自己的烛光照亮孩子前行的路和成长着的内心，跟孩子一起发光，彼此照亮！

一、爱、自由与规则

爱、自由与规则正如支持生命的交响乐，生命是乐章的主题，爱是乐章的优美旋律，自由是跳跃的音符，而规则是连接音符的乐理，生命的成就正如音乐的登峰造极，都是在灵魂深处的呼应和感染！父母的爱、自由与倡导的规则是孩子借以创造自己生命乐章的因子，孩子的生命能否完整地发展，这份精神营养起着重要的作用。

（一）爱是主旋律

有人说：天下哪有不爱孩子的父母？是的，但是这份爱需要真正被孩子接受并确信，才是真正有效的爱。实际上，由于不同社会化的影响，我们给予孩子的爱通常都夹带着其他的情绪，影响着爱的传递。有些爱基于恐惧，有些爱基于控制，有些爱基于父母自己的实现需求，等等，孩子或许收到的是这些掺杂的东西，而不是爱本身。

父母首先需要站在更高的层面，清晰地将孩子和问题分开，能够给予孩子无条件的关爱，孩子才可能从中学习到将父母纯然的爱与所夹带的东西分开，接受父母所给予的爱。这不是个必然的过程，人类在社会化的过程里，失去了与本然的自己连接的能力，自然也失去了以这个视角看待生命的能力。不能看到纯然的自己，也自然难以看到纯然的孩子。我们在给予孩子的爱中，掺杂了太多对自己的渴望。

洋洋妈妈年轻的时候是位美丽的空姐，因为身体的原因退下来，直到近四十岁才生下了洋洋，自己因为疾病的折磨，身材走形发胖，容颜也无当年的俊俏。因此，对自己充满了否定，每次一见面就说："你看你多好，身材还保持得这么好，再看看我，没法看了！"每次见面都是一样的话，可见她对于自己

呵护宝贝内心的高能量

的不接纳已经很深很深。

洋洋的钢琴弹得很好,每周都被安排了两节钢琴课,妈妈不惜花重金请中央音乐学院的教授亲自指点。她常说:"我年纪很大才有的洋洋,我不能给她太多,让她好好学习钢琴,将来开个钢琴学校,以此安身立命。我年轻的时候,也特别喜欢,但是没有机会学习。"

洋洋学习名列前茅,多年做班长,组织领导能力都很强。将来岂是只做个钢琴老师?但是无奈于母亲的强势安排,每天都需要很长时间练琴。

无独有偶,小兰是建筑设计院年轻的设计师,孩子两岁,聊天时,小兰说:"现在教育孩子可真难,想当初我妈逼我练琴的时候,虽然一肚子不乐意,但还是乖乖地练。不过我也很感谢妈妈能够逼我坚持,现在吧,我虽然很遗憾没有从事音乐方面的事情,但是给我儿子打下一个坚实的基础。怀他的时候,我就经常弹琴,现在孩子的乐感比同龄孩子好太多。"

"你还这么年轻,想要从事音乐行业,也不晚啊!为什么让自己的生命里留有这样的遗憾呢?"我问。

"后来不是做了设计师嘛?学设计、做设计也十几年了,如果扔了,也很可惜,不是吗?我虽然不喜欢,但是也有这么多年的积淀,也做得得心应手。况且,现在为了孩子,还折腾什么呀!"小兰说给我听,也是在劝慰自己!

太多的人,包括我自己,很多时候不能真的率真生活,不能朝着生命里最震撼吸引的方向而去,在不喜欢的方向存活着,也跟真实的自己脱离。当然小兰的钢琴,是真正点燃她生命的方向吗?曾经也不是基于自己,而是基于妈妈的逼迫。生命里,真的就如"不识庐山真面目,只缘身在此山中"。扭曲了太多,最终找不到最初的梦想藤蔓,随便抓住一根继续向上爬去。然后,自以为是地管理起下一代,牺牲自己为了下一代,平凡的人们都是在生命的雾里踯躅而行,在生命的最初就失去了方向。

(二)自由唱响的音符

我们带着爱,将孩子推向我们认为他们该去的方向,我们认为他们该如何做，将我们大量的精力用在管与教，孩子也失去了他们生命的自由。

我们可曾还记得孩子是怎样找到了手，并建立了手与嘴的关系，开始了经由感觉的探索与分离？是你教的还是他们自己找到的？而这个技能，是所有孩子开始探索世界的开始。

我们可曾还记得，孩子是怎样开始学会爬的？是你教的还是孩子自己发展的？那么走路呢？你教他们怎么抬腿，怎么平衡？孩子是在自己的一次次失去平衡，摔倒后慢慢掌握了行走的技能。

有些妈妈确实管了，不准吃手，甚至还打小手，抹辣椒水。从而阻碍了孩子经由嘴巴了解世界，也用恐惧彻底打垮了孩子探索的自由，打垮了孩子对自己生命的掌控能力，做什么事都要看看父母是否允许。无知的不经意的管束，也锁住了孩子张扬自己生命能量的勇气。

无知或许还可以谅解，但是抱着极端的思想，有意为之的父母又岂在少数？"棍棒之下出孝子！"用棍棒和辱骂打断了父母与子女爱的连接，开启了孩子困顿迷茫的生命状态。对棍棒和恐惧屈服的孩子，长大后成为没有主见唯唯诺诺的人；依旧抗争到底的孩子，带着伤痕或许还能做自己，却把这样的方式延续给后代，或者断了跟自己内在感觉的连接。

在之前的很多咨询里，寻求帮助的人有一些长期与自己的内在无法连接，"你说要找到自己，自己在哪呢？怎么才能找到自己呢？"他们的生命都在自己之外，一生都在为别人而活，很多都是为了孩子，到了所为之人不再需要的时候，就不会生活了，没有了方向。现在，很多家庭只有一个孩子，孩子考上大学长期离开家，空巢年龄越来越小，父母就感觉生活和内心都空了，没着没落的。

在企业里，老板们喜欢两种人，一种人是能够听话照做的人，这是在成长过程中被阉割了掌控自己能力的人。这样的人对老板和企业可以培养很高的忠诚度，能够踏实服务于企业，但是指望他们创造更大的利润比较难。一种人是能够有很多想法，并且敢想敢干的人，往往能够给企业带来较大利润。老板们更喜欢后一种人，但又很害怕后一种人，因为他们忠诚于自己的内心，而不是忠诚于企业和老板，一旦时机成熟，很多人都跟随自己内心的想法，自

呵护宝贝内心的高能量

己做老板。最为理想的就是能够两者结合，既忠诚又能干，这是人类社会中少有的0.5%。

就如诸葛亮，诸葛亮的谋略以现代的角度看，不做军师做诸侯是绰绰有余，如果是在现代的人人平等的思潮里，诸葛亮也许会建立自己的帝国，无论是商业的还是思想的。而在当时，受自己内在重忠、重义这样根深蒂固的信念影响，他可以在刘备死后，因接受托孤这样的重托，竟比先帝在世更鞠躬尽瘁。诸葛亮是个卓绝的军师，是个忠贞的臣属和兄弟。怎奈，阿斗虽有龙凤衣钵却无龙凤之资，无论如何教化，虽诸葛亮这样的旷世奇才亲授，也不能真正成龙，同刘、关、张加诸葛多年苦战，终失了蜀国！因而，外界的教化，并不是主因。

至于阿斗何以如此，从心理学的角度上讲，极可能是缺失了原始信任、极度伤心的孩子，父亲曾经多次为表忠义差点摔死他。在阿斗的内在或许存在着深度的无力感，那个背后是"我不配""我不好"的负向自我认同，觉得自己没有价值，自己的生命不及忠义、不及父亲的将帅，觉得自己不配成龙成凤。当然，那些故事本属演义，我们也无从考证。但失却了原始信任的孩子，且长期被忽略的孩子，的确是生命能量比较低，难成大业。

还有一种爱，爱得极为深切，代替孩子做所有能做的事，小的时候觉得孩子太小，大的时候觉得孩子学业太累，什么都不用孩子干，把学习学好就行。其实，孩子学习做一些事情，是对自己最好的锻炼，同时也能累积孩子的价值感。看到父母很辛苦，如果学习成绩不太好，内心会生出愧疚感。而至于孩子多大适合干一些事情，干一些什么事情，其实孩子的潜力也是很大的，之前我们罗列了两到十几岁孩子可以帮助家里做的事情。李嘉诚九岁随家人逃难到香港，为了维持生计当时就需要做事贴补家用，父亲去世后，他只有十三岁的年纪，便开始了支撑整个家，先是做学徒，而后开始做营销，再到后来享誉全球，童年的积累对他后来的人生起着重要的作用。

我们也听说过纳五爷的故事，笑笑之后对我们的教养方式也是很有警示作用。

我的母亲就是一个勤劳、极度爱孩子的人，她自己还在上学的时候，帮家人做很多家务，最不喜的就是做饭。那个年代，她一直觉得自己将来是吃公家粮吃食堂的人，谁知道赶上特殊时期，断了她上大学的梦，成了一个地道的农民，一切都得靠自己。

她极爱我们三个姐妹，父亲又有些大男子主义，家里家外所有的活都是她干，在那个年代的农村，家家也都是如此。直到我上大学，我也没有学会一样家务，跟她一样，我极不喜欢那些没有成就感的事。我愿意跟着爸爸下地，干农活我是一把好手。

以至于现在，我自己照顾孩子的时候，什么都不会干，糊弄饱了饿不着而已，不会做各种花样的好吃的给孩子。看着别人的妈妈把孩子照顾得很周全，也会心生愧疚。家里也不会归纳整齐，很乱，每次家里来客人，我都得请人帮忙收拾。

很多时候，我会想，若是那时妈妈能多教会我一些技能，也不至于现在这么被动。

邀请孩子帮忙并教会孩子必备的生活技能，是增加孩子价值感和对生活掌控感的重要途径，而这两感是生命必备四感中重要的部分。这个时代，没有困苦，可以将干活变成有趣的事，一场家人的创意比赛，等等。孩子从两岁开始就参与进来，包饺子的时候也很想要参加，大人们觉得弄得到处都是，还得收拾，经常以他们还小的理由拒绝他们。在每个孩子想要参与的当下，允许孩子坐在旁边，观察你们，也揉一揉面团，也试着擀擀饺子皮，他们其实学得很快。当他们学会的时候，自己觉得很自豪，很了不起的样子，吃的时候也会觉得味道特别不同，会多吃一些。

爱并给予孩子自由，不阻碍也不代替，给他们足够的空间解码、发展自己，觉察并放下自己的恐惧，带着全然的相信，相信透过学习，他们能够做好一切他们想做的事情。在未来，他们也能走好每一步人生路，实现自己想实现的人生！

（三）规则的五线谱

关于规则，包括你我，有着太多要说的，这个方面的辩论也从未停歇过，在家庭中、在学校中、在社会中。但是规则，在生命的初期，应该以怎样的时机，怎样的姿态进入孩子的生命？我们不否认，规则是帮助孩子社会化的必经之路。但是规则的制订和执行，会影响到孩子对爱和自由的理解以及感受。

在孩子自身发展的自然规律中，我们已经了解孩子真正开始社会化的年龄是 12 岁之后的青春期阶段，而在此阶段因为荷尔蒙的迅猛发展，孩子被造就的可能性比较小，这是个寻求个性而逐渐成熟的生命阶段，因而在 12 岁之后才开始引入规则，显得有些格格不入。

生命最初 0～2 岁，孩子连自己还没有分离出来，人与我一体的状态，社会化程度基本为零，这个时期也是不太合适的。当然，这里不是绝对的 2 岁，有些孩子会发展得比较早。

因而生命关键的精神解码和自我发展的 2～12 岁，这个阶段就成为重要的规则观念树立的阶段。而树立规则也不能是一蹴而就，一成不变的，相反应该是逐渐生长的过程。2 岁开始引入较少的规则，随着年龄的增长，根据各个时期不同的发展需要和生命挑战的议题，以及社会化程度，逐渐增加规则的广度和深度。

在传统的中国家庭，规则是由家族的权威人士制订，并相对不变地执行于各个家族成员，不分年龄，单分辈分，并且跟随着严苛的惩罚手段。即使现代家庭，家庭的规则也是由父母制订，孩子只能遵守。规则将一个人的行为开始二元化，在规则之内的就是对的，被允许的，在规则之外就是错的，是不被允许甚至会招致惩罚的，无论你的内在感受和初心是什么，唯规则是瞻。因而，过于强调规则必然造成一个人对自己内在的二分评判，并割裂一个人与自己内在感觉的连接，将人们的视野引向外在，引向对规则的注意、对是否对错、对长辈及他人评判的关注，从而远离自己的内心。造成很多人成为只关注外界、只关注他人，受外界环境影响内在反应的"受害者心态"的人，不再以自己的内心需求和感受为主，又如何做自己的主人？以外界的要求和声音为尊，又如何能不矛盾？君不见很多专家、著述、科学都有矛盾、更替，更何况俗人等的思想意志？这也是很多人随波逐流、懵懵懂懂不知所以地过一生的原因，也是很多人矛盾、迷惑、感觉总也做不对疲惫不堪的原因。现代心理学太多案例证明，这样的权威规则机制，造成幼小成员很难与自己连接，也没有表达和发展个性的机缘，也正是这些由别人主宰的严规苛法，让幼小成员容易产生内在的发展需求和外在的限制相矛盾的病态心灵，无法真正做自己，也无法最终掌握自己的生命。

规则被人们吸纳内化成自己内在信念后，就不再需要外在规则和监督，人们就会自动、自觉、自我监督自己的行为。这也是规则之所以有效的原因，透过规则，家族的权威希望家庭成员能够自觉遵守并据此指导他们的行为范畴，什么可以做什么不可以做。这是规则正面的作用，但时代在发展，内化成一个人内在信念的规则基本不变，除非它与现实产生极大的矛盾进而造成挑战，才会被人们所觉察。这些规则同时也锁住一个人的行为范围，有时候会与自己的思想和现实产生极大的矛盾，从而也会锁住一个人创造、开拓的能量，而这个无形的枷锁是会跟随一个人一生一世。

小墨3岁，妈妈第一次带小墨去幼儿园上亲子课，希望为上幼儿园打下基础。小墨在亲子课上，会跟着小朋友和老师咯咯地笑，但是很多好玩的教具，明明她很喜欢，但是就是不敢去碰。老师鼓励她，桌上的教具，小朋友们喜欢哪个拿哪个。其他小朋友都冲上去，只有小墨矛盾地坐着，既想要去拿又不敢动。转头看看妈妈，妈妈在跟另一个妈妈聊天，却没有看到她征询的眼神，她依旧看着桌上的教具，坐在那里没有动。

下课了，小墨也跟着小朋友跑出教室，妈妈跟在她身后。她被一架钢琴吸引了过去，刚想要伸手摸一摸。"别人的东西不能动！"妈妈在身后喊。小墨只好收回小手，围着钢琴左转转右转转。

老师看到了，走过来，"这是钢琴，可以弹奏优美的音乐，你想要试试吗？"

小墨点点头，又赶紧摇头，没有说话，大眼睛怯怯地看向自己的妈妈。见妈妈微笑地点头，才敢转回去，望着老师点点头。

呵护宝贝内心的高能量

老师抱小墨坐在钢琴凳上，自己先随机按了几个琴键，发出优美的单音。小墨不敢动，老师再鼓励她。她又试图转头，但妈妈站在身后，她看不到。转回头去，伸出一根手指，怯怯地抬起按在一个琴键上，"叮"的一声，小身子微微一颤，继而捂着小嘴笑起来。

"别人的东西不能动！"如果被父母或养育者严厉要求，孩子很可能会内化成自己的信念，即使妈妈不在身边，也绝不会主动动别人的东西，在邀请下，也会很迷惑和矛盾于是否可以。如果这个规则没有被内化于孩子信念里，孩子就会更痴迷于被禁止的东西，父母在的时候，乖得像小猫，父母不在的时候，就会如脱缰的野马，难以束缚，终于可以自由自在，甚至会痴迷于摆弄和破坏别人不允许动的东西，带着曾经被禁止的愤怒。

妙妙三岁半，有一个周末她爸爸有事，拜托我帮忙看半天。孩子被送来的时候，窝在爸爸怀里很乖巧的样子。看着粉嫩的小脸蛋，很是惹人怜爱。

我说："你去忙吧，这么可爱的小人儿，别说半天，多长时间都成。"那个时候，我还没有孩子，更没有学习心理学。

爸爸一走，她立刻放松了很多的样子，解了小大衣，在房间里走来走去，好好观察了一番，就如同这是她的领地，终于回来巡视一下的感觉。

我给她倒了杯水："妙妙，来喝点水。"多亏我调了点温水。

她没什么表情地接过去，我还没有转身，就听见"咔嚓"一声。

"哎哟"，我叫起来，赶紧把她抱起来，放到床上。仔细检查了一下小手，发现没有受伤，才舒了口气。"妙妙，你在床上，千万别动啊，等阿姨把碎玻璃收拾一下，再下来。"我叮嘱她，赶紧去找扫把收拾起来。

还没等收拾完呢，就听见床那边，"咣当"一声。我冲进里屋一看，原来是放在床头柜上的一个空牛奶盒，躺在地上。而妙妙已经站在床上，正伸手去拿桌子上的啤酒易拉罐，一转身，又是"咣当"一声。原来，这个小家伙是故意摔东西的呀！来不及收拾地上的，我赶紧把她有可能能拿到的东西，什么台灯啊、水杯啊、茶壶啊，都统统收起来，就这样，她还抢了两件又扔在地上。

"妙妙，要爱惜东西，可不能摔东西啊！"我强忍着怒气，尽量柔声说。

她一直一言不发，小脸很严肃。眼睛还在向四周扫视，试图找到可以摔的东西。

这下把我难住了。怎么陪她半天啊，我后悔刚才跟她爸爸说的话。

"你现在特别想扔东西？"我问她，她依旧寻找着，没有搭理我。

"这样，我给你找个小凳子，你坐在客厅，把这个牛奶盒、易拉罐拿过去，你尽情扔。但是不能砸我的电视机什么的有用的东西。"我建议她，她依然当我是空气。

我把这些东西带到客厅，也准备好了小凳子。她找了半天，也没有找到别的可扔的东西，就默默地来到客厅。我趁着机会赶紧把碎玻璃清理了。等我回来的时候，发现妙妙专门朝着电视机扔牛奶盒，下一个握在手里的就是那个易拉罐！

我赶紧把她强行抱走，找出电视机罩把电视机包上，才把她放下。就这样，我们俩只有我在找话跟她说，她一句话也没有，她在不断扔，我在旁边谨慎地护佑着我的东西。连去做中午饭的心情和时间都没有。终于听到敲门声，是妙妙的爸爸来了。我还想着开门向他诉诉苦呢。

看到爸爸，妙妙"哇"的一声大哭，倒像在我家受尽了委屈一样。搞得我很尴尬，什么也没说出口。

规则的设立，不可能做到面面俱到，也不适宜一成不变。正如国家的《宪法》和各项法律，也不断地在修正、添加。对孩子的规则引入，自2岁开始，也应是一个循序渐进，不断生长的过程。2岁的孩子意识刚刚开始分开"你们"和"我"、刚刚分开"我的"和"你的"这样的阶段，也还不认识多少文字，规则当然多是口头的表达。这个时段的规则，也多是父母在观察和尊重孩子的基础上，经由父母口头阐述并征得孩子同意的方式。

"妈妈看到，瑞瑞想要拿你的玩具汽车玩，没有征得你的同意，你很生气，还哇哇大哭。我们以后这样你看好吗？如果小朋友要玩你的玩具，需要先问问你，你同意，再给他们玩。如果你想要玩别人的玩具，也要先问问别人，别人同意，你才可以玩。你看行吗？"

"妈妈看到每次你陪我去超市，会被很多好玩的好吃的吸引，我们以后每

呵护宝贝内心的高能量

次去超市，带一样最喜欢的回家，由你自己选择，你看好吗？其他的让它们在超市里躺几天，以后去再选，行不？"

诸如此类，虽然孩子会被你说的"小朋友的""你的""你的同意""小朋友的同意"给绕晕了。很多父母觉得孩子听不懂，于是就用自己认为更适合的话说给他们听，于是有可能变成这样："宝宝，车车是你的，瑞宝拿去，你哭哭，生气。以后啊，问你，你说好，才给。人家的，你也问，同意，才能玩，啊！"我们知道，学习英语如果有说英语的环境，我们就更容易学会。同样，成人用成人的语言，正常清晰地表达，孩子也会很快学会整句表达，并且有时候精妙的用词都让我们吃惊。我们总是用孩子一样的句子，孩子怎么学习和提高自己的语言能力呢？

在每个孩子与别人物品的归属和管理有争议的当下，引导孩子，次数多了，他们自然就会明白。

"宝宝，你喜欢瑞瑞的玩具兔是吗？你想要玩一会儿是吗？"确认后，"那么我们怎么做，瑞瑞才可能把玩具兔给你玩一会儿呢？"

"问问……"孩子可能回答。

"我们去试试。"带着他去。

让他去按照自己的方式尝试，掌握好分寸。

"宝宝，瑞瑞喜欢你的小汽车，你愿意给他玩会儿吗？"

"不。"宝宝抱紧小汽车。我们需要尊重他刚刚了解的"我的"。

"瑞瑞，对不起，宝宝不想把小汽车给你玩，你能想到什么别的办法，让宝宝同意吗？"

让他们自己试着解决，冲突时再引导，直到双方都满意。宝宝如果执意不肯，也需要尊重他。

"我特别后悔，前天，我强迫青青把她的滑板车借给妞妞玩。"青青的妈妈带着满腔的悔意说。

"为什么？"

"青青昨天夜里,睡觉都说梦话:'把滑板车还给我!别动我的滑板车!'"我知道我伤着孩子了,我应该尊重她。

孩子只有清晰自己和自己物品的界限,才会理解和尊重别人的界限。也会慢慢理解这些规则。

其实,规则是怎么来的?原始社会是没有规则的,强壮的人收获得多,霸占得多。规则的产生是逐渐随着社会的发展,人类社会的规则也是随着社会的发展、社会制度的不同、生产力的发展、意识精神的发展不断演化的。规则带有典型的社会性、时代性,不可能做到绝对的公平公正,即使现代社会讲究人人平等,也无法做到绝对。

看清了这些,家庭教育的规则与此截然不同,为了更好的人格发展、为了在孩子的内在树立正向的自我认同、为了更好地让爱在家庭成员间流动。既然这些规则很大一部分会被内化到孩子的潜意识中,成为在孩子的内在运作并指导孩子成就自己的人生,那么作为孩子内在的主人,孩子本人就需要被邀请进来,参与规则的制订,并遵守自己制订的规则,成为内外统一的状态,未来不会过多地在其内在形成矛盾、困顿和限制。实践证明,每个人都更愿意遵守自己参与制订的规则。

随着孩子的年龄渐渐增大,孩子有更多、更清晰的想法,更好的表达能力,参与制订关于自己和亲人的规则就显得更加从容,由孩子提出、选择和设立的规则也应越来越广泛。到这个时期,或许定期的家庭会议开始变得必要起来,以文字或图画形式的记录册也开始成为必备品。孩子们很愿意将基于自己的意愿和智慧形成的规则以自己能够看懂的方式,画或写在记录册上,也很愿意成为小监督员。此举,让孩子学习到民主、自我管理,做自己的主人,考虑大家的建议和感受,同时还学会了表达自己和书写一些陌生的字词,一举多得。到12岁,人生基本的规则在孩子的内心初步系统化,为接下来的青春期在真正社会化的进程中检验、固化、调整、完善。也为孩子的人生开启一个完整的心理人格条件,为进入社会做好充分的准备。

"妈妈,能不能多给我一些零用钱?我有很多想买的书。"10岁的老大问。

"把你的要求,写在记录本上,我们下周家庭会议一起讨论。谢谢你告诉我你的想法。"鼓励孩子的表达，临近青春期的孩子，越来越不喜欢跟父母说自己的内心想法。

"妈妈，下学期要上小学了，我要准备些什么呢？"5岁的老二来问。

"把你的想法画在记录本上，我们下次一起看看，可以吗？"老二会用拼音和画画的方式记录自己的想法。

家庭会议上。

"我看到记录本上有这样一些议题：关于（姐姐提出的）零用钱的多少、关于（妹妹提出的）准备上小学的事、关于（姐姐提出的）妹妹没有经过允许上姐姐的床、关于（爸爸提出的）早上迟到的事，我还想跟大家讨论一下两个小姐妹还有争吵的情况，今天的会议就是关于这五个议题，我们先从第一个问题讨论，每个问题每人都需要提出三种以上的不同的解决办法，而且每个办法都需要周全考虑大家的想法。今天，谁来做记录？该老二了吧。"

老二并不能及时将大家的议题和解决方案完全记录下来，我需要另外做一下记录，让她做一份，小家伙很认真地执笔等着。

认真记录好每个人关于每个议题的解决方案，刚开始可以放宽对于雷同方案的提醒，对于5岁的孩子来说，想出三种办法已经很不错了，全然地接纳，可以让孩子放松地思考和敢于表达。

然后由主要当事人选择最优的解决方案。方案的选择基于不打扰别人、切实解决问题、多赢的角度。

接下来是执行阶段，小家伙们都会很希望自己能做监督员。

如果你执意要有惩罚措施，大家也可以共同商讨有关惩罚事项，但一般情况下，这样商讨的解决方案，孩子们都能执行得很好，基本不用惩罚措施。

即使有违背的情况，父母也有足够的办法跟孩子商量深度的解决方案以及孩子实施的困难和内心的想法，惩罚是最无效又蠢笨的方式。

孩子在爱、自由和自治法则的护佑下，会自然顺畅地解码自己的精神密码，完善自己的人格特质，成长成为一个完整、完全的人。没有什么比完整的成长更重要！

二、倾听和鼓励

我们每个人都会说话,但是还要经过专业的训练才能很好地表达和演讲,这我们是能够理解的。但是,说到倾听也是需要进行专业的训练,很多朋友就不是特别理解。倾听,是开启心灵和关系的钥匙,是有效沟通必备的艺术技能。对于孩子的教养、增进亲子关系,倾听更是每个父母必备的法宝。

操纵人类行为的有显意识和潜意识,显意识只占5%左右,在显意识中能够被人类用语言、肢体、绘画等方式表达出来的总和只占5%,因而人们只能表达内心意识世界的万分之二十五左右。对于表达出来的部分,能够被另一个普通人接收和理解的最多不超过1%。最痛苦的莫过于茫茫人海,没有人能够理解自己。所幸的是,心理学家研究了一些倾听技术,能够帮助我们更好地倾听和理解另一个人的内心世界。很多父母都迷惑于,不知道孩子心里到底想了些什么,即使孩子表达了,我们也没听懂,更别说让孩子觉得我们是他们的知音。这也是很多亲子关系问题的根源。

芳患了中度抑郁症,当问及现在最渴望的是什么?

"我最渴望能够找个懂我的人倾诉,但是没有人懂我,他们都说我没病,当我想要说的时候,甚至大手一挥:你别想那么多!"

对于很多人来说,被倾听被理解,就能获得疗愈。

每个人都有听的能力,但是很多人都没有真的在听。有些人很善谈,属于视觉型的人物,视觉和表达能力特别强,但是很难倾听别人,很快就从倾听者那里接了话题成为说者。有些人将说者的话听后,经过自己的经验加工,再回应出来的并不是说者真正的意思,自然谈话就在两个不同的轨道,不能同频。有些人是听觉型的,很善于听,但只是听,也听进去了,却没有回应,说者也会觉得没有被理解。说到这里,到底什么是理解?在心理学里,更专业的说法叫"共情",也称同感、同理心,主要是对心理咨询师的要求,就是透过对方

呵护宝贝内心的高能量

的语言、自己的经验和专业、咨询的技巧能够体验别人内心世界并把这份体验传达给对方的能力。所以理解不但要听到、体验到还要表达到，确实不是很容易的技能。

其实，很多说者，对听者的需求，有时候就是能够将自己所说反射回来，说的过程是说者进行自我内在整理和思考的过程。我们太喜欢分析、处理、加工别人的言语，太喜欢给出自己的评价和建议，但是评价和建议往往对说者是无效的。

（一）反射式倾听

对于心理健康的说者，说的过程不是跟我们寻求建议和评价，而是自我整理再思考的过程，这样的时候，我们需要用反射式倾听。跟大孩子也可以，因为他们已经具备了自己的内在处理能力、情绪管理能力。将说者的话反馈回去，基本完全遵照原意。

"妈妈，今天在学校，我特别生气，因为他们评选的三好学生竟然没有我！"大女儿回来对我说，眼里噙着泪花。

我放下手中正在做的事，示意她坐下来，看着她的眼睛。（"没事，下次再努力"在嘴边，又咽回去。心里在跟自己说："别着急评判，先听听看。"）

"同学们评选三好学生，你没有被选上，你很生气！"

"是呀。我觉得我很符合三好学生标准，我的各科都是优秀，我的体育也非常棒，就是我没有太多比赛的获奖证书。他们就不选我。但是，三好学生评选，证书不是主要的呀。"她依旧很有情绪，愤愤地说。

"你觉得三好学生标准是学习优秀、体育很棒就可以了。比赛获奖证书不是最主要的，但是他们却因为这个没有选你，因此你很生气。"（我的内心在说："你说的很对。怎么能根据证书来选呢？"）

"嗯，我确实不喜欢参加那些比赛，我更喜欢看书。"

"你不喜欢参加比赛，你更喜欢看书。"我回应。（我的内心在说："让你多参加，你不参加，这下好了吧！"）

"或许，下学期我会注意有哪些比赛，让我觉得有兴趣参加，也参加一些。"她的情绪已经平复很多。

"你在思考，下学期注意一下哪些让你感兴趣的比赛，也参加一些。"（我的内心在说："早这样不就好了吗？"）

"好了，妈妈，我进屋写作业了。"她已经思考好了办法，恢复了平静，可以干自己该干的事情了。

每个孩子都有能力、有办法处理好自己的事，有时候就是内心激起的情绪需要流淌出去。反射式倾听看似简单，但是我们要做到：不评判、不建议、不命令、不辩论、不疑问、不威胁、不提供解决办法、不劝告、不分析、不表扬、不转移话题、不息事宁人，真的是太难了，很多时候都是话到嘴边，及时觉醒，又咽回去。反射式倾听的过程中还要关照自己内心的想法，同时需要认真注视说话者，让他们感觉到你在听。主要听他说什么？他的感受是什么？他想表达的是什么？然后用"你"信息句式复述你所听到的内容，让说话者知道你真的听明白和理解了他的感受。

反射式倾听基本句式：

看起来你……（感受或情绪），当你……（事情）的时候；

看得出你……（感受或情绪），因为……（事情）；

关于／对于……（事情），你觉得……（感受或情绪）。

反射式倾听，将问题依旧留给孩子，我们的倾听给他们提供自我再思考、整理的过程，透过反射式倾听，最终解决问题方案和办法依旧是孩子自己提出的，即使在当下没有立即有解决方案，也为孩子理清自己提供了条件，在日后会得到解决。父母不接手问题，从理解、尊重的态度上，让孩子内在情绪得以顺畅流动，较快恢复内在空间的平静和谐，为孩子自己解决问题提供条件。

对于那一串"不"的倾听规则，有些父母难以理解。说不评判、不转移话题、不命令、不威胁这些还好理解，为什么不能建议、不能表扬、不能息事宁人、不能提供解决方案呢？很多时候，建议和解决方案都是无效的，因为在孩子自己的事情上，没有人比他们自己更了解事情的脉络，提供建议和方案多数情况下会陷入行或不行的辩论中，从而影响孩子自己的思考，也剥夺了孩子做自己主人、掌控自己的机缘。不表扬，表扬也是一种评判；不息事宁人，很多父母见到孩子生气，第一个想法就是怎么能让孩子停止生气，但实际上情绪是很难被停止，压抑也会造成很多问题，在反射式倾听中慢慢将情绪透过理解流淌出来，对孩子就不会产生什么副作用。

（二）积极的倾听

相对于反射式倾听，积极的倾听更常被应用，适合所有人，尤其是年龄较小，不能很好表达自己内心想法和情绪的孩子。积极的倾听透过认真倾听，提出相关的开放性问题、鼓励性问题、复述确认问题，也可以反映感受和总结，由此引发说者开启更多的谈话内容、反思更多内在想法，从而引导对话更深入并开启更多可能性。在心理咨询和疗愈的过程中，这样的对话起到决定性的作用，让说者感觉被聆听、被尊重、被关注、被理解、被开启，甚至可以由这样的对话发现很多说者自己都没有注意到的内在正向资源，使得说者的心理困惑得到转化、升华和治愈。

积极地倾听同样需要抱着好奇的态度，关闭倾听者的主观经验和判断，尊重说者所表达的任何字词，即使听起来是多么的不可思议、偏离常规，都全然地接纳。并透过开放性问句、鼓励性问句、复述确认问句等引导说者表达更多内心的想法，一个阶段之后以尊重说者所表达的实际内容和感受进行总结回馈，以便让说者能够知道，自己所表达的一切都被倾听和理解。在这样的过程中，陪伴说者对所叙述的问题进行深度、广度的探究，引导说者这个生命的主导者找到解决方案和新的可能性，从而使问题和生活从新的维度开启。

与孩子之间的对话，可以富于创造，可以结合绘画、玩偶、游戏、角色扮演的方式进行，但重要的是引导孩子用他们愿意采用的表达方式，将他们自己内在的想法、感受表达清楚。在这样的过程中，结合积极地倾听，达到帮助生命的主人——孩子，整理、清晰自己，并找到解决方案。

小霏上一年级，暑假里，学校安排了三天的小学生活体验课。上完课回来，

霏很兴奋,高高兴兴地吃晚饭、睡觉准备第二天的体验。结果,第二天早上起床,她拒绝上学、拒绝穿衣,躺在床上不起来。

"霏,看到你不起床,而上学的时间马上就要到了,我真的很着急。你能告诉我,为什么你不想起床吗?"我觉察到我的内在,着急和愤怒在汹涌着。("着急、愤怒,我感觉到你们了,我等会儿送霏上学后,再来陪你们。"我在内心跟它们交流。)

"我就是不要去!"霏倔强地说。(我真的很想把她硬扶起来,命令她穿上衣服,拖着送走,那样的话会更省事。)

"霏,我有个想法,你看你愿意参与吗?我们俩来玩个小游戏,你愿意穿好衣服起床吗?"我问她。

她一听说要玩游戏,一骨碌爬起来,很快穿好衣服。"我就在这里等你洗脸刷牙后,我们就开始。"霏高兴地去洗漱的时候,我搬来一个小板凳,放在茶几旁边。

"你愿意表演一下昨天在学校的一段生活吗?你想要表演什么给妈妈看?"我站在小凳子旁边问她。

"现在,你在学校,坐在小凳子上,请你坐好,可以吗?"

霏一坐上小凳子,就把小手和前臂很自觉的交叠在一起放在茶几上,坐直身体,板板正正。

"坐的真直啊!"我惊叹着,"在学校也坐得这么好吗?你是怎么做到的?"

说到这里,霏眼里含着泪,小身子颤抖着,开始低声地抽泣:"妈妈,这样坐是很直,小手放桌上,眼睛看老师,坐一会儿我会坐得很好,可是一天都要这样坐,我觉得好累啊。动一下,老师就会批评我们。我不想去上学!"

到此,我才知道,到底问题出在哪里。对于表达能力有限的孩子,我们有时需要创造特别的方式,来完成他们能够顺利表达的目的。

"原来是这样,霏觉得这样坐一天会很累,是的,如果是妈妈也会觉得累。霏愿意这样直直地坐一会儿,但是坐太久就会觉得很累。关键是你害怕一动老师就会批评,所以你会很紧张,也就更累了。妈妈说得对吗?"(这是复述确认问话,为的是能够确定听者理解和明白了说者的意思。)

呵护宝贝内心的高能量

"是的，妈妈，真的好累啊！所以我不想去上学，上学太累了！"她依旧抽泣着。

"那听起来，你不想去上学，是因为总是需要直直地坐着，小手放桌上，眼睛看老师，这样你觉得很累。那么你觉得如果老师总是这样要求，你因此不能上学，会怎么样？"我尝试着问。

"我知道，不上学我就不能学到知识，不能变聪明。我喜欢上学，但是不喜欢这样一直坐着，不喜欢这样累。"她平静了。

"看来，如果能够这样坐，但想到办法可以不累，你就会愿意去上学？你是这个意思吗？"我继续确认。

"是的，可是怎么才能不累呢？"她开始思考，情绪已经流淌过去了。

"我们一起来试试，你看好吗？"我也找来一个小凳子，跟她一起排排坐。"现在，我们是同桌了。"她开始"咯咯"笑起来。

"你能想到办法，把累的地方偷偷放松一下，而不被我发现吗？"我问她。

她动了动小屁股，"咯咯"笑着。"动作会不会太大了，因为我发现你的小屁股在动了！"我说。

她又试着轻轻动了一点点，但是上身和小手都没有动，然后她放松地笑着："我有办法了，我可以控制我自己的小身体，想放松哪里就放松哪里，就不会那么累了！老师还不会发现，这是我自己的小秘密！"

"看来，你找到办法了！我就知道，你是个有办法的小女孩！来，我们吃饭，出发！"我们开始比赛吃饭，到学校的时候，刚好赶得及，从那以后，霏再也没有因为坐姿的事情闹过情绪。

积极地倾听需要注意几个重要的方面：首先是放下自己的经验、推理、自定义、自以为是，放空自己；其次，无论听到对方说什么，都全然接纳，不评判、不辩论、不否定、不……前面反射式倾听的十几个"不"同样适用；然后，抱着好奇的态度，即使是尽人皆知的概念，也要进行好奇的开放式问题、复述确认性问题等进行更深入的解构，这样才能够真的清晰和听懂对方所表达的内容；最后，跟对方站在一起，通过问话的方式启发和引导，共同找到解决办法，当然由对方为主找到办法更佳。

有些父母或许会说："我哪有那么多耐心或者时间，用这么长的时间细细地聆听和引导？"是的，客观上讲，似乎是费了些时间。但是，让孩子在这样的过程中，透过日常发生的事情，建立一种习惯和能力：自己梳理自己、自己找到解决方案并实施获得成果，对孩子的一生来说，是节约时间的。因为，当这样的习惯和思维方式形成后，是指导孩子一生的行为范式。而长期忽略孩子的内心，通过强迫、引诱、奖励等方式使得孩子按照社会惯例和你的要求做事，当下显得是很快和节约时间，但是在孩子的内心产生混乱，孩子在成长的过程中充满内心与现实的矛盾，这样的矛盾在成人后依旧会消耗生命能量和时间，相比之下，怎样的方式更有效，当然你是你的主人！

（三）精神的鼓励

"鼓励"透过语言、行为、肢体动作、眼神等，支持劝勉使人精神振作。想想我们自己，在怎样的时候需要被"鼓励"？怎样的鼓励是我们最期望的？

在我们生命遇到挑战或者在向梦想目标前进的途中，每个人都希望获得鼓励。拥有正向自我认同的人，对自己有清晰客观的认识，也会有坚定明确的方向，在向目标前进的过程中会很笃定，外界的鼓励和贬抑的声音对他们来说意义不是特别大。在他们的内心很明了，没有人能够代替得了我自己，是我来影响环境，而不是环境影响我！但是对于内在自我认同负向或者模糊的人来说，成长过程中多跟随别人的脚步或者听从别人的意志，对任何一个目标来说，都是迷茫和不坚定的，尤其需要时时鼓励，他们往往很难完全透过自我去完成目标，总是希望有人鼓励，甚至需要感觉到有外在的力量与自己同在。

对生命滋养的，永远是支持性的表示。没有人希望听到抱怨、批判、否定、怀疑，即使有时我们会不经意地透过这样的表达，将我们的爱和希望嵌入其中：

这么简单的问题，你怎么还没有想明白？有什么必要想呢？做就是了！

你的这个想法很奇怪，不用想，去实现，遇到问题解决问题！

你怎么会有这样的想法？光想不做！

……

真正支持性的鼓励，是全然与对方站在一起的，其实只有这一点就足够了。对于拥有正向自我认同的人这样就足够了；对于自我认同不足的人，这也是最基本的支持。当对方需要聊聊的时候，可以采用上述反射式倾听，辅助对方整理清晰自己或以积极的倾听在对方需要的时候一起找到方案。当对方依旧没有思路，跟你请求建议的时候，可以采用"我"来表达：

如果是我的话，基于之前……我会采取这样的方案：1、2、3……

建议具有"在地性"，即带有建议者自己的个人特有的经验、信念和基本假设，对对方的意义很小。这也是为什么，当很多人内心痛苦迷茫的时候，找朋友倾诉的效果甚微，就是因为建议和劝慰没有实际的意义。采用"我"诚恳地表达自己在同样情况下可能采取的措施，对方也许会做一些相关思考，结合自己的实际情况，做出适合自己的方案。但倘若你采用"你"表达：

你应该这样做：1、2、3……

对方本能地回到一种防御机制中，有一种被操纵、被控制、被贬低的感觉，甚至因此进入防御，开始跟你解释、争辩为什么像你所说的方式行不通。对方接收不到你的鼓励和支持，反倒可能被误解和排斥。

有一个美丽的故事：一个叫约伯的虔敬、善良、富有的族长，帮助过无数孤儿和贫穷的人。有一次突然大火，一天之内家破人亡，极度的痛苦下，他撕裂衣服，哭倒在地上，悲痛欲绝。

他的三个朋友：提幔人以利法、书亚人比勒达、拿玛人锁法，听说这样的灾祸降临在约伯身上，不约而同地从各地奔来。

他们远远看到约伯伤心的状态，也撕裂衣服，哭倒在地，待到约伯安静下来，三人在约伯不远处默默陪着他坐了七天七夜，没有说一句话。

每个人生命里所发生的一切，都是精神成长、启示、升华的重要机缘，从挑战里走过来的人们，内心更加笃定和坚强。在这样的机缘里，替代对方解决看似是为对方考虑，实际上是剥夺了他们自我提升和历练的绝佳机会。给一个在挑战里的人，最大的支持，莫过于：我懂你，我和你在一起！同样，给孩子最好的鼓励和支持就是：亲爱的宝贝，在全世界70亿人口中，我们是仅有的在你生命中任何时候，站在你身后，愿意提供任何你需要帮助的人！

三、成为孩子的资源

如今，无论家庭条件如何，父母都能给予孩子基本的生存所需物质资源，衣、食、住、行、学习资料等。很多家庭还可以提供更丰沃的条件，极尽天下美食，极尽天下好物，很多父母以为，这就是爱的全部了。而孩子真正需要的成长资源，在精神不在物质。

（一）无条件的爱

现实生活状态里，人们总是将人与问题捆绑，当发现在孩子身上呈现出来的某种问题，而这个问题恰是自己不认同的、不喜欢的，人们就很难对承负这个问题的孩子爱之如初。不自主地排斥问题，也排斥在问题里的孩子，对处于困境中的孩子施以指责、说教、批评等精神暴力甚至身体暴力。这样的做法，孩子从父母那里得不到任何资源和支持，只能孤独地自己面对，带着恐惧、带着委屈、带着困惑。

后现代哲学理念，将人和问题分开，在大多数作为父母的成人本身对于问题和困难本能地排斥、抗拒的防御模式下，一时难以完全内化是很正常的，有时依旧将问题和孩子捆绑看待，也是必然。但是，将人和问题分开，父母能够很好地传递自己对孩子的爱，是那么重要。当人们能够更多地了解和内化这样的生命视角，人们就可以更自然地把爱无条件地给孩子，无论孩子处于喜乐状态还是被问题所困，都可以很自然地把支持给到处于困境的孩子。无条件的爱也会成为生命支持模式。

呵护宝贝内心的高能量

就如学习开车一样，刚刚学习的时候，握方向盘的手和踩离合器的脚很难配合，车子在画着行车线的路上摇摇摆摆地爬行，甚至有时会熄火停下来。停车的时候，甚至撞上标志杆。路考的时候身边坐个警察，内心紧张得不知所以，也有因此不能顺利通过考试，需要再考一次的人。还记得第一次上路的时候，因为不敢并线、不敢提速，被后面司机持续地按喇叭的情景？内心紧张又不知所措！而今，你可以自如地开车，甚至偶尔接个电话，在车流里穿梭，那个时候需要两个小时才能到的地方，现在半个小时就到了。有时候，你有很多事情萦绕在脑海，你甚至不知道怎么开的，目的地就映入眼帘了。开车，成了下意识就完成的事，甚至不用你头脑的特别注意，这就是内化的过程。将开车的操作内化到你的潜意识，潜意识控制你的手和脚即可，而你的显意识还可以思考你的问题，当然最好能更专注于开车才会更安全。

我们创造无条件爱的基础：将人和问题分开的模式，也可以透过这样的练习、训练，最终内化成我们的生命模式。不仅对我们的亲子关系，对我们的亲密关系和合作关系都是非常有帮助的。将你的爱无障碍地传递出去、播撒出去，收获无障碍的人际关系。

也正是在这样的哲学视角下，对于将问题分开后的人，我们就自然可以给予充分的自由，而不用惧怕自由带来更多问题。问题被剥离后，成为我们和主人一起需要面对的外在挑战，我们一起或我们引导对方观察、思考并找到解决方案。这是一个我们一起学习和探究的过程，每个人在这样的过程中都会感觉到被支持和成长。挑战成为被欢迎的成长机缘，而不是之前惧怕的洪水猛兽。被问题困惑的人成为被尊重的人，而不是被排斥、拒绝的人，人们可以被信任，作为困惑和挑战的主人，能拥有能力来处理这些挑战，成为自己的主人。

同样在这样的哲学视角下，对于纯然的人可以不必过多地限制，规则只是被邀请作为造成较少问题和挑战的条件。人是纯然的、非社会化的，他们成长经历里被告知、被体验总结的经验和信念是社会化的，规则的引入只是为了让已经内化了的外在经验和信念能够更好地社会化运作，以便在必要的社会活动中能够不再产生问题、困惑，更高效地进行社会活动。但实际上，比较奇妙的是，造成问题和挑战的也恰恰是这些被人们内化了的信念，当这些信念不再与社会发展的现状所匹配，当这些信念与另一个人的信念有冲突和矛盾，当一个人因为基于这些信念却被外界否定、嘲笑、抗拒时，人们的痛苦多源于这些本属于外界的认知被内化于内在系统又与外在相矛盾的时刻。规则、问题、被内化的外在经验（信念）其源头都是外在的，都是需要被外化出来进行探研的。

学习尊重孩子是自己生命的主人和专家，将问题外化于人，不能够十全十美地以这样的视角与孩子相处的父母，也请放松和接纳自己，毕竟这在人类意识发展史上本就是全新的视角。就连很多这方面的业内人士，也有不在状态的时候，感谢每个当下的自己，尤其是想要停下来看看如何透过这样的视角使得关系可以变得不同的时候。毕竟，很多内化几十年的信念，在我们的内在不易撼动，较之我们还没有内化的后现代理论而言，它们在我们内在世界具有不可匹敌的话语权，任何回到旧模式的时刻，都是那么的自然而然。只有不断地觉察每个当下，并在这样的觉察和实践的过程中，不断将后现代理论内化成我们内在主导信念，我们与人相处包括与孩子相处，都会自然地在后现代的滋养里，不再纠结、懊悔。

（二）社会化技能教练

学习社会化技能最佳的年纪，2～12岁是孩子与父母相处最长的时间段，也是我们将社会化技能传授给他们，以应对随后逐渐踏入社会实现自己的好时机。这个年龄段的孩子，与父母的信任度和依赖性比较强，也会比较容易受到父母的引导影响。社会化技能分为几个主要部分：具体做事的能力、人际交往的能力、坚持自我的能力、彰显自我的能力等。

教练（Coaching）源自20世纪70年代的美国，与后现代哲学一样属于新兴的体系，发展于日常生活、对话、心理学、教育学的有效管理技术，能使被教练者洞察自我、发挥个人潜能，从而有效地激发团队力量。教练的职责是提供支持，增强被教练者已有的技能、资源和创造力。

呵护宝贝内心的高能量

正如体育教练，并不亲自上场参加竞技，但会在日常训练中充分观察和了解队员的身体优势及潜力，并使队员加深对自己的了解；同时了解每个队员的愿景和内心想法，引导队员专注于正向积极的思维模式，发挥自己内心和项目技能优势，从而获得竞技比赛的成功。

对于教练式父母，同样不能全然参与孩子的生命，但在日常生活中累积了对孩子各方面的了解，了解孩子的天赋、性格、兴趣、脾气，在每个生活场景中，激发孩子解决问题、发挥潜能、寻找方法、发现自己、清晰梦想，从而提升孩子的能力感、价值感、自我掌控感，赢得每个当下最好的自己。支持孩子生理和心理的需求，让他们信心满满地迎接未来。用观察、聆听、问话、分享、交流、整合、嘉许、支持等教练技术，使孩子认识和发挥自身资源，从平凡走向优秀，从优秀走向卓越。

田田小升初这年，学校被朝阳名校收购，很多学生和家长都为之振奋：不用辛苦择校了，直升就好！就这个问题，我也跟田田有很多探讨。这是孩子生命中的重要节点，我们需要尊重孩子自己内心的想法和选择。很多家长说：他们依旧很小，什么都不懂。当你基于这样的信念，你或许会全然干预或替孩子做重要的决定。但是11～12岁的孩子，已经具有跟成人一样的了解社会的能力。在开始准备小升初的备考过程中，很多相关的讲座，我都陪孩子去听，关键是他们自己需要对政策、自己的水平、社会整体状况有深入的了解。关于这些，我和她需要确保在一个水平线上，了解的内容和重点基本相似或相同，才有沟通的基础。

"田田，我们已经了解了很多有关小升初的信息，关于这个重要的事情，你有什么想法？你想要好好聊聊吗？"我们在晚饭后开启这个话题。

"我还没有什么好的想法。妈妈，你方便的时候，能带我去北大逛逛吗？"田田还没有真的准备好。

我很好奇，为什么她会提出去北大逛逛的想法。当然，我之前留意到，给田田报的语文学习班的老师是北大学子，经常给孩子们讲北大趣事和四季美景。

"没问题，去北大逛逛的想法和兴趣是怎么来的？"我好奇地问。

"没什么，你带我去就是了！"田田这个年纪，已经开始青春期的躁动，

第四章 成为资源合作教练式父母，点亮孩子内心

谈话的延续很有挑战。

"好的，妈妈会尽快安排时间陪你去。有关小升初的问题……"

"等去完北大再说！"田田打断我，没有再谈的意愿，谈话到此为止。（我的内心很想跟她聊一聊这几天的见闻，彼此交流一下，我需要好好跟自己的这份渴望在一起，尊重她不再谈下去也是不容易的！但是我知道，强行往下也是徒劳的！）

……

一周之后的晚上我们又开启了对话，我们已经在周末去了北大。两个孩子在北大图书馆、文史楼和理科楼逛逛，还专门跑到自习室坐了坐，感受身边优秀的学子们自顾自地沉浸在学习的氛围里。之后在未名湖边惬意地散步，将语文老师分享的重要的景致找到欣赏一番，秋天的北大真的很美，飘落一地的银杏叶就如一地的黄金，两个小家伙在落叶上翻滚嬉戏。田田一边走一边将老师所讲的北大历史讲给我听。

"今晚，关于小升初的话题，你想要好好聊聊吗？"我向她确认。（这个年纪的孩子，一闻到有说教、讲道理的味道，就会嫌烦甚至溜之大吉，获得很好的沟通需要我们的聆听技巧。）

"妈妈，我想考北大！"田田似乎所答非所问。

"太好了，我也曾梦想成为北大的学子。那年考MBA，妈妈后来才知道自己过了B线，但是我已经选择了传媒大学，至今仍是个遗憾！你想要考北大，我特别支持你。你觉得，考北大，你需要做哪些方面的准备？"我先同理，然后依旧发问。（问问题，是最好的开启谈话的方式！我很高兴，语文老师能在孩子的心里，播下了一颗不凡的种子！）

"好好学习！"田田回答。（没有经过细致引导，孩子的很多想法往往是粗枝大叶，也很容易搁置成空中楼阁。）

"我们如何才能知道，在北京每年有多少学生能考入北大？都是哪些中学的学生？"我自问，也在问她。

"我们现在查一下吧！"田田回答。

……

呵护宝贝内心的高能量

"看到北京每年70%以上考入北大清华的学生都是海淀区的几所名校，你有什么想法？"查完后，我问。

"那我要考海淀！"孩子很认真地回答。

"考海淀名校，我们需要哪些准备？"

"我知道，要考奥数、英语、语文，我怕我来不及。"田田回答。

"那你觉得，需要爸爸妈妈如何帮助你呢？"

"我可能需要找这方面的老师或培训机构帮忙。"

"好的，我们接下来要做的事是找这方面的合适的资源，对吗？我们会不惜一切支持你。"

"是的。谢谢妈妈！"（无论孩子最终的结果如何，至少，在通向梦想的路上，奋进着，为了自己的内心而歌唱！）

做孩子正能量的支持者，发掘孩子的自身资源，支持孩子生命的高扬和低落，陪伴他们走向真正最好的自己！你是孩子生命的源头，成为孩子生命最重要的资源，是孩子成功幸福的沃土！为此，你不需要做更多，反而是做减法，将生命主人的权利交回主人那里！而我们只需要透过好奇、聆听、复述确认、开放式问话、尊重就可以好好陪伴一个生命成为他想成为的样子！

四、成为自己期望的样子

请把以往投向孩子的所有能量，更多地收回来，回到自己。我们的民族是一个崇尚奉献的民族，父母为孩子奉献了所有，有些时候失去了界限，反而干扰了孩子自己的成长。

望子成龙的期待里，每个人都应该觉察，那里面包含多少曾经对自己的期待！将自己未曾实现的梦想，寄托在孩子的身上，全然不顾孩子自己想要延伸的方向！

世界上，能够真正做自己的人太少，太多的人都在与"不得不为""人在江湖"的内心煎熬为伍，这些能量的阻塞消耗了生命的喜乐，甚至最终招致疾病。人们无法停下来，因为有太多的恐惧：积蓄不够，我再度找到自己的梦想并实现之前如何生存？离婚了，我的收入不够给孩子提供一个稳定的居所怎么办？这个方向我已经干了几十年，转型不成功怎么办……无数个这样的"怎么办"，捆绑着人们，在消耗自己的路上呻吟不前。很多父母说："这辈子，就这样了，只能指望孩子们了！"听起来，有双重的悲哀，有自己的，也有孩子的。

可是，我们的状态，无时无刻不在影响着孩子。

"妈妈，你怎么总是心事重重，总是不笑？"孩子内心最重要的两个人，你的能量状态也总是被他们所感知，困惑着你的困惑。

"你们俩，就是会说，从来不做！那么多好想法，怎么不去做呢？"孩子也能感知到你被束缚的状态，也恨父母不成钢啊！

如果说：教育是一个灵魂对另一个灵魂的召唤，我们这样被自己捆缚着的灵魂，会召唤孩子怎样的灵魂？

田田在6岁的时候，小霏才刚出生，我带着他们去参加同学聚会，当众表演一直是我需要克服的困难。田田看到表演节目可以抽iPad，那时的iPad价格不菲，田田很希望妈妈能上台表演节目并为她赢回一个iPad。对于我，这样的事情，我从来不热衷，几个奖品而已，我很乐意把中奖的机会让给别人，这样的想法掩盖着我对当众表演的恐惧。最终，我也没有站到台上，一是因为那不是我想要的，二是我确实说服不了自己应对那样的困窘。反而以小宝为由，早早退出聚会，带着大宝回家了。但我清楚地知道，这件事情，在大宝的心里，产生了不小的影响。当时，因为她还小，没有就此好好聊聊，解开她的心结。

以至于后来，田田也很排斥学校的集体比赛类的活动，包括她擅长的文学类的比赛，她都尽量退避三舍。有一次，她跟我说："妈妈，我报了一个英语演讲比赛，我其实不想报，但是小升初一些名校会看是否有比赛得奖嘛，我没有什么奖，所以我报名这个比赛，我想要试试。"

"好啊，特别好的想法，为将来做准备。你需要我做什么？"

"下周六比赛，你陪我去，可以吗？"她问，我当然很乐意。

比赛的当天，我们提前到达场地，有很多的小学生。田田却把我拉到一边：

呵护宝贝内心的高能量

"妈妈，咱们走吧，我不想参加了。"

"为什么？我们走了好远才到这里。"我内心有些不高兴。

"我很害怕这样的场合，我不敢在这么多人面前演讲！咱们回去吧。"我开始意识到我曾经对她的影响，直到现在，六年过去了，依旧在内心深处默默地影响着。为此，我内在有些愧疚闪过。

"你有些恐惧，我在这样的场合，也会恐惧。你之前报名的时候，以为是怎样形式的比赛？"我关照着自己内在升腾的想法和感受，继续问她。

"我没想到这么多人！"她怯怯地说。平时，在家里，说话又快又大声，而此时，因为恐惧，声音也变了。

"怎样的情形，你就愿意继续参加比赛？"我没有放弃。

"要是，有我们同学跟我一起就好了！要是没有这么多人就好了！"她说。

"你愿意我们过去问问老师，具体是怎么比赛吗？"

她点点头。结果，这里只是比赛者的接待中心，接下来会分组去到比赛场地，每个比赛场地都有有限的评委和参赛者。感觉到她明显松了口气。而后，我们遇到了她的同学，她又高高兴兴地去比赛了。

"我很高兴你最终能战胜自己，参加比赛！你比妈妈勇敢，你的生命可以有自己的音调，可以与妈妈的完全不同！"切实地肯定，在她的内心锚定属于她自己的能量！（田田的关键成长期的0～6岁，我还没有系统学习心理学到比较系统的状态，教养方式对她有很多遗留影响，是我和她都需要面对的议题。）

后来，她开始积极参加一些喜欢的比赛，学校的广播和演讲活动也能自如地参与。

我也自知，我带给宝宝们最大的生命财富，莫过于锲而不舍地探索和学习，无论工作多忙，无论生命在什么阶段，学习是我从未止歇的一个重要的旋律。我们不需要为了孩子变成不同的样子，但是需要知道自己在哪些地方有可能会影响到孩子，及时避免这种方式。同时需要知道，自己在哪些地方是渴望成就的，朝着那个擅长的方向出发，这才是引领孩子能量最纯、最强大的方向！

除了生命之外，什么会是我们给孩子的最好礼物？不是别的，正是我们成就自我的那份高扬的生命力！对孩子生命最好的引领，不是为他们做什么，而是成为最好的自己，成就最好的自己！能够觉察捆缚生命能量的信念和模式，勇于学习和探索解缚的方法和出路，尝试和完善自己。能够清晰自己此生的追求，可以朝着这份心心念念的目标不断前进！

第五章 释放孩子的能量

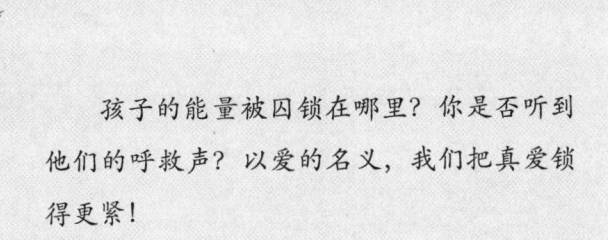

孩子的能量被囚锁在哪里？你是否听到他们的呼救声？以爱的名义，我们把真爱锁得更紧！

第五章 释放孩子的能量

每个人的能量,尤其是孩子的,都被锁在内心深处的:"我不够好""我没有价值""我不配得到"当人们形成这样的内在信念,生命能量就被紧紧捆缚,无论如何努力,内心的低价值评价都会将自己再次打入精神的地狱!没有任何的枷锁,可以跟自己内心的精神枷锁相媲美,将一个人的灵魂牢牢遏制住,不需外界的吹灰之力!打倒和奴役一个人,最有力且长久的方法,就是使他们自己鄙视、不容、抗拒自己,生命的能量在内在盘旋、纠结,没有力量应对外界的风吹草动。也正是这样的人,更容易被外界需求所牵引,因为那样能收获到一丝丝的认可和肯定,但是无论是否有,都会被内在的声音淹没,都会在无尽的自责里咀嚼失望。

而这些负向的自我认同,来自哪里?最可笑的是,大部分来自他们信任和爱的人:首先是父母,其次是师长,再次是一起成长的同龄人,以至于再后来,人们对负向评价如此敏感,任何人的评价都可能加深这份伤痕,甚至连正向的评价都听不到了,被屏蔽了,即使再多的爱也被屏蔽了!而更为可笑的是,这份伤害来自他们信任的人,以至于他们认为,连我最信任的人都这样认为,其他人这样认为也是应该的,久而久之,将负向的评价内化为自己的,是的,我就是如此糟糕的生命,无论我要做什么,还是做了什么!这也是很多较严重精神疾病的致病原因,也是一切内在痛苦的根源。

在最初,还没有完全内化,毕竟生命本身的纯净能量还在,对自己尚有着最初的基本认识。但这份内在的痛苦与冲突累积着,孩子会爆发出来很多负向情绪,这些负向情绪正是内在受伤希望被疗愈的呼救警笛,倘若能够被理解和疏导,孩子依旧可以回到本然的纯净,保有那份纯然的生命力。但是,成人世界如此惧怕,自己都不了解,也控制不好的情绪,见情绪人人喊打,直到最后,呼救的警笛在内心熄灭,孩子完全内化和屈服于这些负向标签,成为标签所标

呵护宝贝内心的高能量

识的那样的人。我们带着爱，协同我们的恐惧，将孩子的能量熄灭，将他们的灵魂锁得更紧。

王府井大街的涵芬楼书店里，一个两岁的小女孩坐在我们旁边，煞有介事地拿着一本书，津津有味地看着，红红的小脸蛋惹人怜爱。妈妈过来，也没有跟孩子商量，就从稚嫩的手里将那本书拿走，翻过来又递了过去。

"你拿倒了，宝宝。"妈妈说。

"哇。"小女孩哭起来，很大声，在安静的书店里格外的清脆。

妈妈有些慌乱，抱起她："宝宝不许哭，妈妈告诉你过，哭羞羞，宝宝不哭，啊！"（哭是不好的，不能哭，会将孩子正常的情感宣泄通道阻断，在孩子的意识里妈妈的话总是对的！想哭的情绪被忽略，也错过了被认识的机会。）

但毕竟是孩子，依旧哭得梨花带雨。（孩子的书虽然拿倒了，但是她也发现了有趣的事物或图画，正在专心欣赏和研究，突然被打断了，书翻过来那图画就不一样了！我要之前的那个，不是这个！妈妈没有理解孩子内心的真正需求。）

"宝宝，你看，这个小姐姐没有哭、这个小哥哥也没有哭，看这，还有一个很小的小弟弟都不哭，哭羞羞，宝宝也不哭！"妈妈继续摇着怀里的小人儿。宝宝停下哭声，看向小姐姐、小哥哥、小弟弟。（将宝宝的注意力从内在引向外在，别人不哭我就不能哭，我的情感没有意义，别人的状态才是重要的！这样的训练，很快就会形成一个忽略自己的内在，而以外在世界为导向的灵魂，没了自己，跟随外界的状态一定会在内在制造更多矛盾的、不知道是什么的情绪。）

这样的方式，似乎很有效，但是孩子内心的想法被忽略，内心的情感也被忽略，成为一个外因型思维模式的人，久而久之，就很难与自己内在真实的能量连接，也很难认识和调动内在真正的属于自己的能量和动力。

孩子对所有的外在事物、内在世界都需要一个解码过程，每个这样的时刻都是很好的解码、认识和了解的时机。妈妈借由这一难得的时机，帮助宝宝了解自己并促进解码过程。这份帮助里有三个重要的原则：

一是帮助宝宝理清自己内在的想法，是什么让自己产生了情绪；

二是这个情绪是什么，为什么它一来，自己就想要哭泣（认识和确认情绪，并了解其运行规律）；

三是哭泣也是很重要的：宝宝需要学习，不打扰别人又照顾自己哭泣的需求（比方出去逛逛），妈妈陪着你，直到你感觉好起来（情绪的流动很重要，被接纳、被支持）。

这是孩子内在成长并连接自己的重要过程，生命初期，每个这样的时刻，都需要这样的认识过程。宝宝才能认识并尊重自己，认可自己的不同，而不是过度在意外界的反应及状态。透过这样的过程，宝宝在成长中，才能与自己内在磅礴的生命力为友，并听从自己内在的指引。

一、信任与恐惧

刚刚拿到驾照的时候，我对开车跃跃欲试，心中既期待又忐忑。正巧有个机会，我邀请老公陪我，我想要自己驾车去。对于此时的我来说，我并不是请一个老师坐在旁边，我只需要有个人跟我在一起！但是一路上，老公不请自任，以老师的姿态不断指点：

"并线的时候，怎么能不看后视镜呢？"

"现在可以并线了，并啊！"

"离合需要跟油门配合好！"

……

第一次开车的兴趣完全给浇灭了，取而代之的是满腔的愤懑。而老公也因为这次陪伴的经历，断定我没有学会开车，不能自己开车。（虽然，他是出于爱的担心）此后，城里短距离送送孩子还可以，远距离的时候，他都让司机送我去。

"老公，明天有个工程会议，我想自己开车去。"

"你不行，那里那么远，还要走一段高速路。"

久而久之，连我自己都觉得自己不行，最初的驾驶欲望完全没有了，能坐地铁就坐地铁，能打车就打车。

呵护宝贝内心的高能量

一次，老公出差，同学来拜访，老大田田要求去观星，我看了一下路线，在延庆很远的偏僻地方，要途经八达岭，那有想起来就怵的山地高速路，我还记得路边很多为刹车失灵设置的迫停设施。一如既往，我觉得我不行，还要带上孩子们和同学，倘若……

但是，这次活动因为天气已经延期了几次，好不容易今天天气非常好，难得的观星条件，错过了很可惜。看着田田那期盼的眼神。我对自己说："我走慢一点，没问题的。"

于是我们就上路了，将近两百公里的路，我走了三个多小时，最后走在乡间漆黑的小路上，一个人影、车影都没有，内心确实很犯嘀咕。终于，车头一拐，我们到了目的地。

停下车的刹那，孩子们高兴地欢呼着下车跑进院子里，看着满天眨着眼睛的繁星，我注意到我的内在为自己自豪、为自己欢呼：是的，我能行！即使后来，老公回来，抱怨说收到因占用公交车专用车道的罚款短信，但我依旧能听到内在的声音：没关系，值了，我知道我能行！脸上洋溢着自信的笑容！

孩子从一岁多，就有很多自己的要求，每个这样的当下，你是否能够给孩子这样的实践机会，而不以一个发展完全的成人的能力来衡量他的行为？

你能允许他们自己吃饭，即使弄得满桌、满地、满身都是饭渣？

你能允许他们看到你用剪刀也想要试试的想法吗？

你能允许他们自己上学、放学？你的内心是怎样的状态，允许的时候和不允许的时候有何差异？

你知道，当孩子能够透过自己的尝试成功做到哪怕再小的事情，内心所涌现的成就感和价值感有多么强烈吗？

你知道这些"我能行"的感觉，在孩子成长的生命里有怎样的价值吗？

太多的时候，不是孩子不能，而是你自己内在的恐惧认为孩子不能！因恐惧而引发的担心，是我们很多人不能够耐受的情绪。担心虽然源于爱，却也会引发控制，是束缚孩子生命的负能量。与其担心，不如行动！

高中的时候，我骑行45里的公路，去县城上学。那个年代不像如今，共享自行车满大街都是，自行车还是一个不菲的财产。记得有一次，自行车放在教学楼的楼道里，当我吃完中饭的时候，发现自行车的车锁不翼而飞，但自行车还在。那个年代也没有太多零花钱，我们的饭费都是给学校交一半粮食一半钱。所以身上没有足够的钱再买一个自行车锁。上课铃声响起来，我怀着担忧的心情，回到教室上课。但是课堂上，我总是担心我的自行车，老师讲的内容自然也难以听进去。一下课，我就跑去看：还好，自行车还在，或许那人只是需要一把锁。于是又怀着担忧回去上课，直到再次下课，发现我的自行车真的不见了！现在，想来觉得很可笑，其实可以跟同学或老师借点钱买车锁，或者给它找个更安全的地方，就这样无用地担心着，直到最后所担心的事情成为事实！

你或许会觉得不可理解，但是我们对于孩子的担心又与此有什么分别呢？担心孩子做不好，不是阻止他们做和代替他们做，而是教会和训练他们做，直到能够做得很好。孩子能够收获到成功生命必不可少的成就感和价值感，而你可以收获到安心和轻松！最重要的是，你的能量跟孩子的相连接，孩子透过你可以感受到那份因为不信任而恐惧、因为恐惧而担心的能量，继而若内化成自己的"我不行""我不好""我没有价值"，会成为捆绑孩子一生的意识枷锁，使得孩子在痛苦里挣扎。怎样的状态更是你想要的？现在担心还是未来担心？如果感受到担心，就行动起来想办法训练，提升我们的孩子！

田田11岁时，从家到海淀的培训机构，需要搭乘一趟公交车，然后换乘地铁，大约两个小时的时间。之前我讲过，当她能够自己去培训班，她是多么自豪！当被问道，我是怎么可以放手让她自己走那么远的时候，我会告诉人们，每个妈妈都会为孩子的成长和进步忐忑，我也一样。我是经过几次训练，并确信她可以自己完成后，才真正放手的。

首先，每次陪她去上学，乘车的时候，我会走在她后面，让她来决定如何走，甚至有的时候，故意走错路线，等着她叫我回来，我能够确定她对路线的绝对熟悉。

然后，找一天提前跟她约定好，我去国家图书馆查资料，然后她放学的时候，我们分头乘地铁在回家的地铁站会面。我们如约且顺利地会面后，一起回家，她很高兴能自己走这一小段，没有沮丧的心情。我能够确定她精神上准备好了。

再之后，我把她送到离家近的这端地铁站，请她自己乘地铁去上学。她很爽快地答应了。但是我跟普通妈妈一样，不放心啊。她走后，我一直跟随着她，从另一个车厢上车，坐在确保她不能发现，而我可以看见她的位置。我看到她很从容地看着自己带的《哈利·波特》小说，情绪稳定也没有太多紧张。到了该下车的一站，很自然地站起身，下了地铁。我站在站台上没有走，直到接到她的电话，声音很兴奋："妈妈，我到了，放心吧！"我才放心地往回走。傍晚回来的时候，我会到离家近的站接她，一起乘公交车回家。

最后，她能够自己搭乘公交换地铁，走完全程。每次，当她跟别人提起自己能够走两个小时的路去上学，我能听出她满腔的自豪！

成为孩子成长路上的技能传授者，而不是绊脚石，陪伴孩子开拓更大的世界，而不是将孩子保护在自己的羽翼下，是父母能够给孩子最好的帮助。毕竟，总有一天孩子要走自己的路！

自然界的老鹰就深谙此道，小鹰长到一定程度，鹰爸鹰妈就会进行飞行和捕食训练，鹰妈将小鹰从巢穴中推下，鹰爸在下落过程中接住它，并把它背回巢穴，不断训练，直到小鹰也可以翱翔长空，成为天空的霸者！

我们人类，应该以爱为支持，陪伴和训练孩子成为人生的赢家，及早获得服务其他生命，成就自己生命的重要能力！让孩子在日常的小事中感觉到自己足够好、拥有足够的能力，是释放孩子内在力量、打开精神锁链、通向自由、幸福、成功的金钥匙！

二、惩罚和奖励

不得不说，惩罚和奖励无论在养育孩子还是在成人世界，都被广泛地应用。何以至此？因为有效。何以有效？因为它们激起了人们内在最不愿面对和最渴望的情绪：恐惧和被认可。但这些情绪的激发主动权在外界，不在自己！人们

第五章 释放孩子的能量

之所以有所行动，是因为外界的要求，而非因为自己想要。

毋庸置疑，惩罚带给人们的一定是负面的感受，感觉自己被控制，没有自主权，感觉到恐惧和失去的威胁，感觉到来自更强力量的压力，感觉到不得不做自己本不想做的事情的压力。这些感觉，如此沉重，使得被惩罚的人想要逃避它们，因而选择配合惩罚的权威，做他们想要自己做的事，以便自己可以解脱。在这样的过程中，实施惩罚者和被惩罚者是不平等的，也没有爱的流动，虽然对于父母而言，有些惩罚的初心是基于爱的，但是这份爱是阻塞的。

被惩罚者有三种选择，服从、抗拒和置若罔闻。

选择服从的人，将自己的生命主掌权交给他人，交给外界，最终失去自我，成为外界的奴隶或者工具。在之后自己的生命中，很容易将自己消失在别人的意志里，不但无法获得成功和幸福，收获更多的是矛盾和煎熬。人们会形成忽略自己的内心，迎合外界和他人的生命模式，并过度追求外界和他人的认可，而这份认可永远也等不来，因为只有自我认可才能抚慰自己的灵魂。

选择抗拒的人，将招致更强烈的考验，更强烈的惩罚，能够自始至终坚持自我是很困难的，但是极成功、极邪恶的人都是这样的不羁生命，人们在这样的抗争里要付出很多，被边缘化、被驱逐、被剥夺爱甚至生命。

哥白尼在文艺复兴时期，提出"日心说"推翻当时的"地心说"，继他之后，意大利人布鲁诺又否定了"日心说"提出了无限宇宙论，他们都被当时的教会权威们活活烧死，为了自己坚信的科学，献出生命。而这些都在他们死后掀起的文艺复兴运动得到证实。

选择置若罔闻的人，不敢坚持自己或者以沉默表示自己的立场，也不愿服从外界，处于无奈、矛盾、如履薄冰的境地。其中有些人深谙明哲保身之道，保存实力，以待时机，这样的人也属人中龙凤，一旦时机成熟也会成就非凡，比如越王勾践；有些人则是逃避畏惧，不愿成人，也不能达己。

在基于爱的家庭里，我们想要用惩罚，使我们的孩子成为怎样的人？即使采用惩罚，短期内很有效，也就是孩子服从了我们的意愿，主要是因为两个原因：一是孩子对我们怀着爱，不愿意双亲失望；二是孩子失去了自我，成为一个外界导向的人，心理学上叫作"受害者模式"，就是一切唯他人和外界是从，没有自己的躯壳。即使是基于前者，周而复始常常因此而服从，也会被训练成为后者。倘若孩子选择了对抗和不理睬，我们和孩子之间爱的流动就停止了，无法创造亲密信任的亲子关系。采用惩罚作为教养手段的家庭，父母和孩子都是输的，一个输了亲情，一个输了前程。

你或许会问，那么奖励呢？奖励被时下企业管理界、教育界极为推崇，同样很有效，应该是很好的教养工具吧。我们在此不论对错，只论对一个人内心能量的影响。奖励是用物质或者有正向表征的证明来激励一个人朝着实施奖励的人或组织想要的方向发展的手段。同样偏离自己的内心而顺从外界的意志。

如果这种奖励还有效，说明你所奖励的内容是被奖励者所在意的。将一个人训练成过度关注外界评判、过度依赖外界奖励来表征自己的价值感，这个价值感来自外界而不是内化于心灵的。当这种价值感不能够持续或有朝一日突然中断，比如退休、退役、实施奖励者停止奖励等，被奖励者就会陷入困顿、迷茫，不知道将去向哪里，因为他们已经跟自己的内心脱离很久了！

如果奖励的内容对于被奖励者已经无所谓了，甚至根本不需要，那么奖励就失去了效力。尤其是当我们用一些奖励来激励孩子的时候，随着孩子年龄的成长，很多之前有用的奖励，都不再有效。奖励这种方式也就到了尽头，而孩子依旧还没有内化好自己内心的价值感标准，生命也一样会失去方向。当然，相对于激发恐惧的惩罚而言，奖励还是相对正向一些的。如果你一定要进行奖励，请将你的奖励仪式化：每次奖励都相对比较隆重而非轻易，让孩子觉得自己的努力非常值得；也可以在几个愿望中选择一个最满意的，让他们能够珍惜这份奖励。

脱离实际的表扬也跟奖励一样，总有一天，孩子能够明白什么才是真的有价值，你的表扬也就失去了以往的激励作用。同样，如果你一定要用表扬的话，表扬也不能太随意，也需要比较正式和重要的仪式。只有真正与实际相结合并恰如其分地肯定和鼓励才一直有用，并可以深入内心滋养生命本身的认同感、归属感。

奖励跟惩罚一样，是自认为拥有决定别人生命走向权利的人，控制别人按照自己的意思行事的一种手段，与真爱脱节，畸形驯化生命能量的行为。

有人说，那么怎么做才好呢，有时团队也确实需要一个统一的方向和目标，而这跟个性化的方向不同！一个家庭或者家族也一定会存在着流传已久的主流文化价值取向，如何与家庭成员的个人特性相融合？想要融合并激发各成员的自主意识和动力，首先要去除的是：决定与被决定的意识层级。逻辑序位层级可以不同：上司和下属、父母和孩子，但是意识层级需要调整，大家共同参与和决定，找到既确保大团队方向又可以延伸个性需求的办法和细则。当每个人都觉得，这样的方向是自己参与决定的，就会更愿意全力实施和执行，甚至连监督机构都可以裁撤。尤其是在家庭教育中，能够尊重孩子和给予孩子机会，在家族会议发展意见，并最终做出选择，孩子会收获很好的归属感、价值感、认同感、掌控感和愿意实行的动力。对孩子心灵如此多的滋养和收获的方式，对于现在的孩子才是最适宜的。

你或许会说，现在的孩子为什么那么难管？个性化太强。是的，我们曾经的童年还在生存线上煎熬，能吃饱饭就是第一要务，大家已经太熟悉马斯洛需求理论：

需求层次	需求方向	需求内容
第六层次	超越自我需求	开悟、播撒爱、喜悦、自在
第五层次	自我实现需要	道德、创造力、自觉性、决策力、公正、接纳力
第四层次	尊重需要	信心、自我尊重、被尊重、尊重他人
第三层次	情感需要	归属感、友情、爱情、亲密关系
第二层次	安全需要	人身、家庭安全；健康、财产、职位保障
第一层次	生理需要	呼吸、水、食物、睡眠、生理平衡、性

我们的童年，处于最低的生理需求层次，能量也因此很低，没有太多精神需求和意识，只要满足生理需求，很多事情都好商量，因而就相对较好管理；而我们的孩子生下来就迈过了生理需求和安全需求，直接到情感需求，生命能量层次本身就比我们那时高太多，我们依旧用我们从自己父母那里学习来的方式方法，来教养比我们更高能量的孩子，自然难以奏效，因此感觉孩子很难管理，也搞不懂他们的想法。因为我们和孩子的能量状态不同，他们的想法也自然难以被我们所理解。因此现代的父母需要的不是控制孩子，而是提升自己的能量，透过学习来读懂孩子，与孩子同频，才能更好地支持他们的生命。处于孩子最基础的能量层级——第三层级情感需要，他们需要归属感、被接纳感、爱和亲密关系，而我们用惩罚和控制如何连接得到他们，又如何能满足他们的

需求，进而使得他们的生命朝向更高层级的自我实现？如果你坚持这样做，孩子的能量只会被你拉到更低的层级！

正因为孩子的能量远高于我们，我们本就在望其项背的状态里。跟孩子一起设置好社会化的规则：比如不能影响他人的生命；不经过允许不能动别人的东西；等等，我们只需要安住在他们身后，爱和支持着他们，在他们需要技能、需要帮助、需要鼓励、需要休息的任何时候，给予他们恰好的帮助和训练，教养就变得轻松又高效！

三、宝贝，我看见你了！我需要你！

宝贝，我看见你了，不仅仅是用眼睛，用我的心、灵魂照见你了，不偏不倚恰是你本然的样子！我为此，长舒一口气！此前，透过我自己带着无数情绪垃圾的透镜，我在你身上只看到：我自己内心极想要过滤掉的东西，而没有看见完整的你，更没有全然看到我自己！在你面前，你的通透、纯然将我的障蔽、恐惧清晰地反射给我看，我以为那是你的，如今才知道，那是我的！我曾用愤怒、否认、逃避，越是如此，那份反射越是清晰，我与你的心灵越遥远。远离的途中，我感受到你对亲密的期盼，恰如我的，一样强烈！如今我终于明白接纳和面对那些我拒绝的，竟是你我再度心意相通的管道，亲密竟如此深的藏在心灵的荆棘背后！我逃了一辈子，却被你的爱唤醒，我以为我是给予你生命的人，而实际上你是开启我再生通道的人！你的爱，招引着我珍惜我的生命，只为了跟你在一起，哪怕再多一秒！你的爱，让我有勇气面对我自己意识的残缺，只有修好了自己这面镜子，才能更好地照见你的纯然和你的爱，那是我此生最安然的去处，带着爱，融化在那里。

为了找到你的那份爱，没有掺杂，我以为我必须改变你！我也一度以为，是你有了瑕疵，却从未注意到那瑕疵竟来自我浑浊的双眼！就如同透过我多日没洗，满是尘埃的车窗，看到的世界总是雾霾昏沉一样，而我也因为这份昏沉变得心境抑郁！

  我看到你的爱，那是开启和引领我成长的源泉，再没有任何东西能够叩开我紧闭的心门。虽然知道修复自己这面灵魂之镜，是此生最大的挑战和工程，你的爱，如同引路明灯，让我满是灰尘的心愿意再度试试。

  我是在哪里，将自己丢了的？

  我对你使尽的愤怒、恐惧、抱怨、担忧，在我的生命也曾使用过？

  这些情绪的背后，藏着怎样的意识宝藏？

  我更在意什么，当所在意的东西无法获得的时候，我会进入这些连我自己都战栗的情绪里？

  每个感觉很累、感觉不得不的时刻，是什么在起作用，让我停滞不前？

  我为什么对你的那份特别的爱如此痴迷，本来我曾渴望从谁那里得到？

  为什么我希望用爱连接你的时候，我用的却是利剑，伤了你也伤了我？

  为什么当我感觉到你伤心、失望，我的内心会爬满内疚的藤蔓，缠住我，几乎无法呼吸？

  为什么当我内疚的时候，我会想要帮你做你本可以自己做的事，而你对此更加愤怒？

  我为什么惧怕你袒露真实感受，也惧怕自己如此？

  为什么我会认为，你一开口我就知道你要说什么？

  为什么在跟你的互动中，我会在真实的情感和事件之间，自然加入很多假设和我以为，从而阻碍了交流？

  我到底在害怕什么？

  在感受到情绪升腾起来的时候，我要如何控制和疏导它们？

  如果我不能避免情绪之火燃到你，我或许应该选择离开，要如何让你知道，我的离开是为了随后更好地跟你沟通，而不是不爱你？

  为什么我能够了解自己，情绪的背后包含着我满满的爱，却不能转身选择别的方式表达我的想法？

  而我竟也忘了，你的情绪背后其实也是爱的宝藏？

  情绪之火除了烧到你，还烧到了谁，基于相似的场景？

呵护宝贝内心的高能量

……

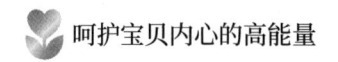

我闭上眼睛，回到我自己，经由呼吸带我到更深的地方。

我回想曾经最令我懊悔对你发脾气的时刻，内心涌起这些当时的情绪：愤怒、恐惧、无力……

我把声音借给这些情绪，它们似乎渴望发声已经很久了！

愤怒尖叫着说："当你为同样的事要求很多次，但对方没有回应的时候，我就会跳出来。我是来帮你提高声音，吓唬对方，让他们可以快点回复你，并听懂你的话。你从小就觉得自己不好，只因为眼睛的缺陷，你总是想要身边人关注你、重视你，我来帮你获得重视！我是情绪队伍里最强大的能量，很多人都害怕我。通过我，你可以让别人对你恐惧。当你有一天相信自己本就是重要的，不必通过别人及时的回应来证明的时候，我就可以歇息一下了，不用像这样时刻保持警惕跟你一起战斗，我很想出趟远门度个假。"

恐惧抢着说："当你看到冲突，哪怕是小小的争吵，我也会跳出来，因为我知道你有多害怕。你渴望生活和谐幸福、亲密无间，你自己小时候被伙伴伤透了，你不想要看到这些！每次我跳出来，愤怒就会出来帮腔，我们俩是绝好的搭档。我多想你能早点发现，你是多么渴望和谐亲密的关系，如今你已不同往昔，冲突也不再跟以前一样可怕，那是人们渴望被看见才有的方式。"

无力低低地说："不管是愤怒还是恐惧，都没有获得你想要的重视感、和谐感，大家依然忙于自己的事，没有人会真正在乎你想什么。世界依旧充满矛盾和争吵，你无法改变这样的状态，每个人都捍卫自己的想法。当你愤怒、恐惧之后，觉得无可奈何的时候，我就会出来。我想告诉你，只有你自己才能给自己重视和爱，你要的这些从来不在外部。"

愧疚接过说："我和无力是朋友，当你无力面对你不想面对的状况，也发泄了愤怒之后，我就会出来。因为无论你是否发怒，他们都是你爱的和在乎的人，你为自己不能很好地跟他们沟通，相互懂得而愧疚。我是情绪世界里，能量最低的一款，当我出现的时候，你会有很多自责、否定，觉得自己更加不好，但那不是真的，你只是渴望跟人们在一起，却暂时没有找到合适的方式而已。"

……

宝贝，我用我的视角看你，看到的是我自己的东西，从来都没有看到你。我用我的情绪筑墙，你也没有看到真实的我。每一份情绪都是我的，但却不是全部的我，连我自己都没有认清楚，被困在情绪迷宫里，你一定被吓坏了！如今，我可以看清我自己，不再用情绪透镜看世界，我也可以真正地看见你。与其说是我在陪伴你成长，不如说是你在指引我成长！

在每个与你无关的却被情绪燃尽的时刻，我抱抱你，你那纯净的能量和无邪的笑颜，是再度点燃我和疗愈我的一剂良药；在每个因你而触发的情绪火山喷发的时刻，你恐惧的眼神和晶莹的泪水是警醒我最响亮的钟鸣声；在每个疲惫困顿不想再走下去的时刻，你温暖的小手轻柔地触碰，将我的力量从疲惫的枷锁里释放出来；在每个平静喜悦的时刻，总是有你在膝边依偎！

终于看见你，竟是我自己生命的新开始！

宝贝，我爱你，也需要你！

四、天有多大？

正如人类认识浩瀚的宇宙一样，从最初的只能看见眼前的"天圆地方"，接着是"地心说"：地球即宇宙中心，然后是"日心说"：太阳是宇宙中心，之后是"宇宙无限论"成为现在的宇宙观。宇宙无限论就是终点了吗？宇宙观一定会继续发展和延伸。但是，在每个宇宙观的时代，人们对此深信不疑，甚至不惜烧死与自己的理论相左的人士。如今的科技发展日新月异，多到如宇宙繁星，人类不能尽计其数，但是没有人能够掌握所有的科技，只能掌握其中的一项或几项，且对于自己所掌握的也是有限的，没有做到无所不知、无所不能。实际上，天有多大，不是从客观的角度，而是从人们的意识发展的角度，每个人或者每个时代的人类，只能看见自己意识之内的世界。也正是因为如此，当一个人以外界评判和要求作为自己的行为标准，就一定是矛盾、撕裂的。

我刚刚觉得美容专家说的"食物需要低盐才能养颜"，就看到美国专家说

呵护宝贝内心的高能量

"那些倡导低盐的医生都应该送进监狱"。

你觉得朋友说"教育孩子需要权威"很有道理，又会觉得"尊重孩子的意愿更重要"也很在理，你还觉得"左手权威，右手慈爱"也很不错！

妈妈说："尊重教育才是根本"，爸爸说："棍棒之下出孝子"，老师说："奖励加惩罚双重教育才行"！

法家讲"以法治国"，儒家讲"以德治国"，道家讲"以道治国"。

意识之内的信念，是决定一个人生命发展的主要因素。所有的信念都是社会化过程中形成的，孩子在社会化过程中所接触到的所有信念，经自己的选择而内化于心。这样的选择过程，在0～6岁基本上是没有过多分辨的吸收内化，6岁以上开始有了自己逐渐成熟的选择标准。在生命的初始阶段，社会化的进程还没有开启多少，孩子们都基于原始天赋有着高远的梦想。此时，社会化的信念还没有机会过多内化到孩子的内心，因而内心世界占主导的是自己原始的能量，清晰而磅礴，感觉朝向自己的梦想是必然而轻易。这个时期，孩子的天也是无限广阔的，没有任何社会信念的羁绊，就如客观上浩瀚广袤的宇宙！随着年龄的增长，社会化的进程逐渐加深，孩子通过周围所接触的人：父母、老师、同学以及所读的书籍，更多了解这个社会的运作模式、价值取向、社会观等，进而选择和内化到自己的内心，成为自己的人生信条。孩子的梦想也被社会化的过程中，逐渐低落下来，变得更具体、更社会价值取向化（比如权、名、利）。梦想是一个人的天空最耀眼的星辰，也随着社会化的进程，逐渐模糊、扭曲。社会化就如汽车玻璃上的灰尘，越积越多，人们看到的梦想也就如雾霾的天空，迷离而遥远。人们能看到的天空，也非本然高洁的，而是被社会化信念阻隔显得越来越低的天空，直到最后压得人喘不过气，就如最初在混沌里的盘古的感受，要知道这些都是幻象。人生发展的过程，就是需要不断地觉察这些社会化的信念，有盘古的无畏，用大斧斩断束缚自己的信念，不断看清原始意识天空的高远景象，那才是真实的、无限的。这是人类修行的终点，发现真实的自己在无限广袤的天空下，无所不能达！那些所谓的"不能""不行"都是需要我们用开天巨斧劈开斩碎的信念云层。

人类自我发展的过程就是如此，从与世界一体，到发现我和你，再到发现

第五章 释放孩子的能量

自我和外界，最终发现内在世界与外在世界是两个浩瀚的世界。外在世界有多大？决定于内在世界的认知，每个人看到的只是自己和世界的一部分，我们对于世界正如摸象的盲人！我们连自己所认识的世界尚且不能真正做到清晰明了，又如何以自己所识去衡量另一个人的所知？这样的衡量跟争执不休的摸象盲人更有何异？

也正是建立在这样的世界观基础上的后现代哲学观，抱着对另一个生命的纯然尊重和不知的态度，持着不断探索的好奇，透过积极的聆听力图能够最大限度地了解别人的生命，另一个生命正如另一个星球，有着与我们自己这颗星球完全不同的特性、经历和发展。心有多大，意识有多大，天就有多大！每个人心中的天，都有不同的精彩！

对于孩子，虽然看似从最初的赤裸到来，但实际上却带着自己的基因和精神密码，正如我们不能完全知道孩子身体是如何运作成长一样，我们也不能完全知道他们的精神世界解码和运作状态，又怎能以自己看似更多的经验和知识，狂妄地以为可以主宰和支配这个经由我们而来的生命？这个"我以为"是生命之间交流最大的障碍，只有放下"我以为"才能够真正地看见另一个生命。

想让孩子的天能够更大更广，不仅要对外在世界增加探索，而是给孩子更多的内在探索的自由，给孩子更多拓展意识空间的机会。将你的意识强加给孩子，只会造成消化不良，进而引发人格疾病。智慧是外界内化于心的过程，知识只是对外界的认识，知识变成智慧还差一个内化的过程。内化了的知识，才是能够用出来、转化和创造出来的，否则也只是知识而已。孩子内在世界是透过见、觉、知、慧渐次转化的过程，透过自己所见，调动全方位感觉，进而成为知，然后才是吸收转化为慧。

只有心灵和意识得到充分拓展的人，才能够拥有更大的天，才能创造出更多彩的生命。期待孩子能够比自己发展得更好，最重要的方向是允许他们心智的发展可以更充分、自由、不被我们现有心智干扰，心灵和意识才是决定一个人生命质量的重要因素。

检视自己的信念系统，那些所有的"不能""不行"的信念是怎么来的，注意这些限制性信念的过度传递，是我们唯一能帮助孩子澄清他们的天空。

呵护宝贝内心的高能量

"不能吃手！"（小手很好吃吧？好柔软、甜蜜啊！好香啊！）

"这个不能动！"（你想要摸一摸这个？这是花瓶，用来插花的。摸一下看看，没关系的！）

"不能在地上爬！"（宝贝很喜欢爬？爬着跟站着有什么不同？）

"不能不跟好朋友分享！"（这是你的，你有权决定是否分享和跟谁分享！）

"不能小气，玩具跟小朋友一起玩！"（你现在不想跟小朋友玩这个玩具？好的，我支持你！）

"不能哭！不要哭！"（你现在很伤心，你想要好好哭一下？我陪着你。）

"你的想法是错的，怎么能那样想呢？"（你的这个想法是怎么来的，能跟我说说吗？哦，原来你是这样想的，谢谢宝贝告诉我。除了这样的想法外，是否还有更好的想法解决这个问题？）

"我做不了这个事。因为需要跟很多人沟通。"（孩子会觉得跟很多人沟通是做不到的。）

"赚钱很辛苦！很累！很难！"（孩子的金钱能量也会降低）

"不能让人家觉得不舒服，是我考虑得不周到！"（愧疚感作祟，不舒服中也包含着很多成长的机缘）

"这事做不成，因为太难了。"（孩子对困难也会开始畏惧）

"我答应借钱给他了，现在又后悔，多不好意思！"（不能拒绝，不能说"不"）

"领导交代的事，无论如何都要完成！"（孩子也会这样应对外界，不能表达自己）

"我不能说，否则人家怎么看我？"（在意别人的眼光和评价）

"我不敢上台演讲，我害怕说错话。"（恐惧犯错）

……

生命的绽放和超凡，不在凡俗信念捆缚下，而是在不设限的内在里，释放本有的创造力、洞察力，朝着清晰的原始梦想的方向，那是孩子此生使命，不掺杂任何局限。有朋友或许想要辩论：也不能一点信念都没有啊，毕竟在人类世界生存。是的，那些如何保护和滋养生命的信念、那些不对别人的生命产生干扰的信念、那些成人达己的信念、那些保家卫国的信念等确实是必需的，但是限制生命自由和创造力的信念，则须少之又少。彰显生命力的信念是孩子天空彩色的云朵，限制生命力的信念则是灰色的！

五、太好了，我们可以学到什么？

人类世界充斥着很多恐惧，其中最为显著的是对做错事和失败的恐惧。看到做错事的人，人们会加以责罚、鄙夷、批评；若自己做错了事，人们会觉得内疚、自责、不好意思。对错事和失败，人们总是零容忍，并伴随着很多负面情绪，毫不留情地惩罚别人或自己。人们会在失败和做错事的当下，使尽浑身解数让当事人痛苦，以便能够记住教训，所谓"痛定思痛"，希望人们在痛苦的心情安定之后还要经常回味当时的痛苦，引以为戒。在这个方向上，人们更相信痛苦的促动、规避的力量。而太多因为过于痛，再遇到相似情形，首先被调动的是痛苦的情绪，所谓"一朝被蛇咬，十年怕井绳"。人们在面对和处理问题时被深深的恐惧情绪捆绑，是很难调动思维、智慧进行周全的思考，再次失败也是很正常的，甚至有些人因为这样的恐惧情绪而患上人格疾病。这样的恐惧情绪带给人们的是本能地想要规避和逃跑，采用积极的方式去面对，需要太多的能量与恐惧交锋。这样的交锋，通常都是恐惧赢，即使真的能够穿越恐惧，用于解决问题的能量也所剩无几。

因而，在孩子失败或做错事的时候，或许会产生比较极端的两种对待方式：一种是比自己曾经被严苛对待的方式更甚，一丝不能饶恕；一种是因为曾被严苛对待，感受到那种极度的痛苦，不想让自己的孩子有一丝委屈，因而什么都不算事，什么都可以原谅。如果说前者利用人们对痛的恐惧，促人三思；后者则较为纵容必定收获甚微，让孩子可以不顾后果地任意而为。都不是通向成功的最佳路线。

我们实际的目的是让孩子能够做事多思考，多衡量后果，能够少走弯路而成功。那么有没有可以不痛的办法，就可以达到这样的目的？

你或许还记得孩子蹒跚学步的情景，一次次借助沙发试图站起来，又坐回去；一次次地摔倒，满含泪水，朝你伸出求救的双手，要求抱抱安慰一下，你一转身他们又开始新的尝试；一次次从妈妈的怀抱，跟跄着走进爸爸的怀抱。没有责备、愤怒，只有鼓励、拥抱和欢笑，孩子们都能在自己一次次的努力下，开始奔跑。每一次失败和摔倒，孩子都能够学会一点控制身体的本领，直到最后运用自如。没有对失败的斥责和痛苦，一样可以获得成功。

关键是，每一次，我们学到了什么？每一次失败都是实践和内化的必经之路，太好了，这次失败，我们学到了什么？尤其是孩子自己。抱着对失败和错误欢迎的态度，抱着朝向解决问题的方向，我们需要的是学习期间的经验为成功做准备，而不是记住痛苦的感觉。过多这样的痛苦情绪，只会堵住通往成功的路，消耗过多的生命能量。我们需要的是协助孩子，在他们所累积的经验里，找到通向成功的解决方案。不带任何负面情绪，会调用更多的能量去解决问题。

我们为什么可以容忍和支持孩子在学步时慢慢尝试，却不能容忍孩子在较大年龄里有错误和失败？学步的时候，孩子还没有社会化，没有被规定何时必须学会走路，没有太多比较，每天进步一点，跟自己比就好！较大年龄的孩子，已经开始社会化，社会的促动开始增多：比方老师的要求、同班同学的水平、朝阳与海淀的比较、考试的时间临近等，很多事情显得刻不容缓，这样的促动调动起父母本已疲惫的焦虑情绪，然后透过求全责备的方式传递给孩子。比较无时无刻不在：周考、月测、期中期末考试，邻居家的孩子都背《出师表》了，都考过托福了，都获得"迎春杯"大奖了，都被世界50强大学录取了！你却还在这里失败着，叫我如何淡定得了！

还有一个重要的原因就是，我们传统的视角是人和事件一体不可分，正在经历失败和错误的人是糟糕的人，是需要被修理的人。当我们可以用更新的视角，将孩子与事件分开，孩子本身没有问题，事件是孩子在此时遇到的问题。没有谁需要被责备，有的只是孩子所遭遇的需要被解决的问题。我们的研究方向从孩子转向问题，从孩子的敌对成为孩子的朋友和支持者，从一个焦虑的讨伐者成为一个资源的贡献者。面对问题时，孩子内心不会充满恐惧、战战兢兢和焦虑，可以平静地思考，就会有更多的可能性和创造力被释放，问题也会迎刃而解。

小言有考试恐惧症，每次重要的考试，他都会发挥失常！他有个不错的梦想，当海军指挥官，到辽宁号航空母舰当舰长！报名海军航空兵考试政审、体检都通过了，只等高考一锤定音。但是，他却一夜一夜无法入眠，越是临近考试越是严重。

果然，高考那天，他无法集中精神，数学只答了一半就到收卷时间了！

"我每天晚上都能梦见小时候数学考了78分，爸爸狠狠地揍我的情景，我好害怕、好紧张！我睡不着，它一直在我眼前晃！"小言高考后被父母送到我这儿的时候，眉头紧皱，如是说。（这是真的"痛定思痛"，痛苦安定后不断地回味）

通过较长时间的心理咨询，小言参加了复习，第二年顺利考上了大学，但却并非他梦寐以求的军事院校。

面对社会化的议题给孩子带来的困难，作为父母，是否能够不被带到情绪化的境地，是否能够给予孩子时间和自由，从自己的经历里学习，是否能够信任孩子拥有最终解决问题的能力，都是资源合作型家长所必备的素质。而这只需要你的转变视角，看似简单，但多数父母面临的最大考验是：在这样的时刻情绪不被触动。是的，太好了，了解你的内在和你的情绪运作机制，获得疗愈和成长！每个这样的当下，无论对孩子还是对父母，都是难得的成长机会！真的是，太好了！

小霏上一年级，考试试卷上的题目要求还念不完全，第一次考试80分，她拿着试卷找我签字。

"妈妈，老师让签字。"她声音低低的。

我拿过试卷，有一道大题四道小题都是错的。"宝贝，你能告诉我，这个题你做的时候是怎么想的吗？"

"妈妈，我没有看懂要求。"她指着题目。

"哦，你没有弄明白题目的要求，怪不得会错。那要怎么办呢？"

"妈妈，以后每天晚上，我都把书上的题目要求念给你听，你帮我看看对不对，行吗？这样我就会很快学会读题了。"小霏诚恳地邀请。

"没问题！你真有办法！"

第二次考试，就变成98分，太好了，98分里也有我们可以学习的地方！

成功的可能和力量，每个人都拥有，只是有的人被捆绑了而已！而捆绑的绳索是亲人传递来又被自己内化的情绪！你还在向孩子传递着你的情绪吗？是时候，对自己说：停！

六、确保孩子收到我们的爱

心与心的距离，并不是用尺来丈量的，而是用感觉！无论天涯海角，只要感觉对，就如近在咫尺！最可悲的事情莫过于，我们身体相邻，心却又冷又远！是什么阻隔了爱的传递？是感觉的桥梁。

我们在前面不止一次讲过，一个人生命之初依靠的是感觉来认识和探索世界，当感觉与概念相应，才发展出认知，认知进一步内化才成为智慧。爱是什么？它本身就是一种感觉：被悦纳的感觉（被爱）、主动给予的幸福感（爱）。这种爱的感觉建立在依附关系之上，也就是我们与自己所在意的人和物之间的关系。而爱的传递恰是在最原始的方式——感觉为媒介，认知、理性甚至智慧所理解的爱，并不能被很好地感受到，也就是很难被收到。我们都知道，人类的感觉：视觉、听觉、触觉、嗅觉、味觉，没有人不知，没有人不晓，是的，爱的直接传递方式尽在此。

有趣的是，在孩子初生的时期，人们很自然地开始最原始的、本能的传递：温柔亲切的声音、灿烂绽放的笑容、轻柔和缓地抚摸、丰盈甜美的乳汁、深情长久地拥抱，孩子在爱的传递方式里，备受滋养地成长，身心和谐；随着孩子的成长，尤其是社会化的进程中，各种各样的社会思维开始影响人们爱的表达方式，孩子首先失去的是乳汁（这个无可厚非），之后是拥抱，然后是抚摸，最后连笑容和声音也开始随条件而变：听话就有笑容和亲切的声音，不听话就

第五章 释放孩子的能量

什么都没有，甚至变成责骂和棍棒。爱也渐渐被阻隔了，来到理性层面，我们希望孩子能够看到我们的爱：一切都是为了你好，在可怕的情绪背后、在棍棒背后、在责骂背后、在忽略的背后。爱被掩藏起来，虽然爱还在，甚至更浓烈，但是夹杂着期望、委托、条件，连我们自己都难以辨认，又如何让孩子能够收到？

且不说孩子的感受，每个你自己的感受，爱都是阻隔的，没有真正被接收到：你觉得被挑战，你觉得被误解，你觉得不被爱，你觉得不被理解，你觉得被忽略，你觉得很无奈，你觉得愧疚、伤心、愤怒、恐惧。爱是双向滋养的感觉，接受的爱也会滋养着示爱者。那种心意相通、心心相印的感觉，在眼神、微笑、依偎、喜悦中流淌。每个人都渴望被爱、也渴望播撒爱，只要再次打开感觉的管道，爱还是会流动！

心理学有专门的"拥抱疗法"，能够突破思维的陷阱，透过感觉直接进行人与人的交流。当彼此张开双臂的时候，已经做好了全然接纳对方的准备，当身体亲密接触的当下，爱在彼此间直接流淌，全然的被爱和接纳的感觉清晰而确定。此外拍肩膀、击掌、抚摸都是最直接的爱的交流。熟悉的味道，无论是透过嗅觉还是味觉，都会带来舒缓和放松。笑容、亲切地凝视也可以直接传递爱意。语言反倒相对低效，因为它属于左脑与逻辑相连，当长时间不表达，突然说"我爱你"，对方首先会发愣，然后是怀疑：真的假的？最后才会欣然接受。

田田总觉得我爱妹妹更多，我也无数次地告诉她，我爱她，跟爱妹妹一样。只是你年纪稍大，是长女，将来要撑起我们家族的天，妈妈对你的期望更多，自然要求也更多，妈妈的爱在要求和期望背后，满满的一点也不少。

但是一点效果也没有，她不以为意，依旧表达：你爱妹妹比我多多了！

上街的时候，牵着霏的手很自然，因为她自己就递过来，爱自然就连接上了。但是，觉得自己不被爱的田田不行，我试图搂着她的肩膀，她很策略地闪开了；试图挽着她的胳膊，她一扭身走到你的后面去。我感受到这份拒绝和冷漠，这样的状态，自然很难连接上，她也很难收到我的爱。总是对妹妹横眉冷对、不依不饶。

意识到爱的断裂，有一次家庭会议，我提议每天都行拥抱礼：早上出门、

呵护宝贝内心的高能量

晚上睡前，大家都同意，田田也勉强点头。

最初的几天，我依旧是被拒绝的，或者蜻蜓点水地碰一下就跑了或掉头装作睡着了。渐渐地，当她能够持续并确认你的诚意和爱，她就会主动要求抱一抱或者、依偎着你甚至深情地反拥抱。此时她的身体开始柔软，不再那么紧张和僵硬，语言也开始讲究，表情也稍显温柔，她也真的收到我的爱。

爱是无条件的接纳、是无条件的依附，这个无条件也只有建立在后现代的"人与问题分开"的哲学观上，才能真正做到。但凡人与问题捆绑，就无法做到无条件，一定会迁怒到遇到问题的人，从而削弱他们的力量，切断与他们爱的连接。

并不是我们付出的爱都能被有效接收，最关键的因素是，对方需要怎样的爱？孩子的概念、词语的意义跟我们所"以为的"不同，积极地聆听，了解那些话语在他们心中真正的意思，而不是通常的意思。有时，他们所掌握的词汇，尚不足以充分表达他们内心的真实想法，需要我们细致地观察，帮他们进行确认：你是不是觉得……那是觉得……吗？

一天晚上，一直被姐姐妒忌的霏，哭着说："你爱姐姐比我多！我要离开这个家！"

我吃惊地看着她，人类对于爱的需求，是无底洞吗？此时的霏6岁，正是第一个自我发展期结束，第一个自我确认巩固期来临的年纪。

"妈妈做了什么，让你觉得妈妈爱姐姐更多？"我一直搂着哭泣的小身体，尝试着在她稍稍平静的时候小心地问。

没有回答我，她哭得更伤心了！梨花带雨的小模样，楚楚可怜！

"觉得委屈和伤心，就好好地哭出来，妈妈陪着你，等一会儿你平静了再说话。"我依旧搂着她，似乎真的伤透心了。好一阵子过后。

"你现在愿意跟妈妈聊聊吗？"小家伙点点头。

"妈妈到底做了什么，让你觉得妈妈爱姐姐更多？"我再次问道。

"吃晚饭的时候，你为什么抱姐姐，却没有抱我？"她带着哭腔，抬高声音，又牵引出一阵委屈的哭声。

"噢！妈妈明白了，你是因为这个觉得妈妈更爱姐姐的！如果是我，我也会这么觉得。妈妈现在好好抱抱霏，直到你告诉我好了、够了！"我笑着把搂着她的手抱紧，紧得她呼吸都有些困难。稍稍松开一点，又加大力气抱得更紧。她开始笑个不停。

"我会一直抱着你，直到你说够了！"我依旧一次次地松开又抱紧，她在我的怀里，笑着用力试图推开，发现徒劳之后，笑着说："妈妈够了！够了！呵呵。"

我放下她，她乖乖钻进被窝，眼泪还没有干，睫毛上还带着湿气，看着我，轻轻地说："妈妈，我也爱你！"

要想真实清楚地表达自己的爱，请先处理好自己的情绪，尤其是负面情绪。人类对于负面情绪，有着极度的恐惧和排斥的本能。虽然理性上知道，所有的情绪都是我们的朋友，都是来警醒我们的。因为内心的一些情绪而产生的行为，比方因为恐惧而逃避、因为愤怒而攻击、因为愧疚而补偿等，然后连同情绪本身都排斥了。因此需要更多地觉察和觉醒，保持最好的状态——中正的自己，不被别人的情绪带入，引起冲突。因而，当你的爱夹带着负面情绪表达出来，人们会在抗拒的同时，也过滤掉情绪背后的爱。依靠理智发现的爱，内化起来比较难，就如不易消化的食物，不但难以吸收其营养，有可能造成消化系统的不适，为了保护消化系统的健康，即使其携带着特别的营养，很多人还是会直接拒绝，不吃就好了。因而，你夹带着情绪的爱，直接被屏蔽掉了。可悲的是，这样的爱却是我们通常的表达方式！

"都这么大了，都不知道好好讲卫生。"妈妈一边数落着，一边收起孩子的臭袜子去洗。（宝贝，我希望你能好好照顾自己，那样我就放心了！）

"跟你说多少遍了，少看手机！现在立刻停下来，否则我没收手机！"妈妈隔着门喊。（宝贝，如果你少看手机，保护好眼睛，我就不用焦虑了！）

"怎么搞的，考这么几分？够干吗的啊！"爸爸看到试卷发怒。（宝贝，我希望你能更优秀！）

"第一名是谁啊？"当孩子考了第二名。（宝贝，我希望你也能考第一名，我看好你！）

"这个题我给你讲过，你怎么还错啊？同样的问题，怎么能错两遍呢？"（宝

呵护宝贝内心的高能量

贝，我希望你能认真高效！）

"多穿点衣服，你怎么就不听呢？天这么冷。"（宝贝，天很冷，你穿得太少，我会很担心。）

基于爱的控制，无论是责骂、惩罚、侮辱，所有的强迫方式，只因父母相信只有孩子按照自己的想法和要求去做才会是对的，都是会导致：或者伺机反抗，或者屈服的结果，但是无论何种结果，孩子都带着压在心底的愤怒。这样的爱，就如有毒的食物，因为来自最亲的人，服从的人选择吃下去，直到失去所有的自我；反抗的人选择激烈抗拒，竭尽全力保持自我，也因此失去了与亲人的连接。这样的爱只会造成人格的扭曲和病态，不会被真正接收和接纳。试想孩子要挖掘多深才可能找到背后深藏的叫作"爱"的东西？

关于被控制的爱，心理学称为"罗密欧与朱丽叶"效应：当珍视的事情或者关系遇到障碍，不得不舍弃或放弃的时候，人们会产生一种"不协和感"。要消除这种沉重的感觉，因为无法改变外界的阻力，人们就会加深对事情和关系的感情以逾越障碍，也会将战胜阻力的力量和成就感转换成喜欢的事情。简言之就是"被禁止的都是迷人的"。然而很多因"罗密欧和朱丽叶"效应而走到一起的情侣，很少有白头到老的，因为这样的爱情不现实，当阻碍不再的时候，感情就变得尤其脆弱。

特别是处于青春期躁动中的孩子，在控制之下，凡是父母要求的任何事，他们都要"拒绝"一下；凡是父母禁止的事情，他们都乐此不疲。就如两个孩子激烈地争抢一件玩具，因为谁都想玩，其他的玩具被晾在一边，没有任何人想要玩。就如不被允许看小说、玩游戏的孩子，很多的注意力和能量被这些被禁止的东西牢牢抓住。

长乐13岁，刚上初一上学期。有一天老师通过微信，给妈妈发来一组照片，是长乐和班里一个女孩的，老师提醒妈妈教育孩子，不能早恋耽误学习。

长乐一回家，妈妈就责备他："你怎么早恋了呢？你才多大呀，这样下去学习怎么办啊？"

"你是怎么知道的？这下好了，我也不用隐瞒了。我是早恋了，我们在一起已经一个月了。我喜欢她！"长乐反倒如释重负。

第五章 释放孩子的能量

"儿子，咱是初中生，你才13岁，你知道什么是爱情啊？爱情是要负责任的，你拿什么来负责？"

"你说够了吗？我就是喜欢！你甭管！"把没吃完的饭碗一推，"不吃了！"就进屋狠狠地关上房门。

接下来的一段时间，老师跟妈妈反映很多次，两个人越发亲密，几乎形影不离。

长乐妈妈到处请教，孩子早恋了到底怎么办啊。报名亲子教育课程进行学习，并跟老师请教怎么沟通比较好。

"孩子早恋了，你很紧张，你紧张的原因是什么？孩子早恋这件事情本身？还是因为老师要求，如果你不能处理好此事，担心老师对孩子有看法？"老师问。

长乐妈妈说："我仔细想想，孩子早恋这个事，对我来说更多的是惊讶，而不是紧张焦虑。真正让我焦虑的是后者，怎么跟老师交代。"

"看到这个真实的原因，对你看待孩子早恋的事情，有什么不同？"老师又问。

"我都不好意思跟老师联系了，或许我可以跟老师说说我所遇到的真实情况，我也试图好好管教自己的孩子。后来我侧面打听了一下，女孩是班上学习最好的孩子，两个人在一起也主要是学习，儿子最近的学习成绩也提高了。对儿子的想法，我或许还应该多了解。"长乐妈妈一边思索一边说。

长乐妈妈放松了神经，了解到孩子们在一起因为相互欣赏，儿子欣赏女孩成绩优秀，女孩欣赏长乐头脑灵活，就是纯然的喜欢，至少暂时没有大人所担心的复杂的事。没有再紧追不舍，而是选择信任孩子能够处理好自己的事。

一个月后，长乐回来说："妈妈，我们分手了。"很轻描淡写，似乎没有失恋的通常情绪。

看到妈妈很惊讶，长乐接着说："我们虽然相互欣赏，但我发现我们很不一样，我们现在是普通朋友。"

与孩子在清晰的生命界限里，信任孩子作为自己生命主人的能力，减少无效的控制和情绪来表达爱，透过感觉将我们的爱直接有效地表达，并确保孩子收到我们的爱——双方都有喜悦、幸福、被滋养的感觉。对于孩子，我们能给的最大的资源就是：他们能够确信我们无条件地爱着他们。

第六章 清晰的生命界限，让孩子的内心没有羁绊

生命界限不是个二分的议题，本没有对错、是非，每个种族、家庭有着生存法则。但对于个体而言，生命的界限关乎自身的成长、自由和绽放的程度，每个衡量的尺度，存在于每个人的内心！出于爱，去尊重那个独特的尺度，给孩子的发展创造无限可能。

一、我、你、我们、你们、天

看似简单的几个词语，却是我们是否能够轻松、清明、幸福地在人类世界生活的关键因素，有些人甚至终其一生都不能清晰，都被某种纠缠捆绑着。关于我、你、我们、你们、天的意义，却是一个人立身于这个世界的重要的界限感，清晰的界限感是一个人生命质量的重要考量因素，也是获得清白感的重要源泉。

（一）天人合一期

我们曾经说过，人类在初生至两岁前后，是真正的"天人合一"的状态，我们称之为混沌状态。这个时期的孩子没有我的概念，自然也没有后面的其他概念，也自然没有界限。他们分不出妈妈和自己的区别，也分不出自己的手和自己的关系，更不知道房屋跟自己的关系，整个世界都是合一的。因而没有界限，是我们人类最初的状态。这时，世界所有的一切都是为我们服务的，我们不需要付出去迎合谁、也不需要付出去服务谁。只有接收没有付出的单一互动模式，使得我们只需要收获爱，还谈不上任何人际关系，因为人际都是不存在的，所有的都是一体的。这种天人合一的状态，孩子能感知到所有周边能量，也透过这份能量来建立原始信任。

孩子是透过感觉来发展自己的，这是一个自我学习的过程，最先启动的感觉系统是嘴巴。因为嘴巴是最先被开发的感觉器官，在婴儿还不能清晰地看见世界的时候，已经很熟练地用嘴吮吸母亲的乳汁。因而对世界的探索也始于嘴巴，最先是小手找到嘴巴，吧嗒吧嗒地吃得很香，进而发现自己的手和四肢；然后是各种玩具，也会送到嘴里，透过嘴巴进行对物件的认识。

了解婴儿发展敏感期的父母，会接纳和顺应这样的发展时机，透过确认帮

呵护宝贝内心的高能量

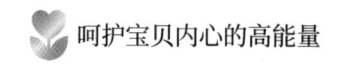

宝宝认识自己和世界。

当宝宝吃手的时候，含笑对他说："宝宝吃小手哪！软软的，你吃的是拇指，这是小手的拇指！是宝宝自己的小手，小手觉得湿湿的。"

虽然他还不懂什么是手，什么是拇指，什么是自己，但是顺应这个行为，宝宝会更快更准地发现手是软软的，自己的手和别人的手。

"宝宝想要了解一下这个小勺子啊，这是个玩具小勺子，有点硬，大小刚刚好放进小嘴里。"这样的确认，会很好发展孩子的感觉与概念对应，并发展他们的语言系统，孩子会说话后，就很容易表达自己的感觉。

除了这些身体的感觉以外，心里的感觉和想法也需要这样。一岁的宝宝想要打开一个铁盖小盒子，但怎么也打不开，着急地哭起来。这是很好的确认和对应心情的时刻，妈妈可以说："宝宝哭了，因为宝宝有些着急，想要打开盒子看看，却打不开，是不是？你需要妈妈帮忙吗？"更多地确认和对应孩子的内在需要和心情，孩子会很好地理解自己，在将来也能很好地认识自己和表达自己。因为了解自己的心情和内在需求，这样的孩子在未来，能够清晰自己的目标，不太会受外界环境的影响。同时对其他人的同理心会比较强，因为了解自己的内在，也比较容易了解别人的内在状态。这就是我们说的情商比较高的孩子。

了解自己的内在需求，了解自己的内在情绪和心情，在人生成长的过程中极为重要。因为清晰，所以没有过多的能量消耗，可以朝着自己的人生目标心无旁骛地前进，自然更容易实现自己。而这份实现是自己想要的，自然幸福感和成就感是相随的，生命是一种绽放和滋养的状态。

但不了解这样的发展时期的妈妈，或许会禁止孩子吃手，更别说其他玩具，"玩具好脏啊，不能吃！"甚至"跟你说过多少次，不能吃手，怎么还吃啊？再吃打手啊！"无形之中，阻碍了孩子发展自己，也在教育孩子用暴力的方式解决和控制别人。家长的无知，虽然也出于爱，怕细菌影响孩子健康，但是却阻碍了人生最初对生命的探索！

小盒子打不开，孩子哭了，有些家长会说："哭什么哭，不许哭，就这么个盒子都打不开！"孩子不但难以了解自己的内在，甚至觉得哭是不好的，自己是无能的！这样的内化对孩子的成长是可怕的。

孩子的感觉系统得不到发展，更得不到对应，甚至很多人到成年还依旧喜欢用嘴去探索世界，我们说是"口欲期延迟"，甚至成瘾，比如吸烟、毒品、酗酒（这里是指非正常的贪恋）。

他们的心灵需求和心情认识更难以了解和表达。很多成年人很难了解自己内在真正想要的是什么，也很难表达自己的需求和心情，跟养育期没有学习了解自己的心灵有关。很多成年人，所有的生活和意识都是外向的，就是几乎很少了解自己，而是更多地关注外界的人、事、物，并被外界所影响和主宰，成为一个没有自己的人！

（二）执拗期："我"的萌芽

生命里，这样的干扰比比皆是。两岁左右，幼儿自我意识开始萌芽，开始区分自己和妈妈、区分自己和这个世界。比较明显的执拗和坚持，"不"字不离口，做什么都要"我自己"。懂得敏感期的妈妈，会尊重宝宝的想法，配合他们这个时期的发展，允许执拗的存在，并引导孩子关注到自己，也关注到别人，让他们更快地区分我和你。

"宝宝不用妈妈帮忙穿衣服，宝宝想要自己穿啊，那太棒了！等你需要我帮忙，你再告诉我。"

"你想要买巧克力啊。妈妈知道你喜欢吃巧克力，也喜欢吃苹果。如果按照我们已经说好的，只买一样的话，你来选，你会选择带谁回家呢？是巧克力还是苹果？" 2岁的孩子，给他们有限的选择，而且把你倾向他选择的放在后面说，他们会更倾向于后者，但却觉得是自己做的决定，感觉被尊重。

如果还是不行，孩子就是要两样。妈妈会蹲下身子，看着孩子的眼睛说："苹果和巧克力你都喜欢，只带一样回家，你会很失望。如果你这样坚持，带两样回家，我们一起定好的规矩就会破坏，妈妈也会感觉很失望。你愿意跟巧克力说，让它在这里躺两天，两天后你吃完苹果，再来带它回家吗？我陪着你，等你跟巧克力说拜拜。"妈妈确认孩子的内在想法和情绪状态，并且尊重和接纳这些状态的存在，同时表达自己的内在状态，提出尝试解决方案。稍大一点的孩子还可以让孩子来提出解决方案。

很多妈妈或许会受一些观念的影响，比方：三岁看大，七岁看老！对于具体看什么也不清楚，总之很惧怕宝宝的执拗，觉得自己被侵犯，担心这就是大了之后的状态，孩子越来越不听话，想要个听话的孩子（这是我们多数人的愿望）。因此，难以控制自己的情绪，给了孩子很多自我形成的障碍！

"别闹，你不会穿，我给你穿，快点站好！"

"不是说好了，只选一样吗？这么不听话，你已经有苹果了，把巧克力放回去！"

然后就是常见的孩子坚决要，哭着在地上打滚，父母在旁觉得很没面子，接着更多的训斥，孩子哭得更凶。就这样上演着孩子人生最初的权力斗争，有些孩子屈服了，有些孩子抗争到底，甚至延续到青春期。

2～6岁是"我"概念树立的关键期，自我建构得不好，影响孩子一生的生命质量！孩子的发展，是身体与感觉先发展，经由感觉发展心理和智力，然后依托成熟的心理和智力面对人生中所有的挑战，成就自己，服务社会。而这个成长的过程，实际上是孩子自我成长的过程，是其学习、内化、最终社会化的过程。心理成长得不好的孩子，在面对人生挑战的时候，会出现更多的问题，这些问题的发生也是引领一个人回到内在，发展心理。

多年来，见过太多的成人，心理成熟度不够，而在痛苦里煎熬，消耗着生命能量，不能达己成人。太多人因为不清晰自己的内在需求，也不了解自己的情绪和心情，更难以了解别人的需求，所以难以管控自己的情绪，也没有必要的同理心。所有的事情多仰赖于外界、归咎于外界、受制于外界，与自己的需求矛盾，如同不可逾越的鸿沟。因为不知道自己要什么，自然也不清楚如何实现，于是随波逐流，且走且矛盾。因为生命能量的这份散乱、冲突、纠结，自我实现是比较难的。即使有所成，成就里伴随的是羁绊、是迷茫、是捆绑、是无奈，何谈幸福？很多成人到了四十，甚至一生都没有找到自己，只是觉得，生命里总是缺少核心，总是不知所措！

李先生到了退休的年纪，单位没有征求他的意见，是否返聘，就为他办理

第六章 清晰的生命界限，让孩子的内心没有羁绊

了退休手续。因此，李先生好几个晚上无法入睡，对未来的不确定担心，对领导有无尽的抱怨，以及领导的这种做法彻底推翻了原来自己还觉得在单位很重要，岗位离不开他的想法，价值感荡然无存。抑郁和焦虑难以排解，患上了抑郁症。觉得自己的一生毫无意义，觉得对什么都失去了兴趣，觉得很累很累，甚至不想要活下去。

家人带他到睡眠科进行住院治疗，看到很多进行检查的病人疯疯癫癫的举动，心情更糟到了极点，他总是说："是你们骗我来的，太可怕了，变成那个样子太可怕了。"病情一路更严重，不得不借助抗抑郁的药物才能小睡一会儿。

"你看看，我可怎么办啊！"打电话来的时候，第一句话如是说。

"你现在的感觉是怎样的？"

"感觉特别糟糕，觉得没有力气，觉得没有希望，觉得自己没用了，害怕像那些疯子一样……"他无力地说。

"从什么时候开始有这样的感觉？那时发生了什么事？"

"一星期前，单位都不问我的意思，就安排我退休，我原来引以为傲的岗位，现在根本不需要我，或者说，很久以前就有人盼着我赶紧退休，而我曾经感觉自己是那么重要，那个岗位离开我就运转不下去，我错了，全错了！或许错了一辈子！"他声音有些低沉，隐忍着情绪。

"被这样安排，你的内在感受是什么？这不是你想要的，你想要的是什么？"我问。

"我觉得自己的人生由内而外地坍塌了，我也不知道我想要什么，但是就是不能这样安排我！"他有些执拗地说。

"听起来，你对单位领导没有跟你沟通就做这样的安排，很生气，你有没有自己的想法，你有没有尝试着跟领导沟通？"我问。

"我也不知道怎么安排好，沟通也没有用！"他很坚定地回答。

"你很为你的岗位骄傲，你能跟我说说，在那个岗位上，发生了什么对你意义非凡的事吗？"我问。

"也没发生什么事，我就是做好领导交代的事情，我兢兢业业，干了35

呵护宝贝内心的高能量

年！"他回答。

"主要是些怎样的工作？为谁服务？他们对你的服务感觉如何？你的服务给他们带来了什么？"我继续问，希望他能发现自己曾经的价值。

"我们单位有25个分公司，所有的账目都需要从我这里经手，我将它们的盈利状态或者亏损状态整理做账，我只对领导服务，他需要什么数据我都能第一时间提供！"他接着说，"领导用这些跟总公司汇报，决定每个分公司的支持政策。"

"你觉得，这样的工作，对公司、对你自己最有意义的地方在哪里？"我问。

"我没考虑过，我只是做好我的工作！"

……

与李先生的访谈，你也大致可以了解到，李先生生活在一种被安排的生命状态里，基本没有自己的自主性，或者说完全没有自己。当我后来问他，是否有过什么梦想和兴趣，没有时间或机缘去实现的，现在退休有时间，可以去好好完成的？他回答什么也不爱好。自然，也不难看出为什么领导没有考虑继续留他在岗位。当探讨到，如何计划退休生活，怎样的生活是他想要的。他依旧没有想法。只是此时的内在被遗弃的痛楚是如此的真切。李先生的疗愈，从他自身的资源，能被他自己调动的很少，需要一个漫长的过程，引领他回到内在，找到自己和自己的真实需求。只有找到自己，才能主掌自己和引领着自己，将后面的生活安排得精彩自在！

失去与自己内在的连接，人又何以称之为人？这是生命的最低状态，我们称之为"被动的受害者状态"，即多数的能量都是指向外在的，心由境转：外界环境温馨和气，自己的内在也平和稳定；外界环境风起云涌，自己的内在也就波澜壮阔。生命不知所为，如同雨打浮萍，风吹落叶。没有了自己，生命拱手让他人操控，又如何逃得了矛盾与困惑？因为，无论如何，那都不是你所渴望的自己！虽然失去了连接，但在内心深处，有一些光依旧没有熄灭，那是你生命本然的能量之光，它所指引你的，你从来都没有看见，却能感觉到，别人安排的隐约缺少些什么！人生短短几十年，酸甜苦辣咸里，没有了自己的调味，自然活不出自己想要的美味！

（三）自我验证期及青春期：树立界限

6到12岁是自我验证期，跟接下来的12岁到18岁的青春期，都是内化自我，向社会检验，并最终社会化的重要时期。能否在日常陪伴中，尊重和顺应孩子最关键的心理发展，而不是只注重知识的学习，也是最为关键的方面。在自我社会化的进程中，最为重要的是树立"我们""你们""天"等社会因素以及自然因素的关系。认清什么事情是"我的"，需要透过自己对内外环境的认识和考察，来决定与选择，了解什么是自己想要的，如何达成自己的事情；认清什么事情是"你的"，能够尊重对方的权利和信任对方的能力，当对方需要我帮忙的时候，我会选择帮，帮到什么程度，也可以选择不帮，这又回到"我"的界限里。认清什么事情是"我们的"，对于这样的事情，不能按"我的"事情的处理方式，要征求"我们"的想法、建议，大家一起想办法做决策，并达到共赢的结果。不能独断专行，不能只考虑自己，需要注意公平公正。同样，认清什么事情是"你们的"，尊重"你们"的意愿，也尊重"你们"的界限，同样也能把握自己经由"你们"的邀请，带着对"你们"的信任和尊重。认清什么事情是"天"的，是人力不能及的、无法改变的，能够顺应和交托，不杞人忧天也不勉为其难。这是生命的界限，是社会化进程中经由模仿、经历、书籍、成人的教化最终被自我选择和内化的信念体系。成为"内在宪法"指导着人们人际互动的方式。

每个人关于界限的信念系统是很不同的，也会呈现出完全不同的人际互动模式。

很多次，人们来找我做咨询，并不是为了自己，而是因为外甥、母亲、姐妹、兄弟、朋友，但却只身前来，并没有带来当事人。

当我问道："你说的这些问题，当事人他们觉得是问题吗？或者，是什么让你觉得他们需要帮助？"

我得到的回答常常是："我看到他太痛苦了，我也很煎熬。"

当我问道："当事人拜托你来找咨询师吗？"

呵护宝贝内心的高能量

他们又常常回答说:"没有。"

对于这样的问题,我通常都会从为什么他会出现在我面前,咨询别人的问题,并且没有得到别人的委托开始。是什么使得他们来到我这里?这个问题属于"你"的。

我们中国人很讲究集体观念,很讲究家族整体利益,作为家中一员,尤其是家中"长子""长女""长孙""老大",通常很自然地被教导,要担当起家族兴旺的责任、担当起照顾弟妹、孝顺长辈的责任,以至于,很多老大沉浸于这种责任中,甚至牺牲自己的生活,扛不动却停不下来。

我不止一次听到有人说:"家里的主意都得我拿,弟弟妹妹都听我的,就连年迈的父母也是。"口气里带着自豪,也一定带着无奈。

"最近,有个事让我很心烦。"朋友见到我,聊起来。

"说来听听。"我做出洗耳恭听的姿态。

"就是我弟弟和弟妹,闹离婚。"他很自然地聊着,"搞得我头很大。"

"是什么让你头大?"我问。

"他们老是闹,闹好几年了,我是我们家老大,什么事情都是我说了算,要按我的意思,赶紧离了得了。"他自顾自地说。

"你向弟弟、弟妹表达了你的意思?还是心里想想而已?"我继续问。

"我跟我弟弟说过,但是弟妹老给我打电话,搞得我很烦!我烦就烦吧,最麻烦的是,她还老给我爸妈打电话,没完没了地数落我弟弟。你说这叫什么事啊!"他无奈地说。

"你不希望老人受到打扰,你也不希望接到她数落弟弟的电话。"

"是啊,我弟弟赚钱很多,都交给她保管。到家里老人需要的时候,一分钱也不出。她是个老师,挣得也不多,基本上是我弟弟支撑这个家。到头来,一身的不是,一无是处。这不,这两天给扫地出门了,弟弟住宾馆了!我很生气,打电话让我弟弟赶紧离婚,他也不知道怎么想的,一直拖着。想起来,我就头大。"他越说越气愤。

"那是你弟弟的婚姻,他有权选择弃还是留。但你觉得弟弟很委屈,很不公平。"我回应。

第六章 清晰的生命界限，让孩子的内心没有羁绊

"这更是我们家族的事！我们家人怎么能混成这样！"他抬高声音，自己觉得不妥，又压了压声音。

……

因为是朋友，不是咨访关系，我提醒他关于界限的事情，也肯定他作为大哥保护弟弟的心意，请他相信弟弟能够处理好自己的婚姻关系；同时也相信父母没有那么脆弱，能够面对他们可能面对的任何事情。就是这样，很多人扛起别人的生命，自以为扛得动。但即使扛得动，也剥夺了别人在自己的生命挑战里获得领悟和成长的机会。而况且，很多时候，别人的生命，没有人能够扛得起。

因为这样的代替，有时是一种僭越，那个被帮助的人甚至是处于愤怒中的。好多人抱怨，帮助亲戚的过程中吃力不讨好，甚至被他们怨恨和不理解。正是这个原因，我们侵犯了他们的私人问题。倘若被请求或被邀请提供帮助，也需要了解真正想法和需求，按照当事人的意愿帮忙沟通或者办理。这是典型的"你的""你们的"变成"我们的"的界限混淆，造成的生命干扰，在这里面，每个人都很矛盾。对于弟弟，不离婚的话，似乎对不起年迈的父母所受的干扰，对不起长兄的期望，也了解那个期望是为了我好。离婚的话，如何面对孩子，如何面对生活在一起这么多年的妻子？而长兄更不必说，更是不堪其扰。弟妹如果真想离婚，带弟弟去民政局就好，为什么还东说说西说说，或许也只是从自己的角度寻求理解和倾诉而已，若弟弟因为哥哥的话离婚了，心中一定满是怨恨。还有一个孩子，更是备受伤害。很多生命，真的不容参与，这或许是弟弟婚姻再升华的契机，是生命领悟的开启机缘。带着爱、尊重和接纳，无论任何时候，都是最好的方式。

这是成人世界非常广泛的界限不明的情况，这也是几千年家族传承文化的一个重要方向。并不是说这种方式一定是错的，而是说即使在这样的主流文化下，在为家族繁荣昌盛的前提下，给予当事人更多的尊重和自由面对自己的事情，从当事人自己的意愿出发，而不是强加干预。这是一个度的问题，而不是一个对错的问题。

现实社会里，对于孩子，很多父母更是保持着：他们还小，什么也不懂的

呵护宝贝内心的高能量

信念，替孩子安排很多本该他们自己解决的事情。在孩子的问题上，尤其是我们中国的父母，更是难以摆正自己，去负担孩子的生命，没有很清晰的界限。轻则造成孩子过度依赖、失去主见，重则造成前面实例中放弃和轻视生命、丧失生命力的严重后果。孩子两岁多就希望自己决定出门穿什么衣服，玩什么玩具，再小的孩子对于掌控自己的生命都有着天然的渴望。相信孩子，相信每一次的成败都是学习的机会，允许孩子在自己的经历里摸爬滚打，练就一身护佑自己、掌握命运的本领，听自己内心的指引，才可能更成功！不自己经历风雨，又怎知彩虹的意义！

而有些事，真的是"我们"的，比方说：每周送年幼的孩子去上兴趣班、如何一起度过一个快乐的假期、我想请你配合我需要安静的习惯，等等。需要我们一起商讨方案、选择方案、认真执行，以及无法执行时如何处理。这里需要用到PET（父母能效管理）的相关方法，把每个人能接受的和不能接受的进行罗列，然后从能接受的项目中选择双方共识的制订方案。需要我们本着尊重、共赢的态度，共同探讨。无论孩子几岁，这样的参与，让他们学会处理共同问题，学会倾听各方声音，并充分认识到人与人思想的差别，学会尊重和接纳，更重要的是共赢。

老大田田上五年级，那时学校没有自己的食堂，是校外送餐机构送餐。北京的家长都会离家很远去上班，所以很多学校提供午餐。因而中午时间很少，没有可以供孩子午睡的时间，基本上中午只有1小时的时间。

田田回家抱怨学校的饭很难吃已经有一段时间了，虽然我家离学校很近，而我也不必天天朝九晚五地坐班，她希望我能为她做中午饭，她回家来吃。她央求了很久，我没有答应，我个人觉得教育部门指定的送餐公司应该还是很规范的，在食材、搭配和食品安全方面还是会很考究的。另外，我不擅长做饭，只是煮熟而已，我觉得回家吃饭，不一定能在营养方面更均衡。再者，虽然我不受时间限制，但是经常会有重要的会议或出差的情况，不能持之以恒地提供午餐。

后来，有一天，大宝回家告诉我，午餐没有吃，因为发现里面有异物。细谈下来，才知道，她已经很长时间中午饭都是一点不动的。这才让我下定决心开始给她做午饭。

可是，对于这个事情，我觉得很纠结。小宝每天下午四点接，早上七点多送幼儿园，中午要准备午饭，中间留给我的时间就很少。但是为了大宝的身体健康，只好勉强答应她。结果，一个星期五天，最多能做两天，剩下的三天都给她叫外卖，而外卖同样让我觉得很不安全，食材都不放心。这样坚持了一段时间，我觉得有必要跟大宝好好谈一谈。

"大宝，中午回家吃饭的事情，妈妈想要跟你好好说说。本来呢，我是为了你的身体健康，我勉为其难地答应你，中午为你做饭，可是呢，经过这几个月，我有重要的想法想要跟你商量。第一，多数情况因为妈妈工作的原因，需要给你叫外卖，可是外卖虽然味道很好，但我对外卖的食品安全问题很担忧，所以，健康问题没有真的解决。第二，妈妈觉得很纠结，虽然我不用坐班，但是我有很多工作要处理，如果要准备午饭，保证你11:50进门就能吃上饭，我需要10点就开始考虑和准备，妈妈上午只能工作2小时。我们能不能一起找到更好的办法？"我坐在她旁边，把我的内在想法诚实地表达出来。

"没有！"大宝毫不犹豫地说。大宝11岁这个阶段，习惯性地说"不"，最初我往往被这种不近人情的拒绝感到不被尊重、感到被激怒。后来，我也觉察到好多时候，她说"不"是有假思索地说出来，而之后才开始思考。因而我没有说话，坐在旁边等，当然我并不确定能等到结果。

一段沉默之后，大宝开口了。"学校的饭真的很难吃，也一样不健康。我想可以这样：你帮我准备我爱喝的牛奶或酸奶，我每天带一盒，然后我再选一点学校的饭能吃的吃一点，然后我们家的晚饭做得丰盛一点，时间早一点，我们四点半放学，咱家晚饭5点开饭，你看这样行吗？"

我连称这是个很好的办法，我觉得很满意，是否还有更好的？大宝说没有了。于是后来，大宝又开始在学校吃饭，所幸六年级他们学校被朝阳一所名校收购，不但教学有了很好的改进，伙食也是食堂自供，丰富而营养。

很多父母在这样的事情上会提供几个自己认为比较好的解决方案，要求孩子照着执行，有的甚至是强制执行。而孩子更愿意遵守自己创造的方案，不仅对自己能够想出办法获得成就感，而且会更愿意执行，甚至监督你执行自己所创造的方案。这也是未来，孩子在生命里遇到挑战，能够多方考虑提出周全解决方案的锻炼时机，这样的时机在如今丰衣足食的时代里，越来越少，因而要抓住一切机会，让他们学会如何通过自己的思考周全解决所遇到的每一件事情。如果孩子所想到的方案能够兼顾自己的需求和父母的需求，我们需要在认可和赞赏之外，好好配合，与孩子合作并真诚地接受监督，同时也让他们学会与人合作。在这样的过程中孩子将会收获多赢的解决问题的能力，贯彻执行方案的能力，与人合作的能力，这正是未来作为成功人士所必须具备的重要品质。在日常的潜移默化里，自然而然地培养。

我很敬佩那些能够满足孩子各方面要求，同时又能很好平衡工作的妈妈。我的妹妹就可以只用15分钟就准备好孩子的午饭，孩子吃完饭还可以午睡一会儿。对此，我只能望洋兴叹。妈妈在照顾孩子的同时，有权好好照顾自己，不委屈自己，才能为孩子示范如何爱自己。我不赞同妈妈为了孩子，牺牲自己的一切，包括钟爱的事业和自己的自由，妈妈因为有了孩子，给孩子最好的引领就是成就自己，成为自己；正是因为有了孩子，才要不牺牲自己，活出最绽放自由的自己（尤其是孩子3岁之后）。

当然，在妈妈做自己的时候，一定确保你的爱孩子是收到的，否则又走向孩子觉得被忽略、不被爱的极端。

（四）顺应天意

说到"天"，不得不谈及一些沉重的话题。自然灾害留给人们的，不仅仅是山河破碎，更难以修复的是心灵的破碎！这些沉重的创伤，很难打开，有些人带着这些走完人生路，从此枯萎。带着爱的祭奠和缅怀，将内心的一切表达出来，接纳这份分离也是上天的礼物，虽然是不容易的过程，却是唯一能够让紧绷的心灵有一丝丝松动，让新的生命契机可以进来。真正地放下，是不再介意再度提起！接纳相对于"天"而言，我们自己是渺小卑微的，借此升起对生命的谦卑和珍惜，对更伟大力量的敬畏和臣服，对自己依旧"热衷肠"的感激和庆幸！是的，我们依旧活着，就是该庆贺的奇迹！

当然，又有谁会记得"天赐"地大物博的滋养，又有谁会感念"天赐"能源无尽的供给，又有谁会在意"天赐"风雨晴雪的环绕……我们享受着"天"无条件的恩赐，在它所给予的自由里徜徉，完全忘了它的存在。在灾难里，我们再度感受到她的存在和威力，但又怎知不是更大的恩赐？地壳运动的局部灾难或许是为了化解更大的危机，带给更多人类以安详，带给人类更长久的稳定康乐？将我们心念之间的阴晴困苦，放之天地之间，又算得了什么？较之天地给予我们人类的自由，我们给予孩子的岂不是我们思想信念的囚牢？而我们的孩子，终将突破我们，绽放在更伟大的维度和空间！

二、生命界限是双刃剑

每个人都在社会化的环境下生活，完全彻底的生命界限是不存在的。我们任何一个人都不可能游离于社会独立生活。在人与人的交互过程中，必然会产生碰撞、纠缠、干扰、爱恋和支持。

生命界限是双刃剑，会产生痛苦或者幸福，取决于施与方的信念、动机和干预深度，更取决于接受方的实际解读、感受和需求。

当接受方将施与方的行为解读为爱和善意，并且恰好有这样的需求，他们的内心就会升起被爱、被关心、被呵护的欣喜，自然也会用他们可以回馈的爱的方式反应，施与方也能够从中获得喜悦和滋养。当接受方的回馈多于获得，关系就会朝向顺滑、正向、充满爱的方向发展。沉浸在关系中的双方，也会处于幸福、喜悦的氛围里，对这样的关系继续有更多的渴望和期待。

当接受方将施与方的行为解读为恶意、控制或者干扰，并且自己实际上不需要这份给予的时候，他们的内心往往会升起愤怒、防御、抗争、被伤害、不被尊重、失去自由的感觉。也必然会用与内心情绪相应的方式回馈给对方，施与方会收到跟自己的预期相去甚远的回应。施与方也会因此感到被误解、被忽略，进而也会因此心生不满。关系因此走向负面，进入痛苦，相互抱怨。

呵护宝贝内心的高能量

父母与孩子之间的关系也是这样，在孩子还小的时候，我们进入他们的生命很深，透过我们的观察判断他们的需求，尝试替他们解决：需要换尿不湿还是需要喝奶，或者需要拥抱，他们回应我们的也是纯粹的喜悦。此时的我们与他们的界限混合，我们甚至需要成为他们才能更好地理解他们的需求。

随着孩子逐渐长大，他们开始希望独立，我们需要审慎地将自己从孩子的界限内撤出。逐渐撤退，直到他们羽翼丰满，可以振翅高飞，并有力量保护我们。

但是，我们有太多的父母，出于对孩子的爱，无论孩子多大，都耗尽自己的生命为他们筹划、安排、操心，就如他们还是婴孩的时候。甚至在孩子有自己想法的时候，依旧用强制和控制来将自己的意志透过孩子的生命延伸。这样的干预，给孩子的生命造成深深的伤害，他们要么屈服失去自己，甘愿处于布偶状态；要么奋起反抗，叛逆抗争，不懈主张自己的生命权利，消耗太多的生命能量。

生命界限交融的度很难把握，太弱的交融或许被理解为被忽略，太强的交融又会被理解为干预控制。

孩子做很多事，以求得父母的关注，比如：说脏话、发脾气、故意折腾父母，说明界限有些远而淡了，需要调整，需要更多地看到和关怀。

孩子出现叛逆和烦躁，不想跟父母交流，说明界限太近了，需要做些调整，让孩子自己掌控自己的生命，我们退后等待孩子需要帮助的时候。

而孩子呈现出放松、喜悦的状态时，说明关系界限尚在彼此舒适的状态，爱可以在这样的状态里，自由流动，有时流向孩子，有时流回父母。

奕然小升初这一年，我也在现实的严峻形势里，迷失了，也远离了自己多年坚持的原则——孩子才是自己学习的主人。

看到海淀各个名校的高标准、严要求，为在朝阳佛系氛围里长大，还蛮自以为是如同井底之蛙的老大，我内心开始焦急、不淡定。

之前，可以放心信任孩子能够管理好自己的学习，这个时期觉得她的节奏太慢，跟海淀的孩子差得太远。

之前，能够允许孩子做完必要的事，可以做自己喜欢的事，这个时期觉得不行，喜欢的事需要让路给更多的课外补习内容，希望她心无旁骛地备考。

之前，能够相信孩子自己的学习方法，这个时期觉得太不科学，预习、复习都需要改进。

于是，小学前五年，从容且有兴趣的学习生活，如今变得紧张、焦虑、怀疑，孩子的学习效率反倒更低落。

我自知，我突然加入的很多干预和指导，让孩子有的时候无所适从。加之小升初各个学校考核内容不同，需要准备的内容实在很多，孩子也确实一时无法适应。

直到开始东奔西走应对各个学校的考试，我才开始觉察我和孩子关系的变化，开始正视对于孩子什么才是重要的。

跟孩子自身能力提升的契机相比，这份经历在她的生命里才是最珍贵的。关于备考，她才是真正的主人，就算最终没有考上心仪的初中，这个结果和过程对她自己的生命也会有独特的作用，对她接下来初升高该如何准备和应对有着指导意义。他们是一群幸福的孩子，可以不必为了生存而强迫自己，可以在较高的起点做喜欢的事，只要我们允许。在失败中学习更是深刻的学习，现在的孩子更缺少经历，每一项经历都会是难得的财富。

而我，只是她的资源，她有权决定什么时候、场合利用这份资源。界限的入侵，给我和孩子造成了心灵和关系上的混乱，不但没有提高学习效率，反而造成了很多阻碍。走在孩子的身后，在必要的时候经由请求原则提供咨询、资讯和帮助，才是父母在学习这一议题上的责任。

跟所有的父母一样，做到这样的界限，是不容易的。在社会化的焦虑氛围下，保持本心和本然的确是很难的。已然习惯了被权威驱赶的孩子，出于对权威的恐惧，加码干预是有效果的。对于这样的孩子，突然给以更多自由，允许他们自己决定自己的事，他们会觉得很无措。同样，对于有更多自主权利的孩子而言，突然的权威干扰，也会让孩子很混乱。界限的检验标准是爱是否能顺畅流动，当爱的流动被阻碍了，也就是界限需要调整的时刻！

呵护宝贝内心的高能量

三、中国式家庭的生命界限现状

（一）中国长辈是牺牲性付出

两行清泪流过满是皱纹的脸颊，眼神微滞，还没有开口，李奶奶就先泪奔不能成句："你……我……"

我："你不要急，慢慢说。若是想要哭一会儿，就痛痛快快地哭一会儿，把心里的愤懑都哭出来，没事，我在这儿。"

（我给李奶奶递去纸巾，握着她的手。咨询对象很少有年纪如此大的，我格外好奇。女儿带她过来的时候说，老人已经有将近半个月整夜不睡觉。过了好一会儿……她才稍稍稳定情绪。）

李奶奶："你是个好姑娘！我……很长时间，不能睡觉，我这辈子，太失败了！真的，太失败了！"

我："是什么让你觉得，自己这辈子很失败？"

李奶奶："老伴去世得早，我有一儿一女，我一个人吃尽了苦头，把他们养大，我以为可以享福了，谁知道噩梦才刚刚开始。"

我："怎么说，噩梦才刚开始？"

李奶奶："儿子那会儿三十多了，还没有对象，为什么找不到，好多人都说需要有房子才行。我想着，我一个孤老太太，将来肯定指望儿子养老，我就跟儿子商量，我给他一些钱，让他付首付，他付月供，给他买个房子，也好讨房媳妇。将来我老了，就奔着他来，跟他住在一起。我把我的房子卖了，加上所有的积蓄都拿出来给了他，我暂住在姑娘家，姑娘家面积也很紧张。我想着，我就住个一年半载的，就搬到儿子家。谁知道，一住就是七年。"

"这刚交房入住的时候，他说还有月供，每个月剩不下什么，怕我过去跟着他受苦；我觉得住在女儿家，也不用花钱，就把每月的养老金都给他拿走，寻思

174

让他快点还上贷款。儿媳生了孩子之后，我身体不好，他丈母娘给他看孩子，一晃又是五年。我几天前跟他说，我说我也不能一直这样跟着女儿住，我要不去他那儿，孩子也快上小学了，不用太多照顾。他又说准备生二胎，还是不行。"

"嘿，你说，我这看样子，这辈子都别指望他能够有条件照顾我了。你说说，我……"

（老人家又哽咽了）

我："听起来，您是有一个很好的期望，一时无法实现，感觉很失望。又对自己将所有的积蓄都给了儿子之后的生活有些不知所措？"

李奶奶："是的，我很失望！也很愧疚，当时想着肯定是找儿子养老了，所有的积蓄都给了儿子，女儿这边什么也没有。这将来可怎么办啊。现在想想，都是我考虑得太简单了，不周全！"

……

这个案例，在中国是很普遍的：每个家族的老人都竭尽一生为了儿女而活，完全没有自己。自己哪怕吃糠咽菜，只要儿女能过上好日子，心里比什么都甜。这份付出，多数情况下是不图回报的。

李奶奶因为曾经的孤苦，更希望能够跟儿孙一起，辛苦一辈子，最后能享享天伦之乐。整个谈话过程，除了抱怨自己考虑不周，愧疚没有过多考虑女儿之外，对儿子基本没有任何指责。在父母的爱里，无私到看不到儿女的问题，只有自己做得还不够好。

这份不够好，让老人无法安心在女儿家继续生活，儿子家所有不能接纳她的情况，女儿家都有，自己什么都没为女儿做，又怎么能够安心住下去。女儿越无怨无悔，老人越愧疚难当，以至于夜不能寐。甚至悲观地觉得，自己此时若能够辞世似乎是最好的结果。

（二）西方家庭过于清晰的界限

有人戏说，中国爸爸和外国爸爸的不同，当孩子问道："爸爸，我们有钱吗？"

呵护宝贝内心的高能量

中国爸爸会说:"我们有钱有房,将来这些钱和房都是你的!"

外国爸爸会说:"我有钱,但你没有,未来你需要靠你自己的智慧去赚钱!"

在中国的现实社会,关于孩子的教育、就业、结婚、生子,都有着父母的贡献。幸福的孩子可以依靠家族获得较高的人生起点和优渥的生活条件,不幸的孩子需要完全依靠自己。但这幸与不幸从另一个角度来说,依靠自己的孩子可以获得更多能力来应对自己的生命挑战,会获得更广泛的发展空间。从生命本身的角度来讲,凭自己的孩子更有机会成为人生的赢家。

清晰的界限,和父母的分离,给了孩子快速成长的机会!

我还记得一次有趣的谈话。

一次,我们几个咨询师朋友一起聊天,其中一位带了一个来自美国的黑人朋友。对于我们而言,保密是必须做到的职业操守。我只极简地将李奶奶的故事梗概表达了一下(当然不会带任何客户信息),那位黑人朋友瞪着眼睛看着我,难以置信的样子。

"上帝啊!"他惊呼,然后用他特有的中文语调继续说,由于非常激动,竟然站起身,声音高扬,说:"你知道吗?我上大学用的5万美元,我毕业后还要努力工作,最后需要还给我爸爸!我到中国来的前三年,我的所有业余时间都用在教中国小朋友英语上,为的是赚钱还债啊!"然后,一副受伤的样子颓然坐下。"你们中国的孩子特别幸福,在我们国家,像我家这样的情况,太正常了!下辈子,我要生在中国!"

"毕业需要想办法在异国他乡赚到足够的钱还债,给你带来了什么?"我问。

黑人朋友想了想说:"我当时在中国很迷茫,需要还债这件事给了我很大的动力去寻找和行动。一方面,我变得更自信了,在这个国家我很快能够适应并有足够的能力和方法养活我自己;另一方面,让我能够面对现实,很快踏实下来做些在当时不太肯做的事情,对我有很好的激励作用。一个最大的收获是遇到了我现在的太太,有机会过上幸福安心的生活。"

心理学源于西方哲学,其中界限的问题在西方国家,确实很清晰,在我们看来,清晰淡漠了亲情。西方的人们更崇尚先"爱自己",进而爱别人。在养老的问题上,也没有对儿女的依赖,国家和自己都会做好安排,更多的选择在养老院终老,不会仰仗子女。

拿我那充满哲学意味的小外甥的话解释:"自然界中,只有哺乳动物才会有这种爱、孝顺的需求和议题,因为在幼小和年老的时候都需要依赖别人而生存。其他动物都是生完以后,谁也不认识谁。"界限的问题也是一样,是具有高级情感的人类社会化的问题,是在一个很长的历史时期里逐渐演化的约定。不同的社会文化条件下,形成了不同的界限约定。

(三)生产力水平决定界限范围

中西方界限的差异并不是自古如此,西方社会也经历了一个演变的过程,在生产力低下的远古,同样需要聚居和家族共同发展。工业革命后,生产力得到了极大的提高,人们有机会透过自己来提高生活水平,不必依赖家族,才产生了界限范围的变化。人们逐渐从家族界限内脱离,形成个性化、个体化的清晰界限。这样的演化过程,西方只不过比我们早上几十年,分化得更彻底些罢了。生产力水平决定了上层建筑的社会文化,社会文化中的价值观和集体信念系统也持续演变着。

中国是世界的四大文明古国之一,几千年家族文化深远传承。在传统家族,个人利益是要让位于家族利益的,家族利益往往由一个人或几个人来决策,不可能满足所有成员的个性化要求,因而对于个人生命界限的观念,是极其淡泊的。而同时,家族利益是要让位于国家、集体的利益,相对于国家集体而言,单个家族的界限也是极为薄弱的。为了家族的繁盛,长辈、氏族领袖甚至长子都被赋予跨越个体界限干预和付出的权力,在人们的信念系统里,这些都是正当的、司空见惯的。界限在集体利益面前,不值一提。直到现在,在部分区域,依旧保留着家族群居的氏族长老制。

改革开放后,我国的生产力水平也获得了极度提高,以家族聚居的方式获得生存质量的改善已经没有必要。人们越来越以小型家庭单位的形式进行生产和生活,但家族的思维和信念依旧深深植根于人们的内心。个体生产力的发展状况也决定了个体在家族中的界限范围。个体生产力水平高，对群体的依赖就少，个体拥有的界限范围就越广。

人们的思想在这个高速发展的时代，也同时陷入了自由和界限的拉锯中。不再依赖长辈的年轻人希望获得更多的自由，而长辈依旧处于习惯性地付出的思维里不可自拔。对于个人能力有限的年轻人，依然需要长辈的支持和帮助，也深陷在要支持、不要干预的痛苦中。比如在高房价的城市，真的需要两辈人的集体力量，才能购买一套住宅，供年轻人结婚生子。而长辈的养老又成了问题，就如之前的李奶奶。

当社会生产力和社会保障措施高度发展时，老人的养老能够由国家统一安排的时候，家族的界限问题也会慢慢如西方国家，越来越清晰。所有的年轻人都能够自食其力，或者所有家庭教育的重点放在训练孩子自食其力、不等不靠的方向上，孩子对长辈的依赖越来越小，生命界限就会更广泛和自由。

可悲的是，如今依旧有太多的啃老族，离开老人的关照和支持，这些子女就难以在社会立足。其实究其根本，还是在养育过程中的界限问题，孩子不能够获得发展自己必要能力的机会，本来应该自己处理的事情，被父母替代了，或者在成长过程中，被否定、被批判得太多，孩子们也内化了这样的"我不行""我不够好"的信念，甚至失去了证明一下的能量。这样的孩子，别说成为领袖了，能够自给自足就是成功的。这些人不会去考虑别人的需求和感受，甚至觉得从父母那里无论获得多少支持都是应该的，因为在之前的生命里，他们和父母之间就是这样运作的。甚至，即使父母倾尽一生心血，依旧换来的是他们不知满足的抱怨。

所以，界限其实没有对错，每个家庭都有自己的范本，如果能够意识到并中西结合，将爱、成长和界限在不同的成长阶段合理调整，就能使得老少各得其所、自得其乐！

四、如何把握恰当的生命界限？

生命界限的把握其实是一个人与人之间施与受的互动过程，涉及人们之间的清白感，而清白感紧密连接着愧疚感。因而生命界限的适度性，直接关系着每个生命在互动过程中的心灵体验：被施予者感觉亲密幸福、感觉捆绑无助、感觉疏离厌倦还是感觉想要逃脱；施予者接收到的反馈或许感觉到是感恩甜蜜、辜负排斥、冷漠厌烦、多余愤怒。人们的这些感觉连接着各种情绪，各种不同的情绪又连接着行为和言语，施与受的身心纠缠就不断演化着，也酝酿了很多悲欢离合的故事。

生命界限的把握更是情商素养中的关键，在关系互动中只有多一份觉察——对被施予者的思维、情绪、需求及回应的觉察；对自己施与的动机、需求、情绪、感觉的觉察。我们在前面描述过亲子关系的情绪报警器，对于施予者而言，你的内在情绪正是指引你调整施予强度、行为的指南针。在此，我们只针对亲子关系的生命界限进行说明。

我们已经用很多的篇幅来说明，亲子关系中的核心宗旨是爱的流动、培养生命的自我认同、孩子的生命能量和能力，三个一致又呼应的方向，因而生命界限的核心是孩子的感受和成长。孩子是在生命界限模糊的状态下，模仿周围亲人的互动方式，因而生命界限的尺度在成人的手中，影响孩子未来在社会生活中的社会关系模式和状态。孩子和成人之间的关系，多是依附关系，这份关系是随着孩子的成长逐渐演变的，并不是一成不变的。孩子成长得越多，依附关系越疏松，最后只有内心的一份连接和爱的存在即可，从物质上甚至反向依附，成人更依赖成长后的孩子。

作为父母的我们，很多人的生命界限是混乱的，请将一份觉察带进来：

1. 当我们帮助孩子的时候，这份爱的动机是源自我们自己的需求？是来自对孩子需求的一种假设，还是来自孩子真正的需求？你如何判断这份需求是你的还是他们的？

2. 当这份需求是你自己的，这份需求是什么？是想要做个好父母、对孩子能力不信任、想要给孩子更安全的环境……如果不帮助，你的内心会有怎样的感受？你对孩子的回应是否有期待和预设，当孩子的反馈并不是你所期望的，你的内心又有什么感觉？这些感觉会使你有什么样的行为、言语，以及如何对孩子评价？你能回想起哪些互动中，你收获了你期望的感恩和爱，哪些恰恰相反？你有多少时候，对于施予本身真的没有任何条件和期待，纯纯就是一份爱的输出？那些基于你的恐惧和控制的参与呢，又当如何？

3. 当这份需求恰是孩子真正的需求，也就是你的需求恰是他们所急需的，你会收到怎样的回应？这份回应往往也正是你所期待的。我们如何感知和确认？

小荷5岁，妈妈是个程序员，典型的理性思维发达的理科女。对于自身的情感情绪基本是忽略的，长期在业绩、成绩考核非黑即白的世界里讨生活，她本人也认同了这种方式。因为每天工作很忙，加班也是正常的事，对于不能长时间陪伴小荷，她内心实际上是有不被她真实觉知的愧疚感。因此每天下班，总会给小荷带点礼物回来，并且对她说："小荷今天很乖，妈妈买了玩偶给小荷，奖励你！"

受到奖励并获得礼物，并不是小荷自己的需求，而是妈妈受内心愧疚感的驱动而进行的奖励。这样的奖励也并不具体，也许白天小荷还跟奶奶淘气，但是晚上照样能够获得奖励。小荷并不知道怎样的行为是可以得到奖励，怎样的行为不能得到奖励。一段时间后，小荷就会形成混淆的概念，无论我如何做都能得到奖励。

一天，妈妈加班回来得很晚，商店都关门了，也没有时间给小荷购买礼物。回家的时候，小荷依旧没有睡，因为妈妈还没有回来，还没有收到今天的礼物。当妈妈拖着疲惫的身躯，出现在门口，小荷兴高采烈地扑上去："妈妈，今天给小荷带什么礼物了？"

妈妈蹲下身，抚摸着小荷后背，抱歉地说："今天妈妈加班，很晚，商店关门了，没有办法给小荷买礼物，对不起！"

第六章 清晰的生命界限，让孩子的内心没有羁绊

期盼了许久的小荷，加上实在困了，情绪受伤很低落，就开始大哭吵闹，非要有礼物不可，怎么劝说都不行。妈妈怕这么晚了吵到邻居，又因为自己疲惫不堪，却对吵闹着的小荷无计可施。因为感觉到小荷不体量自己，感觉到小荷的执拗，不禁怒火中烧，把小荷提到卧室，照着小屁股狠狠地拍了下去。小荷吃惊地瞪大满是泪水的眼睛，安静了一秒，就又委屈地大哭，直到哭着睡着。妈妈也在满满的愧疚中含泪睡去。

第二天，奶奶听到小荷对自己的布娃娃说："叫你要礼物，礼物不能要，打你屁股！妈妈不爱你！"小荷依旧不知道自己为什么会获得礼物，为什么会被狠狠地揍屁股。妈妈的爱也没有有效地传递。但是这份经历却在内心形成烙印，或许还会内化成未来与他人互动的模式，给自己的人际关系造成障碍。

无端被日日给予礼物，这份施予的需求是妈妈为了缓解自己内心的愧疚感而单方面参与到小荷的生命中的。直到小荷对此习以为常并充满期待，突然中止的例行礼物和妈妈愤怒的暴揍，也是单方面参与的剥夺。一切都不是小荷的需求，一切都是妈妈的需求。这样的互动模式在亲子之间经常不经意地发生，能说妈妈没怀着爱吗？不能！但是这份爱没有有效传递。倘若妈妈紧紧地拥抱、亲昵来抚慰而不是用礼物，或者跟小荷沟通，每次妈妈回来拥抱和亲昵是否是她渴望的，给她真正的需求，而不是父母以为她需求的，更能传递爱意。

很多时候，尤其是当孩子还小，很多父母都是根据自己的需求来安排孩子的物质生活或者精神生活。随着孩子的成长，依旧不能够适当调整和放手，造成了界限不清的影响，就如前面案例中的研究生，为了逃避妈妈的安排，不断地逃跑。

爱的给予和传递需要以孩子能够欣然接纳的方式，（这个方式不是我们说了算，而是孩子说了算）以精神传递、感觉传递优先于物质传递，以提升孩子能力的方式进行。当孩子的回馈，让你不是幸福甜蜜的感觉，需要以有效的方式让孩子明白你的期待，而不是基于你的情绪对孩子进行控制，更不是抱怨和指责，告诉孩子什么是你期待的和喜欢的回馈方式，也是完善生命界限的途径。生命界限是否合适，亲与子的内在感受说了算！

第七章 训练孩子的社会能力"你一定能想到办法"

教导孩子自己解决问题,并能多方考虑,训练孩子具有高能力、高情商,并在内心形成"我有办法"的高能力自我认同。给孩子机会在我们的陪伴下失败,并形成失败和犯错没有关系,我们能从中学到更多的思想意识。训练孩子共情、了解自己和别人的情绪,进而提高孩子的情商。

第七章 训练孩子的社会能力"你一定能想到办法"

养育的终极目的是：让孩子能够具备足够的社会能力和成熟的自我，能应对社会生活中所有的挑战和问题，以共赢的方式成就和实现自己。在父母以爱为本、呵护孩子的能量的基础上，社会能力也就是情商是需要透过训练和信任来传递的。我们在第一章也阐明了高能力对一个人的正向自我认同、价值感的构建非常重要，一个相信自己有能力处理任何问题的人，更容易成为人生的赢家。

试想，当有一件棘手的事情需要处理，我们往往会担心、焦急、生气、沮丧、怀疑，这些感受让我们沉浸在对解决问题的不确定或有可能解决不了的恐惧中，无法正常思考。当我们辗转反侧终于想到解决办法并决定试一试的时候，内心充满了希望和对顺利解决的憧憬。当我们的计划遭到拒绝或者未达成想要的结果，我们会很懊悔、自责、沮丧、无奈。

倘若生活中一件件的事情都出现这样的情况，你会对自己如何评价？随着时间的推移，你的内心会有怎样的感想？

你对遇到问题和挑战会更加惧怕并尽量逃避，累积到一定程度，你会有怎样的想法和做法？或许会因此做出许多令人无法接受的事情。

倘若问题顺利解决，我们会放松、开心、骄傲。我们的内心又会如何评价自己？

所有的问题，都迎刃而解，对你的内心又有怎样的影响？

这正是我们的孩子在遇到问题时要经历的内在过程，相信每一个父母都希望自己的孩子是后者，能够处理和解决生命中遇到的所有问题，同时增强自己的自我认同感和价值感。但关键是你的孩子是否拥有你所营造的总是能够自己解决问题的环境？

很多孩子的父母，作为成年人，都是单一思维方式，遇事不能思考周全，采用争吵、冲突的方式解决问题。他们不能处理好亲密关系和其他社会关系，太过控制的人将被社会屏蔽，太被控制的人将恐惧或规避人际关系，这两种状态都会在实现自己的道路上受阻。社会能力的训练不但对孩子，对成人也是非常有必要的，大多数人都是没有经过训练就沉浮于江湖，都是历尽磨难才总结出经验，如何训练我们的下一代，根本没有系统的方法。

很多人被冠以"固执"的标签，就是因为在解决问题时不能找到双赢的方法，而只坚持自己找到的一点。这样的人往往坚持的是"理"字，却忽略自己和他人的内心感受。更普遍意义上，日常生活里，很少有人真正注意感受，只有在极为痛苦的时刻才会稍稍留意，转眼就又投入到实际的事务中，忘了感受。忽略感受的处理方式，就变得僵硬而局限，对人际关系的建立和加深没有一丝益处。

很多成年人还处在或者有时会处在不成熟、孩子气的状态，遇到问题首先退到孩子的处理方式：

一种是只能看见自己的需要，不能看到别人的需要和感受，只是通过央求、纠缠、坏情绪来控制别人，以达到自己的目的。

另一种极端的不成熟的方式：就是明明自己心里有自己的需求，却不敢表达或主动牺牲自己，以别人的需求和要求为主。

这两种极端方式都是不成熟且不利于人际关系发展的。因为在成长的过程中，他们没有被训练如何健康、共赢、和谐地处理问题，既要满足自己又要照顾别人。

那么怎样才是成熟的？简单地讲就是在前述拥有正向自我认同的特质下，能够清晰自己的需求和想法，也能透过积极聆听或了解对方的需求和想法，即使在冲突的境遇下也能关照情绪并不受其影响，找到多种解决方案都能够关照各方需求，然后与各方共同协商，最终达到各方满意的社会化处理方式。这需要心灵成长的基础，更需要解决方法的训练，属于积极养育的思潮范畴。父母在此，要成为孩子的教练。

世界积极养育运动已经进行了半个世纪。1965 年，海姆·吉诺特以《孩子，把你的手给我》开启了积极养育的呼声，建议父母将要求孩子"不要做"调整为告诉孩子"做什么"。1970 年，托马斯·戈登出版了《父母效能管理手册》，提倡父母采用积极倾听打开孩子心灵的大门,用"我信息"取代带有攻击性的"你信息",对积极养育提供了更多的方法论。随后,美国的简·尼尔森又掀起了《正面管教》的浪潮,论述如何温和而坚定的不惩罚、不娇纵进行正向养育的理论与方法。同时,美国默娜·B.舒尔的《如何培养孩子的社会能力》为积极养育既呵护孩子心灵成长,又培养极强的解决问题的能力,提供了有效且有乐趣的培养方式。

与此相应,20世纪90年代在心理学的发展中,后现代思潮渐渐走到台前,因为更多的传统咨询和治疗遇到瓶颈,以专家、心理医生为中心的透过专业角度在咨询过程中偏重于经验和可分析性的治疗方式,渐渐不能适应多元化的社会发展需要。以咨询者为中心的后现代哲学思想,主张"去中心化"和"多元化"尊重咨询者独特的生命经验、历程、思想,反对"同一性",倡导"可能性"(独特性)。以叙事治疗和合作取向治疗为代表的后现代思潮兴起,为积极正向养育提供了更广泛的视角和可能。

站在巨人的肩膀上,取百家之长,将方法论更具象并方便被父母理解和实施,是本书着重需要考量的方向。社会能力的培养实际上与情商管理异曲同工,透过日常发生的事件,培养孩子表达清楚事情的脉络,并明确自己和他人内心的感受和需求,能够思考和找到多种解决办法,使得事情得以很好解决且诸方都能够满意,并进行尝试验证和实施,这样的过程自然培养了孩子的情商(认识、管理自己和他人的感受),也培养了孩子周全解决问题的能力。孩子将在生活中,不惧怕问题和挑战,甚至持有欢迎的态度,解决问题的过程是滋养关系的过程,为孩子未来在实现自己的过程中收获亲密、支持和幸福的人际关系。

一、清晰描述行为和感受

人们对自己的孩子往往抱有较低的能力评估,原因有三:

第一是源自不平等的比较,将孩子和自己的见识相较,或者拿自己的孩子

呵护宝贝内心的高能量

与别人的孩子相较，所谓的"别人家的孩子"。对于未成熟尚有孩子气的父母，或许会如另一个孩子一样，诟病和难以理解孩子的一些短处，无法看到自己孩子独特、优势的方面。这实际上也源于他们自己的较低自我认同，想要过得比别人好，感觉自己不够好。

第二是认为孩子就是一张白纸，没有什么值得信任的能力。看不到孩子自身所携带的能量和力量。或许孩子对于社会的认知是空白的，但对于精神却不是，精神密码与身体密码飞速地发展着。

第三是因为极度爱怜，将替代当作挚爱的唯一方式。太多的时候，我们主动接过孩子本该可以从中获得技能的事件，并以语言或非语言的形式告诉孩子"你不会""你不行""你不能"，让我来。直到后来，孩子自己内化了这样的无力感、无价值感，感觉到"是的，我什么都不能"，也逐渐失去了社会能力的获取兴趣。我们中国的父母，太多这样的极度的爱，培养很多啃老族，问问现在的年轻人，有几个是完全靠自己买房结婚的？

即使你是改革开放红利期的富起者，培养孩子独立担当，依靠自己的能量也是必要的，没有人能陪伴他们一辈子，你也一样，谁都不想被"富不过三代"的咒语击中！

（一）在敏感期顺势训练

在生命的初期，是的，孩子审时度势的能力尚不具备，对事情的脉络了解也会比较片面，但正是这些方面需要我们来训练他们，而我们却只在事情不如意的时候批评和指责他们。这样的训练，需要配合孩子不同生命敏感期顺势而为，收起批评和指责的负能量传递，感谢这些处理不当的时机，让我们知道孩子还需要哪些指导和训练。

两岁上下，孩子开始最早的自我发展期，开始越来越清晰自己和外界，"我"和"你"的时候，我们需要帮他们更明确。因此，所有的对话尽量将表征代词、"不同"及各种感受表达清晰，让宝宝能够明白。千万不要简化，请用正常清晰的语句表达，也使得在语言敏感期的宝宝能够尽快提升自己的语言能力。我们都知道学习英语，最好有纯英文的语言环境，因而，我们清晰而详尽的汉语，也是宝宝学习母语最好的语言环境。

宝宝，这个小泰迪是我买给你的，上次我看见你的小眼睛一直盯着小泰迪，我知道你喜欢它，所以我给你买了一个。但是你的这个小熊跟圆圆的不同，她的是黄色的，你的是棕色的。（我、你、圆圆的、不同、她的、你的，每一个交流的当下，帮宝宝明确这些概念和词语。）

宝宝，看见你刚才把我的记录本撕了，我很生气。我的生气和你的生气不同，你是因为今天出门小朋友不和你玩，你觉得伤心又无奈；我的是因为我没有惹你，而你却冒犯了我，让我无法再看到我记录的重要的事情。生气的时候，能不能用别的办法缓解，而不是伤害无辜的人？（你、我的、我的生气、你的生气、不同、伤心、无奈、冒犯）

这些"你"（的）、"我"（的）是为了帮宝宝更好地形成自我和他人的认识，"不同"是让孩子了解自己和别人的区别，"伤心""无奈""生气"是帮助孩子清晰自己内在的情绪，了解自己和别人不但外在不同，内心的感受也不同。感受的词语帮助孩子跟自己内在正在发生的情绪相连接，也为了以后再有同样情绪时，他们能够清晰地表达出来。这样的沟通和表达，帮助孩子加强自我意识，尽快将自己与外界分开，并培养其精确表达的能力。

2～6岁这个自我发展重要时期，同样要强化上述自我意识、自我与外界差别、内在情绪认知等几个重要的方面。每个孩子有情绪的时候，帮孩子认识自己的情绪，"你是生气了吗？""你似乎不开心？"等等。您还可以专门制作一个情绪表或者情绪树，将开心、兴奋、喜悦、平静、骄傲、自豪、伤心、生气、恐惧、害怕、沮丧、无奈、愤怒等列在上面，当孩子有情绪时，指认给他看，并读给他听，孩子很快就会掌握这些词汇与自己内心状态的对应关系，并能准确表达。

当然在这个时期，孩子会遇到一些社会化的问题，因为刚开始上幼儿园，跟老师和小朋友之间也一定会发生一些事情，每件事情都是很好的时机教给孩子认识事情的脉络，了解自己的感受，并体会别人不同的想法和感受。为后期4岁以上可以很好地解决问题做准备。

呵护宝贝内心的高能量

霏刚上小学，班上有个小男生，总是一见她就喊她"妈妈"。一天晚上回来，她很沮丧，没精打采的。

"妈妈，我跟薛宝说了很多次：不要叫我妈妈！他就是不听，还是叫啊，叫啊！搞得我早饭都没吃。"她把书包一放就无奈地说。

"你告诉他不要叫妈妈，他还叫，真是很让人无奈啊！怎么会连早饭都没吃呢？"我问。（反射式倾听，帮她确认情绪）

"早上一去，他就叫我妈妈，然后就去食堂吃早饭，我想他在食堂，我就不敢去了，所以就没吃饭。"她依旧很低落。

"他在的地方，你都不敢去了，你真的是很恐惧他叫你妈妈。但是他好像不同，并不觉得有什么不好，照样该吃早饭吃早饭。你是怎样告诉他你不喜欢他叫你妈妈的？"我确认我听到了她所有的表达，接着问她。（确认恐惧情绪，让她了解别人的不同情绪）

"我就是很大声地告诉他：'不要叫我妈妈！'"她回答。

"你告诉他不要叫你妈妈，有没有告诉他你心里很害怕，他叫你妈妈的时候，你不敢跟他在一起，想要躲开他？这样不能把他当作朋友？"我问。（告诉孩子，沟通需要同时表达自己的想法和情绪，让对方知道行为对别人造成的后果）

"没有！"她回答。

"我们来看看，他叫你妈妈，你觉得他是在表达喜欢你，还是讨厌你？像你们这么大的小宝宝会讨厌自己的妈妈吗？"我问。（试着了解别人的想法和感受）

"我们都爱妈妈，他应该是喜欢我！"霏的无奈似乎流淌过去了，变得平静下来。

"当你认识到，他有可能是喜欢你才叫你妈妈的，你内心的感受如何？刚才的无奈、生气、害怕的感觉有什么变化？"（帮孩子及时确认了解到对方的想法后，自己感受的变化）

"我觉得不那么可怕了，也不那么生气了。"她在思索中回答。

"那要怎么才能让你不被此事影响，能够正常上学、正常去吃饭，听说你

都没有吃早饭，妈妈觉得很心疼，怎么才能让妈妈放心，霏能保护好自己呢？"我问。（用妈妈的感受，引导孩子提出解决方案）

"我明天问问他，他是喜欢我还是讨厌我，他要是讨厌我，就请他离我远点，他要是喜欢我，我想请他用别的方式让我知道，我不喜欢他叫我妈妈。我会去吃早饭的，妈妈，因为我虽然不喜欢，但是不害怕了。"她脸上露出微笑，很笃定。

第二天晚上回来，问她是否吃早饭，她说吃得很好。然后悄悄告诉我："妈妈，薛宝说他喜欢我，还有另一个小男孩，他们说两个人要娶三个我呢！"

"怎么是两个人娶三个'你'？"我问。

"他们两个都说喜欢我，都说要娶我，其中一个还要娶两个我呢！"她说。

"那你是怎么回答的？"我很吃惊。

"我说我们先做好朋友吧。"她回答。我给她竖起大拇指。

有些父母看到这里，可能又坐不住了，这还了得，一年级就有早恋意识？就像那个叫霏"妈妈"的孩子，他们娶亲也是一样，只是表达喜欢之情，莫以成人之心度孩童之腹。

对于四岁以下的孩子，会有认识自己情绪、他人情绪较困难的情况，提出解决方案也非常困难。这个时期可以由我们帮他们确认，他们慢慢就会学会表达，方案也可以鼓励着他们思考，如果实在想不出来任何方案，我们可以提供三两个方案供他们选择，经过自己选择的方案实施成功也会有很强的自豪感！也许他们能够想出办法，但是却很难想出"不同"的办法，过小的孩子可以暂时不计较是否相同，每一种办法都要鼓励。不要任何评判，评判是扼杀人们思考和创造的最大的杀手。对他们来说，能够想出办法已经很棒了，他们自己也很难区分相同与不同，只有多次训练才能渐渐增强这方面的认识。6岁之前重在理清事情的脉络、自己的感受，逐渐开始了解别人的感受。6岁之后重在解决问题、评估后果、计划实施。

小彤3岁半，她想要玩妞妞的玩具球，妞妞不同意，妈妈让她想办法，她说："抢过来！"（请记住，一定不能评判！）

妈妈说："这是一个办法！你还能想到别的不同的办法吗？"（鼓励她，不

评判）

"我用我的车跟她换。"她说。

"这是个不同的办法！还有吗？"

"我用我的泰迪跟她换。"她回答。（跟上面的相同，但是不要评判）

"你又有一个办法！你是个有办法的小姑娘！"

通过确认孩子自己内在情绪，进而了解别人的情绪是一个重要的方法；通过别人的行为和表情了解别人的情绪也是训练的重要方向。我们可以自己表演生气：叉腰、沉下脸、两眼冒着怒火，让孩子来猜猜我们的情绪。"你生气了！"当他们猜对了，你就换另一种情绪，若没有猜对，你就变情绪"木头人"，直到他们猜对。有了前面的情绪认识过程，他们很快就能猜对，孩子在这个阶段十分好训练，本就是吸收性的学习特性。你也可以从网络上找出很多人物表情，大家一起猜猜他们的情绪，有可能每个人的看法不同，也让孩子感受到不同的人，不同的头脑会有不同的认识结论。

我从网络上找来一张人物图片，他皱着眉头，紧闭双唇，眼睛低垂。

"他一定觉得很伤心，或许他跟别人吵架了。"霏说。

"他一定是肚子疼，这是痛苦的表情。"田田说。

"他明明是在思考一个很难的题目。"爸爸说。

"我觉得他是很内疚，刚刚可能做错事情了。"我说。

"我们每个人理解和看到的如此不同，如果这个人就在眼前，我们怎么才能知道他真实的情绪呢？"我问。

"问他！"田田总是嘴巴快于头脑。

"请问，你遇到什么事情了？你的内心有什么感觉？你需要帮助吗？"霏总是怯怯的，但善解人意。

"这个人会喜欢怎样问，让他觉得被关心到了？"我又问。

"我很关心他！"霏回答。

六岁前后，孩子们都能将事情的始末和自己的感受表达清楚，一些孩子能够精准地表达他人的感受，一些孩子需要透过确认才能了解别人的感受，一些孩子还不能了解别人的感受，但是无论如何，这样的训练需要继续下去，只有

第七章 训练孩子的社会能力"你一定能想到办法"

这样，孩子才能跟自己的需要和感受连接，也能跟别人的需要和感受连接，尊重自己也尊重他人，为后面解决问题打下坚实的基础。

如果你很幸运，是从两岁就开始训练孩子的，恭喜你，孩子会很快建立这样的思考模式，会有很好的社会人际关系和解决问题的能力。最重要的是，心理学家发现：紧张情绪的释放，有助于一个人积极地思考；同样，积极的思考能力有助于舒缓一个人的紧张情绪。这很容易理解：一个对自己解决问题的能力非常自信的人，相信自己无论遇到什么事都能够应对，自然在遇到事情时更倾向于沉着冷静！

如果之前没有训练，孩子已经12岁以上，此时并不是不能训练，而是可能孩子已经上初中离开家，训练的时机变少，或者孩子已经有了青春期特征，有些叛逆的行为和语言。如果是前者，更要在每个在一起或者发生事件的当下，想办法用这样的方式训练，当然因为他们的理解力已经很高，可以更清晰地表达每一步的意图；如果是后者，说明你和孩子之间已经有一些权力之争的征兆，孩子已经明显想要向你主张自己的主权，更要尽快训练孩子学会解决问题的方法，以便把他们的生命主掌权放心地交给他们。但是，对于已经情绪化的孩子，教导已经可能被排斥，大道理更是被厌烦，找到怎样的沟通方式将这样的社会能力传授给他们，就变得很有挑战性。

当你在这个年龄段开始训练的时候，最开始需要较为慎重，若比较明显的教化，或许会被排斥，造成没有机会深入下去。一个比较有效的方式，是大量运用"我信息"代替"你信息"。"我信息"是表达事情和态度的时候，以我的角度出发，就会比较容易被人接受，容易被注意。"你信息"是从评判者的角度表达我对"你"的看法和表述，比较容易被孩子理解成指责、批评，尤其是接近青春期的孩子。"我信息"，前半部分只表达自己的客观观察、事情真相，不偏不倚，不加评判；后半部分只表达"我"的感受和需要。

"你放学回来，能不能先把自己的衣服洗一下？放在那里很多天了！"（典型的"你信息"，叛逆的孩子会产生抵触情绪或者假装听不见来抗议）

"我看到，你的一些脏衣服已经放了好多天了。我很着急，也有点生气，你可以写完作业把它们洗一下吗？"（"我信息"请平静地表达，不要带情绪，

呵护宝贝内心的高能量

孩子会比较容易接受，当他们能够配合并把衣服洗干净，需要表达感谢，感谢他们理解你并配合你。）

经常用这样的"我信息"来表达，让孩子觉得自己是被接纳的，当自己配合，还可以赢得你的肯定，就可能更愿意配合。当然，如果叛逆已经很习惯，短时间内不能配合也不要着急，跟孩子确认一下他自己想什么时候配合，当你的态度持续友好平静，他们也就慢慢没有了叛逆的动力。"我信息"送出去的是父母的感受和需求，让孩子了解自己的行为会给另一个人带来一些内心的影响，也开始慢慢觉察自己内心的情绪和需求。

他或许会说："妈妈，我知道了，但是我今天不想洗，作业很多又上了兴趣班，我觉得很累，我可以明天洗吗？"（他也可以开始表达自己的需求和感受）

引导孩子更多了解自己的想法和情绪，即使在叛逆时，是什么事激起了什么情绪，让他想要用叛逆的方式对待父母，直接表达内心想法或者有没有其他更好的方式表达，能够让父母更容易接受。在氛围比较好的时候，也可以跟孩子就叛逆的事件，做一下沟通。

"最近，我发现，当我想要跟你聊聊的时候，你总是很烦躁，我觉得很伤心，我那么爱你，我们一起看看怎么才能更好地表达你的意思让我了解？你看行吗？"我问。

"当你讲大道理的时候，当你长篇大论的时候，我就会很烦！你说的那些我都懂！"田田答，很生硬，想要转身回房间。

"你等一下，你可以用别的方式告诉我你已经懂了，我就不必再说，这样的话你不用烦躁，我也不用伤心！"我叫住她，问道。

"我这样。"她比画了一个停止的手势。

"但是，虽然我知道你懂了，我可以试着停下来，如果我发现你没有改变你的行为，而你的行为对他人造成影响了怎么办呢？"我继续问，她总想停下来走开。

"如果有，到时再说！"她走开了。

陪伴青春期的孩子，突然变得很有挑战！有挑战的原因是我们不能接受他们的语言和行为突然变得叛逆和暴躁，我们感觉被排斥、被拒绝、被隔离，觉

第七章 训练孩子的社会能力 "你一定能想到办法"

得之前的养育有点失败，觉得孩子总是这样情绪反复，将来影响他们的发展。这里面有我们很多被激起的情绪：不被认可的失败感、不被感恩的失望感、不被尊重的低价值感、对未来的担心和恐惧，孩子们对我们似乎很了解，总是能准确激起我们的负面情绪。其实是我们有太多的负面情绪穴位，这个时期孩子们的情绪波动大，很容易点中我们未成长的穴位引发这些情绪！你被点了哪些穴？恭喜你，经由孩子，你找到了自己的待成长方向，你需要面对自己的这些雷区，探研它们的缘起和运作方式。诚实地想想，不难看到，你的这些雷区在工作中、在社会交往的其他时候也常被触动。是的，经由孩子这面诚实的镜子，你会看得更清晰。

其实，只要你仔细观察，处于青春期的孩子们多数只敢跟我们这些父母叛逆，很多孩子到了学校也是很有分寸的。当然也有将青春期的躁动燃烧到学校和社会给别人造成伤害的，这些孩子都是存在较大压抑和愤懑的情绪无法纾解，也不顾忌别人的情绪和感受导致的。多数只对父母和亲人叛逆的孩子，我们应该抱着欢迎的态度，叛逆的背后都蕴含着孩子真实的需求，透过这些冲突，我们可以找到和了解他们内心真正的需要。这说明，在我们的家庭里，多赢解决问题的思维还没有很好地执行或者学习。孩子和家长都缺乏内心需求的认识和表达，都需要提升。孩子敢于说"不"，也是一种进步。

我们是如此敏感和惧怕被拒绝，当我们听到"不"这个字眼的时候，就马上被激起强烈的情感：不被尊重、不被接纳，然后就升腾起怒火扑向孩子，造成激烈的冲突，加剧和升级叛逆行为。当他们说"不"的时候，正是我们可以好好了解他们想法的时候，有的孩子只是习惯说"不"，之后才开始思考，最终按照你的要求行动；有的孩子是真的有不同想法，他要按照自己的想法行动，哪怕是错的，如果没有生命危险的事情，都可以允许他们按照自己的想法尝试，成功和失败都是我们学习的契机。后者也说明他需要自己的主掌权，你对他的事情干预和安排得太多，需要如何调整要跟他沟通解决。

"田田，咱们明天开始做奥数的练习册，以便能更好地掌握数学逻辑，考试的时候取得好成绩，你看好吗？时间紧迫，有不会的赶紧问爸爸。"

"不行。"她极速回答。（我感觉到我的内在在激荡！）

呵护宝贝内心的高能量

"那你想什么时候开始？"我问。

"周末！"依旧极速回答。

"你看，下个月就要开始考试了，妈妈觉得需要早一点开始。"我将语气尽量拉平和。

"不行，我有很多别的事。"她坚持。

"那好，我们从周末开始，每天都需要多做一套题，以便能赶得上。"

"不行！"她依旧回答得很快，"从明天开始吧！"

前面讲过，学习奥数是她自己的选择，但毕竟是孩子，有的时候玩耍可以暂时忘了梦想和目标。日常里，有很多次，我发现她的"不"是标配，我说什么都会有"不"立刻等在后面，然后她才开始思考，当你妥协于她的决定时，她依旧有"不"等着你，最后有可能选择按照你最初的建议行事！当孩子说"不"的时候，先让自己的机械化发怒机制暂停一下，觉察一下孩子的"不"是怎样的真实意义，然后再决定如何跟他们达成一致。

有的时候，教会孩子学会说"不"是很重要的。对于有叛逆倾向的孩子，如何说"不"可以不伤人，且易于赢得合作。对于不敢表达自己甚至不能拒绝别人的孩子，已经完全屈服于外界了，如何说"不"可以保护自己、关注生命界限。尤其是后者，因为在权威式的管教下，已经习惯将自己的想法忽略或者觉得没有价值，总是以父母、师长、强烈情绪的其他人的意见为主，与自己断裂的孩子，他们对外界只会说"好"和"是"，从来不会说"不"！他们往往有较卑微的自我认同，极度渴望外界的好评和赞许，因而会以讨好的心态，满足外界的任何要求，无论是否合理，以取得自己想要的"好"的评价。

接霖放学的时候，她跟几个同学一起走在前面，我在后面接了一个电话的工夫，再抬头一看，一个小男孩追着霖跑到墙后，我赶紧跑过去，看到霖坐在地上伤心地哭泣。那个男孩已经扬长而去不见了踪影。我赶紧跑过去，将她扶起来。

"摔倒了，很疼吧？"我抱着她，久久地陪着她，直到哭声渐渐低下来，恐惧和愤怒也流淌得差不多了。

"你愿意告诉我，你是怎么摔倒的？"我轻声问。

第七章 训练孩子的社会能力 "你一定能想到办法"

"那个同学推的。"她稍带情绪地说。

"发生了什么事，他要追着你跑，还把你推倒？"我继续问。

"也没什么，我们玩看谁跑得快。"小嘴又瘪起来，忍着没有再哭出声。（强烈的情绪流淌出去了，些许的压抑无伤大碍）

"然后他把你推倒，你就只是哭，没有说任何话吗？"我问。

她点点头。（我感觉到我内心有怒气，有评判，你怎么这么窝囊啊！有担心，这么弱，怎么保护自己啊！）

"你觉得心里有没有什么话想跟那个推倒你的男孩说的？"我尽量平和声音。

"就只是玩，谁输、谁赢没什么！你把我推倒，我……很生气也很伤心，我不能跟你做朋友了！除非，除非你向我道歉！"她哽咽着说。

"你心里有这么多话要说，为什么没有说只是哭？"我尽量平静地问。

"我害怕！"她又"哇"的一声哭起来。

"霏，你已经长大了，妈妈不能一直在你身边，霏需要自己勇敢地保护自己，对吗？如果总是让害怕来做主，你就永远会被别人欺负，对吗？霏是自己的小主人，能够选择让自己处在害怕或者勇敢两种状态里，你需要学习随时转换和调用它们不同的能量。以后，这样的情况，霏怎么才能保护自己呢？"（我确实很着急，想要她快点明白和强大起来）

"觉得危险的时候，大声地叫停，让大家都停下来。"她怯怯地说。

"这是个好办法！还有吗？"

"告诉他，把我推倒，我很生气和伤心，要求他向我道歉！"她声音略大了一点。

"这又是一个好办法，刚才你说这是你内心的真实想法是吧，把内心真实的想法说出来，如果他是值得交的好朋友，他会道歉，不再做同样的事。但是，如果他还是不能认错呢？"我问，恨不得她能立刻学会很多保护自己的技能。

"我会不再跟他做朋友，也不再跟他玩了！"她很坚定。

回到家里，跟爸爸说起这件事，爸爸也很着急，把她拉过来："霏，再有人欺负你，你就直接狠狠地打他，看谁还敢欺负你！爸支持你，打坏了有我管！"霏怯怯地站在他面前，不知如何是好，点头也不敢，摇头也不敢。

呵护宝贝内心的高能量

我知道善良的霏永远也不会用她的拳头，也能理解爸爸心疼孩子的心情。教会孩子学会说"不"，对一些孩子来说是极为必要的，但是直接的建议是非常低效的，孩子需要慢慢学习和放下自己的恐惧，找到自己的力量！

小核桃一放学回家，放下书包就开始翻箱倒柜。

"你想要找什么？"妈妈好奇地问。

"找我的玩具魔方，哪去了？"他头也没抬地问。

"妈妈也不记得了，你慢慢找，我做饭了。"妈妈去做自己的事，他继续各个房间翻腾着。

好一会儿，他出现在厨房门口，很沮丧的样子。

"妈妈，你一会儿陪我去超市买一个，好吗？我没找到。"他央求道。

"你想找到它，有什么用？"妈妈问。

"我们同学宁宁跟我借，说是要玩一阵子就还给我。"他说。

"你为什么不如实告诉他，你没有找到你的魔方？"妈妈问。

"我都答应了，再说没有，多丢人啊！你陪我去买一个。"他说，丝毫没有觉得有什么不妥。

"核桃，你看，他需要一个魔方玩，他是你的好朋友，你不想让他失望，妈妈理解。但是，你确实没有找到那个魔方，他作为朋友，也应该信任你，对不？"妈妈耐心地说。

"不行，我不管，就得再去买一个！"小核桃不依不饶。

"核桃，你还小，朋友跟你要的是一个魔方而已，像你这样的想法，将来长大了，朋友跟你要更大更昂贵的东西，你都不能拒绝吗？好朋友是可以理解你的！"妈妈依旧很耐心，但是核桃特别坚持。

母子俩僵持了很久，直到后来妈妈发怒，核桃赌气没吃晚饭。

核桃不能忍受拒绝朋友带来的疏离和被误解，因此不顾自己的实际情况去满足别人的需要，甚至不惜跟妈妈产生冲突。孩子没有清晰的界限感，也没有如何化解因拒绝带来的压力，宁愿委屈自己和家人，也要满足别人避免那可怕的拒绝压力。

很多成人也会有这样的情况，有些人真的很矛盾，明明自己内心不想借钱给别人，却总是无法说出口，最后还是乖乖把钱借出去，然后天天煎熬着、矛盾着消耗着自己。朋友能够及时还钱还算好的，倘若逾期，他们就会有怒火，要么最后带着愤怒把钱要回来，不再跟借钱人来往，要么继续忍气吞声怕影响关系不敢讨要。

我和爱人都是心肠极软，不会拒绝别人的人。我们俩也成就了不少人买房的愿望，也总是不好意思要求写借条。前同事给自己买房、给儿子买房都有我们的贡献。更有甚者，我爱人的同学借钱竟然借了十年多，那时的我们也不宽裕但却不会拒绝，当然也没有借条，我几次催促他去讨要，他都不好意思去。最后终于打了电话，对方竟然说：忘了这事，现在没有钱，等有钱了再还。借钱的经验在我们这里，都不是很舒服，但是却无力拒绝。

从能量学的角度上，金钱本身也是一种能量，金钱能量不能好好地流淌，情感能量也会阻塞。借钱给别人，也跟代替孩子做事的父母一样，阻碍了别人对缺乏金钱的体验和成长，一般不会收到感激，而多是被剥夺的愤怒。很多事情就是这样有趣，当你的钱可以轻易借到，你的这份支持就变得毫无价值。如今，终于学会当内心不愿意的时候可以不再借钱给别人，虽然有时因此而心生愧疚，但是总好过借出去后的煎熬。

不能听从自己内心真正的声音，只是一味地追求外界的认可，不但总是消耗自己，想要的认可也永远不能满足。这是卑微自我认同和低价值感在作怪，也正是本书最核心的议题，孩子能够成为自己生命的主人，需要正向的自我认同、价值感、归属感、权利感和清白感，也有主张自己正当权益、维护自己生命安全和心灵喜悦的能力！

二、了解和舒缓自己的感受

我们帮助孩子认识外部世界，每个人都觉得很自然，也容易做到。"宝贝，这是杯子，喝水用的。""宝贝，这是阿姨，妈妈的朋友。"

呵护宝贝内心的高能量

但是，帮助孩子认识自己的内在世界，很多人就无所适从了，一是自己还没弄明白自己的内在世界是怎么回事呢；二是确实没有人教过我们；三是确实不知道从哪里教起。

就如将家里来的客人一一介绍给孩子一样，每一个孩子情绪升起的当下，将孩子正在升腾的情绪介绍给他们。

"噢，小宝宝饿了！着急要吃奶了，所以大声地哭啊，叫妈妈赶紧来！"（亲昵地安抚着，就将身体的感觉"饿了"，内心的感觉"着急"，跟外在的行为"哭"联系在一起，在这个当下虽然宝宝不明白，但很快就明白了，你也就习惯了这样的表达。）

"强强拿走了你的玩具小车，你很生气，因为你不想给他玩，你也很着急，想要赶紧拿回你的小车，所以你哭了。我们一起看看还有没有别的办法，拿回你的小车，你看好吗？"（认识内心想法所引发的情绪，进而认识情绪所引发的行为，引导孩子还有很多办法可以达到目的）

内在浩瀚的海洋里，主要有思维、念头、情绪、记忆和程序（当然还有别的），5%左右是我们的显意识，能够被我们感知、了解，95%左右是我们的潜意识，难以被我们直接感知和了解。后者却控制了我们大部分的行为和反应模式，潜意识大部分都是我们在精神密码解码过程中形成的，未被外界干扰的部分是我们的特质，被外界干扰的部分是在社会化进程中自我学习的经验模式，这些都是主导我们行为活动的根源力量。

当我们遇到需要处理的事情时，我们的感觉系统会对外部世界进行勘察，周围环境、人的表情行为等被输入我们的显意识，显意识根据经验有一些判断、情绪和反应倾向的同时，就易于立刻采取行动，我们称这部分为"原始程序"：被情绪所驱使，为了保护自己，要么战、要么逃，往往会比较冲动直接，我们也可以将这样的人成为"原始人"，情绪化、孩子气、未成熟的人。潜意识同时会有一些与此有关的意识浮升到显意识，人们在自己的内心就会有更多元的指引，未被社会化的部分我们将之称为"真我"，社会化的部分我们称为"假我"。如何分辨"真我"和"假我"？"真我"是自身的精神密码解码而成，是天赋精神能量，其指引会基于更高的完整性，即所有人的完整和完全；"假我"

是社会化过程中自经验中学习的自我，其指引会更偏向于我们自己，为了保护我们自己的利益和完整。成熟的人，也就是真正成为自己主人的人，不会被情绪所驱使，可以很快缓解和平复情绪，绕过情绪"三思而后行"。那么都"思"什么？一思：如此强烈的情绪背后，我自己真正想要的是什么？二思：内在升起的这些解决方案，哪些是"真我"的指引，哪些是"假我"的指引，我依此行事，分别的后果是什么？三思：选择哪个方案，才是真正实现我自己想要的结果，还不会影响别人，最好还能与别人合作，并有利于他们？

对于我们很多人来说，光是"真我"和"假我"就已经很迷糊了，再加上强烈的情绪，做到三思是比较难的。在没有情绪的影响下，找到三种以上解决方案，周全考虑各方利益，让大家实现共赢，似乎并不难。且不管它是"真我"的想法还是"假我"的，只要能冷静下来，就能找到合适的解决方案。但是，关键是如何冷静下来，如何绕过情绪的自动化驱使？大部分人都是被情绪牵引着的傀儡，并不是内在真正的主人。

（一）大美情绪

我们都很惧怕情绪的惊涛骇浪，尤其是负面情绪，谈之色变、历之颤抖。只是透过情绪的驱使，就采取行动的人，很多时候，都悔之已晚。如果当时我可以不那么冲动，事情或许会不一样。这样的想法和懊悔的感觉，想来对任何人都不陌生。情绪如此强大，甚至修行多年的人，在某些时候也不能幸免，也会有失去理智的时候。因为对情绪的难以驾驭，人们就产生了恐惧和敬畏的意识：情绪是魔鬼，同时也将这样的恐惧向我们的下一代传递着。

别哭了，别在我面前哭；愤怒来了，我想要揍他一顿，无法控制，怎么办？恐惧来了，我无法动弹，我什么也做不了，糟透了；我怎么又打他了，我跟自己说了多少遍了，不能再打孩子啦！我们常常处于这样的情绪里，无法排解，一浪过去又来一浪，就如海潮的来去，不是我能掌控得了的。

情绪如此频繁地控制着我们的行为，因为恐惧，人们很难真的面对和探研它们的真面目，尤其是负面情绪，别说研究，听都不想听！其实，情绪本没有

呵护宝贝内心的高能量

正负之分，每一种情绪都是内在的保护警笛，人们所排斥的是因为自己无法控制情绪而采取的行动，有些情绪使人做出有益的行为，有些情绪使人做出有害的行为。那些让人们做出有害行为的情绪，让人们觉得自己不够好，情绪过后无法面对愧疚和难堪，所以人们很排斥，也正是因为人们这样的喜好和恐惧，情绪就有了正面和负面之分。

我们最不敢面对的情绪是"恐惧"，恐惧是通知你危险临近，促使你的身体分泌肾上腺激素，脑部产生多巴胺等兴奋物质，身体肌肉开始抖动，呼吸加快、心跳加快，做好逃跑的准备。在人类进化的最初，需要出入森林，与虎狼相遇是常事，恐惧就是这样的一种警示情绪，帮助人们做好逃生的准备。是的，身体准备好了，在当时意识不发达的时期，人们更加难以控制和了解情绪，当然会跟随恐惧的指引，真的拔腿就跑。恐惧越强烈，我们的激素分泌越多，跑得越快。但是，这种恐惧的感觉太难受，正如没有人希望碰上虎狼一样，也没有人喜欢恐惧。几千年的历史进程中，人们依旧时刻受到死亡、危险的威胁，恐惧一直都没有走远，一直都在提示着人们采取措施保护自己。如今已是和平年代，人们的内心依旧没有摆脱恐惧，对未来的未知、对国际局势的担忧、对自然灾害的担心等，永远都能找到恐惧的理由。同样，人们也在恐惧的指引下，为保护自己做着准备：军备的扩充、提升建筑物的坚固抗震性、不停歇地储备财富……社会也在恐惧的指引下（对安全的渴望中）进步着！

"愤怒"，一种提示你反击的警报器，同样是希望成为保护你的使者。通常，我们会在什么情况下会产生愤怒的情绪？当我们觉得被贬低、冒犯、攻击、剥夺、轻视等的时候，愤怒就会涌上心头，告诉我们是时候给对方点颜色看看了。于是人们就开始行动，用自认为最有力的工具（人们害怕的往往是认为有力的）：抱怨、指责、暴力、谩骂等，向对方示威、亮肌肉，告诉对方惹我是需要付出代价的。

"焦虑"，极度着急，背后都有希望事情能够完美解决的渴望。我们为钱焦虑，是希望能够拥有足够的经济储备为我们的家人服务；我们为孩子的成绩焦虑，是希望他们能够好好学习，将来能够成龙成凤；我们为健康焦虑，是希望自己和亲人能够安康和顺。但是，这情绪一来，我们就如热锅上的蚂蚁，没有

第七章 训练孩子的社会能力"你一定能想到办法"

一刻安宁,又不知该去向哪里,着实难受!

同样,"担心"也是,恐惧事情会有不好的结果,实际上是希望一切顺利!担心孩子感冒,是希望他们健康快乐;担心投资失利,是希望项目成功,获得丰厚的利润;担心天塌下来,是希望一世安宁。担心一来,同样煎熬着我们的内心,消耗着巨大的能量。

所有的这些,人们称之为"负面情绪"的能量,如此巨大,却是友非敌!解药就在情绪的背后,自带!

恐惧已经在我们的体内准备好了逃跑,如果不是在虎狼、生死面前,停下来,哪怕最开始只有一秒的时间,选择权在我们而不在情绪本身!你可以说:"嗯,我看到你了,你已经为我准备好了一切,但是我还没必要走开,我想看看可以做点什么。"然后,停下来的时间可以变得更长,直到最后你可以自如和缓地回到正常呼吸。当然,你也可以暂时跟随情绪走到一个可以使你安定的地方,待恐惧平定之后,再回来解决问题。

愤怒升腾的时候,你或许可以说:"嗯,我看到你了,他是我的宝贝,不是敌人,让我来了解一下他真实的想法,或许我误会他了。我知道你很在乎我是否受到轻视和攻击!"你依旧可以选择立刻做回应,还是可以暂停一会儿,等到愤怒流淌过后,再来处理。重要的是你来选择!

焦虑和担心背后,正是你的渴望,看到这些渴望的宝藏,它们是你要去的方向和真正想要达成的结果。看看做些什么可以达成比沉浸在情绪里更有意义。是的,感谢你们,让我看到我真正想要的。

情绪来了,最重要的事情不是行动,而是"暂停"。《正面管教》中提倡家庭设置"暂停区",在这里环境安静且放置很多孩子喜欢的玩具、大人喜欢的书籍,也可以有音乐,人们可以通过做自己喜欢的事让自己的情绪尽快流淌平复。然后在彼此都平和的时候,讨论和解决问题。跟传统的带有惩罚性质的"面壁思过"不同,痛苦不利于情绪的舒缓,欢乐才可以!

在我家,最东边的儿童房是霏的暂停区,里面都是她的玩具和书;中间的房间是田田的暂停区,那里都是她喜欢的书和物品;最西边的房间是我和爸爸的暂停区。

当你感受到内心波涛汹涌想要采取负面行动的时候，你可以说："我需要冷静一下，我们晚上家庭会议时好好谈谈。"然后回到自己的暂停区，读书、听音乐、跳舞、工作一会儿，等等，都可以，只要是你在那个当下想要做的，让情绪自然流淌过去。切记：在情绪里，什么决定和行动也不做！除了进行必要的娱乐活动！

我们作为父母，首先自己能够清晰所有的情绪动力和运行模式，将自己从中解脱出来，成为真正的主人。就像老朋友来了，激动之余，如何将你的欢迎之意表达出来是最重要的。情绪也是关系的黏合剂，并不是拆墙机，只要你能够站到情绪的前面。很多时候，将自己内心真实的想法和情绪状态表达出来，反倒使心灵的距离变得更近，更易于被理解和获得合作。当然，最后是让我们的孩子也能够与情绪为友，真正地主掌自己的生命！

你或许会说，我还是很难掌控我自己，接纳自己每一次跟情绪接触的一点点不同，也接纳自己还可能被情绪掳走，但是最重要的是我们在路上！

三、理解别人的感受和看法

世间有两种人，一种是太过在意别人的感受和看法，生怕自己做了什么给别人造成不好的影响，生活得小心翼翼，当自己的需要跟别人的需要冲突的时候，尤其是当对方是自己在意的人，他们会不假思索地以别人的需要为重。而另一种是只在意自己的感受和需求，或者连自己的也不在意，更不会在意别人的感受和需求。极端固执己见的人，就是只在意自己的感受。极端理性主义、极端唯物主义的人是没有自己的感受，也很难理解别人的感受，他们只讲"理"，没有也不讲情！

"你看啊，这新鲜的草莓一定特别香甜可口！好想尝一个啊！"一个人感叹道。

"那只是叶黄素和碳水化合物的组合而已。"极端理性主义者说。

第七章 训练孩子的社会能力"你一定能想到办法"

"哎呀，这个孩子真可爱！她竟然能记住那么长的《三字经》！"你称赞道。

"没什么，只要重复20～30遍，这个年纪的孩子都能记住。"身边的人不屑地说。

可以想见，这两组的人都很难沟通下去，真是话不投机半句多！感觉是在跟机器人沟通，冷冰冰的，相互之间都感觉格格不入，没有被理解。极端理性主义的人还会在被抱怨没有理解他人的时候说："我说的是实情！事实！"

如果说，能够清晰自己的感受和需求，是生命本身发展的需要，那么能够了解别人的感受和需求是社会化过程中不可避免的人际交往的桥梁，那是心灵的桥梁，不是物质的、现实的桥梁！比较有趣的是，对于一个与自己的感觉和需求随时连接的人来说，理解别人是很轻易、自然的事；相反，与自己的内心脱节的人，理解别人的感受也会比较困难或片面。而这份连接心与心的能力，是可以训练获得的，或者说是人们本自具足，但在社会化的过程中被忽略而深埋起来，可以透过训练重新找到的能力。

我们在前面介绍了一些：比方情绪表演，让孩子猜情绪的游戏；比方找来一些网络上的人物表情图片，让孩子来观察并说出他们认为图片中的人物正在经历着什么情绪。这些都是很好的训练方法。在日常生活中，训练孩子有足够的办法解决问题就是对自己和对方感受和需求的探研，从而评估自己的各个办法的后果，最终做出多赢的选择。

一个必须要申明的事实是，我们透过情绪表演和情绪图片，让孩子猜的过程中，每个人所看到和理解的是完全不同的。前面也有讲过，曾经对一个人物的表情，我们一家四个人有四种完全不同的猜测。所以，在猜测别人情绪的时候，是不准确的，带着每个观察者自己的"人生经验过滤器"。不准确的猜测，很可能带来不准确的理解和分析，也会带来对多赢方案的选择误差。这种自以为是的判断和决策，对于关系的发展还是存在一定局限性的。比较客观的做法就是，带着后现代哲学观"不知"的态度，透过积极聆听与对方沟通，了解和确认自己的猜测，找到对方真正的感受和需求。然后基于此，再进行方案的选择，是科学又不失尊重的方式。

呵护宝贝内心的高能量

"妈妈，你怎么不高兴？"霏对别人的状况太过在意，以至于小心翼翼，对于她这么小的孩子，很让人心疼。

"宝贝，妈妈在思考一些事情，妈妈无论如何都爱你，你好好做自己就好！"我转头看着她，挤出一丝笑容，希望她能放松些。

"我怎么总觉得你不高兴？"霏依旧怀疑。

"有一种状态叫——平静，就是心里没有什么高兴也没有什么不高兴的感觉，就像平静的湖面，没有一丝波澜一样。现在，我就很平静。"我说。

"哦，平静，我现在也开始平静了！"霏认真地说，不再纠结。

让孩子们知道，了解别人的感受，可以透过自己的眼睛观察、耳朵倾听，进而猜测和分析，但最重要的是要与对方确认，即用自己的嘴巴发问。

在进行训练时，父母可以用一张纸挡住自己的脸，发出咯咯笑的声音，然后问孩子："你能猜出我现在的感受吗？"

"开心！"孩子们猜到。

"你们是通过眼睛看到我是开心的吗？"父母继续问。

"不是！"孩子们回答。

"那么，你们是怎么知道我是开心的呢？"

"我们是用耳朵听到你的笑声，知道你很开心！"孩子们回答。

然后，你可以在纸张后面发出哭泣的声音，然后继续这样的对话。也可以什么声音也不发，问孩子："你能猜出我现在的感受吗？"

"猜不出来！"年纪小的孩子可能会试图将你面前的纸取走，以便能够看到你的脸。

"为什么你们猜不到呢？"

"因为我们看不到也听不到。"孩子们回答。

"那么，你们怎么才能知道我的感受呢？还有什么办法，可以让你们知道我的感受呢？"你问。

"你的感受是什么？你开心还是伤心？"一个孩子问。

"太棒了，是的，你们还可以直接问我！我很开心，也很为你骄傲！"

放下挡住脸的纸张。你依旧可以问："什么情况下，你们觉得开心呢？"

"我考试得100分的时候;我参加钢琴比赛得奖的时候;晚上,妈妈给我讲故事的时候,等等。"一个孩子回答。

"我跟我的小史努比在一起的时候;回姥姥家的时候;看电影的时候。"另一个说。

"那么,什么时候,你们会感觉到伤心呢?"

……

我们还可以经常讨论感受,比方在讲故事的时候,可以在某些情节之后停下来,问问孩子们书中的人物会有什么感受。孩子们是怎么知道的。还可以在这个情节上加入一些细节,以及当事人的内心活动。

当快乐王子塑像看到作家快要饿死的时候,他的内心感受是什么?

当快乐王子请小燕子将他的眼睛啄下来送给作家时,小燕子内心的感受是什么?

你是通过什么知道他们有这样的感受?听到这些,你内心有什么感受?

同样,在画画、玩布偶、看电视的时候,也可以如此进行训练。我是很容易受到电视剧影响的人,属于看悲剧从头哭到尾的那种,为此,我家先生总说我"老年痴呆"。实际上,有很多跟我一样的朋友,我们的情感很容易被别人的情绪、事件、环境影响和带入,内心敏感且共情能力强,很容易理解别人的处境和感受。此刻也可以问问孩子们,看到电视里人们发生的事情和人们的表情、话语,他们觉得当事人有什么感受?孩子们自己内心的感受是什么?霏会很像我,情绪跟着情节转变。田就很超脱,对我和妹妹跟着电视哭哭啼啼表示很不能理解:只是演戏而已,至于吗?并不是善于共情或者超脱出离就一定好,而是不同反应的人自己能够清晰:在做决定的时候是被情绪和环境绑架,还是基于彼此真实的需要,是只考虑自己还是兼顾涉及的所有人。善于共情的孩子需要更多训练他们看到自己,超脱出离的孩子需要训练他们看到别人。

现实社会里,我们很多时候,都是生活在自己之内,以自己所见、所闻、所想为依据,进行社会关系和事务的处理。没有意愿或者没有机缘能够与对方确认他们的想法和需求。有些被确认的人也是没有连接到自己的人,当我们与他们确认的时候,他们会说:"你看着办吧,没关系的。"但实际上,他们是有

呵护宝贝内心的高能量

自己的期待和倾向的，当我们所做的事情不能很好地考虑或者不能够跟他们的想法吻合时（这通常是很难做到的），他们的内心会有愤怒。这也是关系受阻的一个重要因素，可悲的是，太多的人与自己失去连接，又归咎别人，使得关系紧张又微妙。

"刘总，关于天津的项目方案，你有什么想法和期待？"小镇很尊重地问。

"你看着来吧，没什么特别的。"刘总回答。

当小镇思考了三天，熬了两个晚上、周末又加了两天班，将方案做出来，呈给刘总看的时候：

"你怎么能这么考虑事情的？这个方案太复杂，投资太大，我们承受不了，再做简单点，投资少点。"刘总浏览了一眼，这样回应。

"您能具体说说哪里调整一下，投资做到多少合适？"小镇问。

"你看着办吧，越简单越好，投资越少越好！"他不耐烦地说。

小镇把方案拿回去，扔在桌上，闷闷不乐地打开电脑，打开招聘网站，发了求职简历。

这样的状态，在现实社会很常见，沟而不通使得工作无法开展，浪费很多精力和能量。无论是主动沟通者没有与自己的内心连接，或者是站在自己的角度妄自猜度对方的想法而不加确认，或者是被沟通者没有与自己连接，都会给构建和谐多赢的人际关系造成困境。我们也需要在合适的时机，教会孩子了解并不是所有的人都能够成为朋友，判断什么样的人可以沟通，什么样的人浪费再多的能量也枉然，做到人际关系的高效性。

后现代哲学理念一个比较重要的主掌意识：我们"生命俱乐部"的成员（选择与谁交往，如何考察），我们自己说了算。对于跟我们可以沟通，基于相互理解支持的人，我们可以决定将其留在我们的"生命俱乐部"里。对于消耗我们能量，只给我们的生命带来负向能量的人，我们可以将其关在生命俱乐部之外，也就是关在我们的心门之外。定期清理我们生命俱乐部的成员，确保生命中围绕着我们的都是可以滋养我们的人。

当然，生命俱乐部可以接纳人的标准，随着个人成长的程度也会有变化。当你处于较易被外界环境影响的低能量状态时，被排除在外的人员会很多；当你能够中正于自己的内心，不被外界环境过多影响，你就可以接纳更多的人。

比较健康的人们，能够每时每刻清晰自己内心的感受和想法，在遇到需要与人沟通的事件时，不会战战兢兢更不会唯我独尊，能够很快将自己的情绪流过，也不会被对方的情绪所裹挟，能够绕到情绪的背后看到自己和别人的真实需求和渴望，并透过积极聆听确认对方的想法，进而再进行解决方案的思考、评估和实施。所谓：泰山崩于前而色不变，麋鹿兴于左而目不瞬，然后可以制利害，可以待敌。

四、找到多种解决方法

年龄较小的孩子，为了帮助他们更好地表达和解决问题，一些与此相关的重要词组需要进行特别训练。

是 / 不（没）　　　和 / 或者（还是）　　一些 / 所有　　之前 / 之后
现在 / 以后（稍后）　相同 / 不同　　　　如果 / 那么　　可能 / 或许
合适的时间 / 不合适的时间　　　公平 / 不公平　　为什么 / 因为

除了每个孩子遇到问题的当下，比方跟兄弟姐妹冲突、不合理的要求被拒绝后，都是可以用这些词汇来帮助孩子理清事情的始末，了解自己和他人，并考虑后果。

霏哭着跑到厨房找我："妈妈，姐姐弄疼我的腿了！呜呜……"

"哪里弄疼了？指给我看看。"我帮她吹吹揉揉。（孩子首先需要被理解，情绪就好了很多）"发生了什么事？"我拉着她来到姐姐旁边。

"我想要彩纸画画，姐姐不给我。"霏说。

"她都不跟我商量，就要拿走我所有的彩纸，我还要留着用呢。"田说。

"你们两个人的想法相同还是不同？"我问。

"不同！"田气哼哼地说。"不同。"霏怯怯地说。

"霏，你想要一些彩纸，还是想要所有彩纸？"我问。

呵护宝贝内心的高能量

"我想要一些彩纸，但我想拿过来自己挑。"霏回答。

"田，如果妹妹跟你商量，并且告诉你她只要一些彩纸而不是所有的，但是想要自己挑，你愿意给她一些吗？"我问。

"愿意，但是她没有跟我商量。"田的语气也稍缓和。

"你希望她能跟你商量，但她没有商量，你的感受是什么？"我问。

"我生气！"田抬高了声音。

"霏，姐姐说她愿意给你一些彩纸，如果你跟她商量，并且告诉她，你只是要一些而不是全部。当你不商量就拿，她以为你要拿走全部彩纸，她很生气。你愿意在需要什么的时候，跟主人商量并告诉对方你的真实想法，得到同意之后，再行动吗？"我问，霏点头。

"姐姐是怎样弄疼你的腿的？是在你拿走彩纸，她生气了之后，还是之前？"我看着霏问。

"是之后。"霏声音很低。

"田，你以为妹妹会拿走全部彩纸，并且生气她不商量，之后，你做了什么？"我看着田问。

"我去抢回我的彩纸，但碰到了她的腿。"田现在不那么气愤，小声说。

"怎么做，才能让姐姐愿意给妹妹彩纸，不用生气？怎么做，才能让妹妹不受伤？"我继续问。

"跟姐姐商量，告诉姐姐我的想法。"霏说。

"问她是不是要拿走全部的，不着急。"田说。

"在情绪里，往往会做出让别人受伤或伤心的事，以后要怎么做才行？"我问。

"在情绪里，什么也不做，处理好情绪，思考后再做。"田回答。

在没有什么事情发生的陪伴时间、家庭会议、吃饭或饭后歇息、睡前故事、购物、旅行、看电视都可以做一些训练。当孩子们能够掌握和使用这些词语表达的当下，他们就已经在思考的状态，也不易被情绪带走冲动行事。心理学家研究结果显示，对于孩子，情绪脑在出生就开始迅速发展，而管理情绪的理性脑则发展缓慢，直到二十岁上下才发展成熟，所以孩子情绪化是很正常的情况，但是从小的"我有办法"教育和训练，可以使得孩子有能力在遇到事情时，可以不被情绪控制，而更多地进行思考以解决问题。

是／不是

这是一个水杯，而不是一个酒瓶；

我是一个舞蹈演员，不是一个长跑运动员；

今天是星期五，不是星期天；

现在是上床睡觉的时间，不是看电视的时间；

这是圆形，不是三角形；

这是比萨，不是汉堡

或者／还是（并且）

你想要开着灯还是关着灯？

你想要开着灯并且关着门，还是开着灯并且开着门？

我们买饼干还是买蛋糕？

史努比想要吃点东西还是玩游戏，或者它想要看会儿电视？

你能帮我把蒜剥一下并且捣成蒜泥吗？

相同／不同

玉米和大米，都叫米，它们看上去相同还是不同？

你想要吃鱼，姐姐想吃炸鸡，你们两个的想法相同还是不同？

考试 100 分跟考试 80 分，你的感觉相同还是不同？

靠窗的座位和靠走廊的座位，坐下来的感受相同还是不同？

西安和北京，都是古都，这两个城市相同还是不同？

一些／所有

所有西红柿大小都相同，还是有一些是不同的？

电视里的所有小朋友都在坐着，还是有一些不是坐着的？

妈妈做的所有饺子都是相同馅料的，还是有一些是不同的？

看到比赛输了，所有小朋友都觉得很沮丧，还是只有一些小朋友觉得沮丧？

图片上所有小朋友都戴着红领巾，还是只有一些小朋友戴着？

之前 / 之后

我们需要把这些食物都付款之后才能吃，还是之前？

你拿姐姐东西之前还是之后，她打了你一下？

你知道这些饼干在来到超市之前，是在哪里生产的吗？

你知道我们从西安出发之后会去哪个城市？

你知道飞机是在火车发明之前还是之后发明的？

现在 / 以后（稍后）如果 / 那么

你想现在吃点儿点心，还是稍后等我们游完博物馆去饭馆吃饭？

如果我们现在在付款之前拆开这个面包，可能会发生什么？

如果你能等一个星期再吃这盒巧克力，那么我会在你做到以后给你买三盒。

现在如果我们不上床睡觉，那么明天早上将会发生什么？

如果我们现在不能快点儿去车站，赶这班火车，那么我们只能等明天再出发。

为什么 / 因为

你知道为什么要把冰激凌放在冷冻室里吗？

你知道为什么飞机能在天上飞吗？

我拉着你的手，是因为我想要快一点儿走到姐姐学校门口，那么姐姐就不用等得太着急；

公平 / 不公平

只考虑自己的感受，而不管别人，这公平吗？

电视里，小明想要玩球，直接抢来小华的，这公平吗？

你觉得大灰狼骗小红帽，这公平吗？

合适的时间 / 不合适的时间

宝贝，我正在工作，这是合适的时间还是不合适的时间陪你玩？你可以现在找点不同的事情做吗？

姐姐正在写作业，你想要跟她玩气球，这是合适的时间还是不合适的时间？你可以等到姐姐做完作业吗？你可以为自己找到不同的事情做吗？你觉得什么时候是合适的时间？

考虑感受

大灰狼没有吃到小猪，头上还撞了一个大包，你觉得它会有什么感觉？

你认为，妈妈什么时候最开心？

你知道姐姐最生气的事是什么吗？

写了这么多对词组的训练，你或许会说："有必要吗？"这些字词对成人或大一点的孩子来说，确实很简单，但是请别忘了，我们是在教育我们的孩子，训练孩子的重点是：孩子能够有办法解决自己的问题，而不是你。事实上，当孩子能够更清晰地表达事情、感受事情的脉络，他们就很快能够找到解决问题的办法。这个训练在 3 到 6 岁进行是最好的时机，因为当孩子在这个依赖感最多的时候，发展出自己解决问题的习惯，并形成"无论什么事，我都有办法解决"的价值信念，这是受益终生的。而对于父母，孩子们在 6 岁以上真正社会化的过程中，就会很轻松高效。这样的孩子就会自动形成凡事思考、自律、计划、行动，收获成就感，同时情绪稳定健康，为未来的成功幸福打下坚实的基础。

训练的关键点：

第一，透过积极倾听弄清孩子对问题的看法，要记得"不知"原则，放下所有的自以为是，包括评判、指责。

第二，切记，是孩子要解决问题，不是你，孩子是解决问题的主人，我们只是教练。我们的训练功夫都在日常，现在是场上比赛时间，教练不能直接参与击球，只能在看到问题需要调整的时候叫停，对队员进行有效的引导和激励，孩子才是解决问题的主角！

第三，把重点放在思考过程中，而不是具体的结论上，对于思考多鼓励，对于结论，不评判、不干预。"我有办法"教育的目的是教给孩子遇事思考的系统方法，你对结论的任何看法，无论是评价、批评甚至是赞扬，都会阻碍孩子自由思考和表达。

对于我们父母来说，随着孩子的长大，管住手、管住嘴越来越成为我们赋予孩子成长的必备品质。虽然跟管住嘴、迈开腿一样艰难，但是父母越退后，孩子的能力成长越快！当我们将孩子的能力训练好，很多时候我们不需要做什

呵护宝贝内心的高能量

么，孩子能够处理自己学习生活的大部分问题。即使有求助父母的地方，也是只需要问几个问题，孩子就能够再尝试、再学习，最终都能面对和解决。孩子的事交给他们自己解决，我们只负责爱和守护就好，轻松高效做父母是我们共同的追求。

老大上学的时候，因为她是10月的生日，因而在班上算大姐姐。加之很小就呈现的语言天赋，让她很快形成自我管理学习的习惯。因为她看得明白老师布置作业的文字，也看得懂各项作业的题目要求。因而，自上学第一天开始，我就告诉她，做作业、学习是你自己的事，签字和疑难问题找父母。回家第一件事情就是做作业，做完所有必要的事情才可以玩和看书。她是个小书虫，看书是她最多的课余活动。我很轻松惬意，孩子学习成绩一直很好。

老二上学，完全不同的状态，老师发到微信里的作业，她看不太懂，一个字一个字念完，还不一定能够懂是什么。我试图用同样的办法交给她自己处理，以为给她念明白就行了，开学后老师几次私信说"作业"没完成。

"老师说，你好几次'一起作业'没完成，是怎么回事呢？"我问霏。

"不知道啊。"她很无辜。

我进入一起作业软件，因为没弄过，不知道没做的作业从哪里能看到，小家伙也一样不清楚。我把手机交给她："你能找到哪里没做，补上可以吗？"

她拿着手机，点来点去半天也没有找到。

"怎么办呢？妈妈和你都找不到哪里没做？老师看到你没做作业，会有什么感觉？"我问。

"不高兴！妈妈你别急，我再找找看。"她说。

"好，你慢慢找，每天晚上，我都念作业给你听，为什么还有没做的？你希望我怎么做或者你怎么做就能不落作业呢？"看着她认真的小模样，我接着问。

"你念作业的时候，我都知道。但是做着做着，我就忘了其他的。"她回答。

"那要怎么办，才能确保作业每天都做完呢？"我问。

"你帮我看看，帮我检查。"她说。

"这是一个办法。有没有你自己可以做到的办法？"（我心里在想：你姐姐

可没这么麻烦）

"我快点学会很多字,我把老师的作业写在一个纸条上,一项一项地做完。"她又说。

"这是一个你自己可以做的办法。还有吗?"（心想:你现在还不能马上达到这样的水平）

"我做完我记得的,最后请你帮我再念一遍,看看有没有忘记的。可以吗,妈妈?"她接着说,抬头看了看我,又低头看软件。

"在你还不能认识足够多的字,不能读懂老师作业之前,是可以的,要怎么才能让你尽快认识很多字呢?"我问。

"我来读作业,读不对的你告诉我,我很快就认识了。"她说。

"好的,你的办法真多。还没找到吗?要怎么才能找到呢?"我问。

"妈妈,我去找姐姐帮忙。"她站起来,朝姐姐屋走去。

当很多时候我们只需要这样的问句就可以帮忙孩子解决问题,做父母就真的很轻松,何至于看孩子写作业都搞出肝癌来!

"发生了什么事?""怎么回事呢?"弄清楚事情的脉络。

"你有什么感觉?""对方有什么感觉?"让孩子了解自己和他人的感受。

"怎么做,才能让你和对方都不会不开心?"让孩子思考解决方法。

"这是一个办法,还有吗?"

"这是一个不同的办法,还有吗?"

"这个办法跟刚刚说的,是相同的还是不同的?"

无论孩子想的办法是可行的,还是可笑的,请管住嘴,不评判,引导孩子思考更多的办法,是这一步最关键的地方。重要的是思考,不是结果。重要的是培养孩子思考的习惯,而不是方法的可行性。很多时候,当孩子想出很多办法之后,哪个是最优的自然就很明了。这样的思考过程,自然而然地提升着孩子情商的能力,能够通盘周全、多角度地考虑各方需求,为将来面对问题、领导团队做充分的准备。

必要的时候,请找到笔和本子,写上"我有办法记录本",将孩子的办法记录下来。孩子们会很得意,当自己的办法被记录在册,会觉得很高兴和自豪。

记录好后，将孩子所想的办法高声读给他听，并称赞他是"特别有办法的孩子"！比如：

霏想到的可以不落作业的办法：

1. 请妈妈帮忙检查；

2. 会认很多字后，将作业抄写到一个小条上，一项一项核对；

3. 写完后，请妈妈再帮忙念一遍，以确认是否真的写完；

4. 每次作业都由霏来念，妈妈提醒念错的字，这样霏就可以快速认识很多字。

或许，有的时候，你发现自己还会回到以往指导、建议、提供解决方案的老路上，没有关系，重要的是你觉察到了，再将主权交给孩子就好。

或许，有些父母还会说，觉得这样的对话似乎有些麻烦和琐碎，甚至觉得浪费时间。不可否认，有的时候事情紧急，需要即刻解决。但生活里的大部分时间，还是完全可以给孩子这样的必要的训练时间。在最初的训练时期，是需要相对细致地培养孩子解决问题思维，但是相对于传统办法激起孩子更多情绪无法宣泄，同时也激起大人的情绪，一家人大吼大叫、冲动行事可能造成某种不可弥补的后果和伤害而言，"浪费"这点时间太珍贵了。况且，到了6岁以上，孩子形成这样的思维习惯之后，你就会获得自身和孩子的双重自由，你会极为感谢当初的那似乎很长的训练时间。尤其是当孩子由此收获满满的信心和价值感，这些不能用时间和金钱换来的珍贵精神财富的时候！

五、自己评估后果，找到多赢方案

在此之前，孩子们已经在你的引导下，学会了找到多种解决方法，变成了一个"我有办法"的孩子。但是，你一定不会忘记，我们曾经遇到过类似这样的办法："打他""抢过来""推开他"等，也在他们的解决办法之中，我们为了不影响他们积极思考，没有做任何评判，将这些办法也记录下来。但是，在你

第七章 训练孩子的社会能力"你一定能想到办法"

心里,一定还保留着担心和不喜欢,你曾经多么想要告诉孩子:这个办法不行!是的,重要的不是你了解这个办法不行,而是孩子们能够深刻了解才有用。我们在生活里,无数次以"告诉他们怎么做"的方式跟孩子在一起,但是真正被他们采纳的太少,告诉他们怎么做已经被你检验过,多数情况下是无效的,除非你加上恐惧、诱惑这些更加有害的因素。

的确,是时候加上解决问题最后的技巧——考虑后果,只有这样,孩子们才能够了解自己所想出的办法对别人的影响以及有效性。也正是这关键的一步,才使得"我能找到办法"的思考模式对孩子的现在和以后的成长具有重要的价值。这也是情商培养中关键的一步。当孩子们养成这样的思考做事模式,就不太可能做出影响别人和危害社会的事情。受过"我能找到办法"训练的人们,会找到有效、负责任的方法处理问题,并进行因果利害的权衡和思考。

要让孩子开始建立"因果"思考,较小的孩子还没有形成较强的逻辑思维能力,但是孩子们可以理解事情是按照某种顺序发生的,当我们做了什么之后,接下来又发生了什么。之前较为重要的字词游戏:之前 / 之后、如果 / 可能,是与事情发生顺序相关的词语,依旧用游戏的方式,帮助孩子了解什么是"原因",什么是"后果"。你可以在生活中的任何时候,进行这样的游戏练习:

之前 / 之后

我打了姐姐之后,姐姐把我推到了。

吃完晚饭之后,是我们玩"我有办法"游戏的合适时间。

我把同学的书撕了之后,他打了我。

我们两个吵起来之前,我拿了她的橡皮。

故事接龙:

"我想要包饺子,我将面粉、水倒在一起之后,我进行搅拌,之后……霏?"请霏接龙下去。

"之后,你把它放在面板上,揉啊揉……姐姐?"霏请姐姐接龙下去。

"之后,你把面变成长条状,然后切成大小差不多的块,擀成饺子皮……妈妈。"田请我接下去。

"之后,我把做好的馅料包进饺子里……霏?"

呵护宝贝内心的高能量

"之后，你把饺子放进开水里煮熟……"霏还没说完，小姐俩一起抢着喊起来。

"之后，我们开始吃饺子，哈哈，真好吃！"大家笑成一团。

如果／可能

如果你现在不吃饭，那么晚上晚些时候可能会发生什么？

如果你不把橡皮还给姐姐，可能会发生什么事？

如果你一晚都不睡，可能会发生什么？

如果你一直大叫，姐姐不能认真写作业，可能会发生什么？

这些前后关系和可能性鼓励孩子了解一下，当自己选择了一个方法，并且付诸行动，接下来可能会发生什么事情，而这个接下来所发生的事情，就是后果。"因"在前，之后才有可能的"果"，让孩子了解，做事情不能只考虑自己，需要考虑很多方面的事。

还记得，前文讲过霏被同学推倒在地，哭得很伤心，回家后跟爸爸说，爸爸建议打回去的事吗？不但是孩子，成人也会有很多不周全的考虑后果行事的时候。一次家庭会议，我又将这件事提出来，让大家讨论，看是否有好的解决办法。

"孩子们，上次妹妹被同学欺负，她哭得很伤心，妹妹找到了一些办法解决，回家后，爸爸建议打对方，我们来看看还有什么办法没有？"我开始提议。妹妹找到的办法清单是：

1. 第二天去学校，告诉那个同学自己被推倒很生气，如果他向妹妹道歉，就还是好朋友，如果不道歉，就不再一起玩了；

2. 在被追着跑的时候，很害怕的时候，大声跟对方喊停。

"爸爸说得对，就要打他。"田性子又急又直。

"我们先来看，如果妹妹当时没有一直哭，而是爬起来狠狠地打了对方，接下来可能会发生什么？我们不知道会发生什么，让我们来猜一猜。"我提议，并用笔在记录本的左侧写下：打回去。

"他吓跑了。"田回答。

"好，第一种情况，他可能会被吓跑。还有可能发生什么？"

第七章 训练孩子的社会能力"你一定能想到办法"

"他没有跑，又使劲打了霏。"田继续回答。

"这是不同的可能，他使劲打了霏。"我记在右侧。

"他去告诉他妈妈。"霏说，"我也告诉我妈妈。"

"是的，他可能会去告诉自己的妈妈。还有其他可能吗？"

"他去告诉老师。"霏补充。

"告诉妈妈和告诉老师，是相同的可能还是不同的可能？"我问。（经历了很多的训练之后，已经可以开始让孩子更多地参与评估）

"相同的。"田肯定地回答。

"那么还有其他可能吗？当他被打了，他内心的感受是什么？"

"他可能会很生气，也可能会哭。"田说。

"好的，我们现在有四种接下来可能发生的事。分别是：第一，他可能会被吓跑；第二，他可能会使劲打霏；第三，他可能会告诉某人；第四，他很生气，也会哭起来。那么，打回去是不是解决问题的好办法？我们说的解决问题，是尽量能使参与各方都满意的方法。"我问。

"不是。"霏回答。田瞪着我，没有说话，或许正在思考，因为这也是她常常以为唯一的方法。

"我们再来看霏的办法：第二天，请求他道歉，接下来可能会发生什么事？"我继续提出问题。

"他可能会道歉。"霏回答。

"他可能根本不会当回儿事。"田说。

"还会有什么可能？"我问。

"没有了！"

"那好，如果第二天，他道歉了，你们觉得这个事情是否得到了解决？霏，如果他道歉了，你的心里会有什么感觉？"我问。

"我不会那么生气了，我觉得事情解决了，我可以跟他继续做朋友。"霏回答。

"那么，如果他根本不会当回儿事，不道歉呢？我们还可以怎么办？"我问。

"不理他了。"霏说。

呵护宝贝内心的高能量

"打！"田依旧有着惯常思维，但是却没有以前那么确定了。

"告诉老师！"霏又说，但是也不确定。

"如果他不道歉，霏，你的内心感受会是什么？不理他是你能接受的结果吗？告诉老师前一天发生的事，你觉得老师会有可能怎么处理？"我问。

"我会生气，也会失望，我可以不理他。老师有可能不会管，因为已经是前一天的事了。"

"那么，如果你可以接受，再遇到这样的事，你可以用你的办法试试！"我摸摸霏的头。

"我决定带着你们练拳！"一直没有说话的爸爸最后发表自己的看法："你们至少要强壮起来，才有力量保护自己，并为自己讨回说法。"

将孩子们所想到的接下来可能发生的事情，写在纸上，对于孩子们会有比较清晰的认识，左边的一个行为会导致右边的很多种可能的后果，即使孩子还不认识字，依旧会有这样的多重思维。跟我们前面找到多种解决办法一样，同样是需要鼓励孩子们找到接下来可能发生的情况，同样要管住我们的嘴，不评判、不建议。最为重要的是，对于所产生后果的探讨，最终对所选择的方法的好坏评估，交给孩子自己来判断，当所有的方法和对应的后果被清晰列出来的时候，孩子们自会找到最合适的解决方案。

你只需要说："去吧，去试试看。"

如果他们的办法行得通，你可以说："事情解决了？真替你高兴！办法是你自己想出来的，你真是一个解决问题的高手！"

如果他们的办法依旧行不通，你可以说："看来，你得想个不同的办法了，我知道你是一个特别会想办法的孩子！"

教会一个怯懦的孩子说"不"，不是一个容易的过程，但是透过这样的训练，霏开始更大胆地表达自己，一年级的生活已经很正常地进行着。让一个冲动型的孩子能够养成先思考再发声和行动，也是不容易的，田现在也能够开始渐渐理解别人的心意，不那么强硬和坚持了。多种解决办法让孩子对自己生命的掌控开启了更多元的可能性，变得丰富而有趣，遇到问题也不再只是一味地央求、哭泣，他们开始想各种办法。

习惯了"我有办法"解决问题的孩子，遇事的引导过程也变得更简洁，或许有时你只需要问：你能想个两个人都满意的办法吗？孩子们在这样的过程中，学会了自我管理、沟通、多元解决问题的能力。

在我家，我已将孩子们的评价交给他们自己：我从网上买来漂亮的空白奖状，交给孩子们，让他们每周从自己的行为中挑选自己认为最自豪、最满意、最有价值的，进行自我表扬。对于自己具备解决自己问题的能力，并常常反思自己闪光的方面，孩子会树立很好的自我认同和价值感！6 岁的霏很热情地进行着自我评价，周周不落，12 岁的田对此不感兴趣，年龄不同需要不同的方式。这是其中一个霏的奖状：

霏：

上周每天都会受到老师的表扬，十月的"周闯测试"，我得了 100 分，我太高兴了！

霏

对于父母来说，训练孩子更多为自己的生命负责，会更轻松，不必扛起本不该扛的生命责任，也不必负责平息本不该评断的纠纷，日子变得平静、舒心、惬意。家庭里的每个人，按照自己的节奏按部就班地做着自己该做的事。父母有了更好的心境，成就自己，跟孩子度过亲密时光，传递自己内心真实的爱意，不被太多情绪捆绑和搅扰。带霏参加聚会，被自己处于青春期的孩子折磨着的朋友羡慕地说：这样的孩子，可以来一沓，多多益善！

六、分步计划并实施

对于 6 岁以上的孩子，社会化的步伐已经相对成熟，学业和心理上都已经准备好了迎接更大的挑战和任务：计划升入重点中学、考上自己梦想的大学、实现自己宏大的原始梦想、学会一项复杂的技能、假期旅行行程安排、学校社团活动组织安排，等等。他们在内心也更稳定平和，能够独立思考和解决问题。

呵护宝贝内心的高能量

只有少数幼年爱缺失的孩子，还在叛逆、胆怯等状态里消耗着。如何更好地计划和分步实施，成为他们经常要面对的问题。我们父母作为过来人，非常了解一件事情的达成需要天时、地利、人和，孩子们还很小，让他们了解做事需要时机、需要分步、需要克服和超越障碍、需要经历必要的时间，是非常重要的。

让孩子了解生活中的一些事并不能一步就达成，也不都是一帆风顺的，都是需要一步一步来完成的，对于开启逻辑思维的6岁孩童来说，是可以逐渐理解的。根据孩子的年龄，假设性问题的分步探讨是非常有意义的。

霏上一年级第二周，回来跟我说，她帮值周生试图让在大厅里玩的孩子回到自己班级，同学都不听她的。她说自己很想当上真正的值周生。

"为什么你想要成为值周生呢？"我很好奇。

"因为值周生会穿一个特别的红马甲，他们帮助老师管理学生，我也想要帮老师。"霏回答。

"很好的想法。如果你想要当上值周生的话，你首先要做什么事情呢？"我问。她似乎没有听懂我的问话。

"值周生是怎样当上的？一下就当上了吗？"我问。

"不知道。"她答。

"当值周生的孩子都是什么样的孩子？他们调皮捣蛋、学习不好能不能当值周生？"我继续问。

"不能，他们都是好学生。"霏回答。

"那么，你想要当值周生，第一步应该做什么？"我问。

"第一步应该好好学习。"她似乎明白了一些。

"那么第二步呢？"

"第二步，不知道。"她不好意思地笑笑。

"值周生都负责干什么呀？"我问。

"早晨在学校门口，监督学生仪容整齐。平时在走廊，监督学生守纪律。晚上放学在学校门口，监督行为。"她回答，看来研究职责可以不用做了。

"那么，你每天早上都快上课了才到学校行不行呢？"

"不行，妈妈，我知道了，第二步应该早起不迟到！"她眼睛亮起来。

第七章 训练孩子的社会能力"你一定能想到办法"

"那么要怎么才能早起不迟到，还能好好学习呢？"我继续问。

"上课好好听讲，回家赶紧做作业，妈妈，有些作业我可以在学校完成。晚上早点睡觉，早上不迟到。"她似乎更清晰了，很快地回答。

"听起来，什么才是真正的第一步呢？"

"第一步，上课好好听讲，回家快快做作业。第二步，考试每次都考得好，学习一直都好。第三步，早睡觉，早起床，不迟到。"她已经整理清楚了。

"你已经很清楚了，但是妈妈还有一个问题：老师会选敢说话、大声说话的孩子还是胆小的孩子？"

"第四步，要勇敢，大声说话！"

六岁的孩子已经具备很好的逻辑能力，将事情的始末、轻重分清楚，分步计划能力没有问题。

面对和接纳实施过程中可能会遇到的障碍，对于六岁以上的孩子，也是不难理解的，因为在之前六年的生命里已经面对和解决了许多问题。他们已经可以做到相对处事不惊，思考还有什么办法可以解决问题。再周详的计划和步骤，都有可能遇到意想不到的阻碍，他们已经为排除障碍和绕开障碍做好了准备。好玩的"我想要……但是……"游戏，又可以派上用场了，父母也需要不断地创造：

我想要把我参加舞蹈比赛的衣服快点晾干，但是……（天却下起雨来）

我想要成为奥林匹克冠军，但是……

我想要获得演讲比赛冠军，但是……

我想要成为飞行员，但是……

我想去爬喜马拉雅山，但是……

我想开车去美国，但是……

孔子想要告诉李白一些重要的事，但是……

……

"要怎么办才好呢？"

我们和孩子一起想象一些如此不可思议的阻碍，并且试试能否找到多种解决办法，就如我们之前所讲的寻找多种解决方法一样。由于阻碍问题夸张有趣，

呵护宝贝内心的高能量

孩子们往往玩得很开心。在遇到阻碍的时候，也会用不同于以往的积极的态度思考和面对。这样的游戏也会让孩子们忘了时间，不舍得停下来。当然，你也可以有很多其他的创意。

"我想要获得演讲比赛冠军，但是我却突然咽炎发作，无法说话。要怎么办才好呢？"（一个人补充好阻碍问题）

"每天喝大量的热水！""赶紧看医生！""吃消炎药！"（其他人回答）

我们在前面解决问题的训练里，已经开始了"合适的时间／不合适的时间"的认识，让孩子对时机有一些了解，但是还需要更深的理解。怎样选择合适的时机，会避免潜在的障碍。同样夸张有趣的情境，会让孩子们乐此不疲地玩下去，同时收获必要的方法。我们可以将恰当的和不恰当的时机混合讲出来，孩子很快就会准确辨认出来。

"霏想要借姐姐的彩笔，就在她刚刚跟姐姐吵了一架之后，这是不是好时机？"

"霏想要向老师请教问题，就在老师正在跟班长交代工作的时候，这是不是好时机？"

"田想要一副弓箭，就在她刚刚顶撞妈妈之后，这是不是好时机？"

"出租车司机想要加快速度冲过去，就在对面刚刚变红灯的时候，这是不是好时机？"

"田想要告诉妈妈一个好消息，就在妈妈放下电话的时候，这是不是好时机？"

"爸爸想要妈妈陪她去拜访客户，就在妈妈生病在床的时候，这是不是好时机？"

"飞行员想要驾驶飞机起飞，就在飞机被送往修理厂的路上，这是不是好时机？"

"霏想要唱歌，就在老师开班会的时候，这是不是好时机？"

"霏获得了舞蹈比赛一等奖，她想要告诉姥姥，在凌晨2点钟的时候，这是不是好时机？"

"霏想要吃巧克力，就在她生日前一周，这是不是告诉爸爸的好时机？"

第七章 训练孩子的社会能力"你一定能想到办法"

"田想要请教爸爸问题,就在爸爸乘坐的飞机正在降落的时候,这是不是好时机?"

"猪爸爸想要抱抱乔治,就在乔治独自爬上摩天轮的时候,这是不是好时机?"

……

经常让孩子们举出这样的时机例子,有助于他们更好地理解,在错误的时机下,不但不利于事情的顺利进行,反而会招来很多困难和挑战,让对方不高兴。而选择合适的时机,是目标是否能顺利达成非常关键的要素。

选择时机不容易,学会等待更不容易。让孩子明白,要达成目标还需要必要的时间,并不能想要什么就立刻实现。那些了解事情的达成需要时间的孩子,不太容易冲动行事,也不会把需要两个星期完成的工作留到最后一天完成。一些较大目标和人生梦想更是数十年的马拉松,需要一步一步朝着那个方向不断提升自己。

前面讲过田小升初的选择过程,最终她选择了培训机构,并朝着自己考取海淀名校的目标开始努力。但是,毕竟开始得太晚,我们慢慢了解到海淀区的孩子多数都从二三年级就开始奥数、英语、语文全科提升,很多学生到六年级已经考过PET(剑桥高中英语等级)、几次奥数获奖、数次区级三好学生、天文学或机器人比赛大奖等,优秀的学生太多了,都是自己的竞争对手。最大的挫折是,她经过几天的补习参加了人大早培的考试,自己还觉得考得不错,竟然连初选都没过。她觉得有些灰心丧气了。

"我注意到,你这几天似乎都没有动老师给你打印的奥数资料,你有什么特别的想法吗?时间很紧张,我有点着急。"我问她。

"我也着急,妈妈,你觉得我能考上吗?"她躺在床上,没有学习的动力。

"你有些担心了?你在担心什么呢?如果不学习,我想那就一定不行,但是不试怎么知道呢?"我问。

"咱不是都试过了嘛!人大早培就很失败。"她说,"我担心,我现在开始,考哪个学校都晚了。"

"你觉得早培的失败,我们能学到什么呢?如果仅仅几天的培训,一考就考上?你可知道跟你一起考的孩子都是怎么准备的?"我问。

呵护宝贝内心的高能量

"我问过一个,她说她一年级就开始准备了,所以说啊,我准备得太晚了,我觉得肯定考不上。"她沮丧地说。

"你有些着急,又有些灰心。那么我问你,你最终的目标是考上北大,你觉得考上北大之前,你需要准备什么?"我共情她的情绪,接着问。(心里也很着急,感觉她似乎丧失了信心,担心从此消沉下去。)

"需要在海淀区比较好的高中就读,并且针对高考内容,着重准备。"她说。

"很好,那么高中之前你又需要准备什么?"(听到她继续清晰的考量,我又觉得很欣慰,因为我如她一样大的时候,什么都不懂。)

"需要在海淀区比较好的初中就读,为了考上一个更好的高中努力。"她说。

"那么,初中之前呢?现在呢?"

"努力考个好的海淀区的初中呗。"她说。

"那么,你考入北大的目标需要分几步完成?分别需要多长时间?"我试探着问,并不知道结果会如何。

"第一步,现在到春节,三个月的时间,努力考入海淀好的初中;第二步,初中三年时间,努力考入海淀区一线高中;第三步,高中三年,努力考入北大。"她总结。

"如果第一步出现一个障碍,没有考入海淀好的初中,你还有什么解决办法?"

"初中三年,努力赶超,争取海淀一线高中。"她眼睛亮起来,"妈妈,我知道了,我还有足够的时间准备,我不跟别人比,我跟我自己比,我朝着自己的目标一步一步好好努力就好。"

"看到这些,你怎么看你剩下的三个月的小升初?"

"我会努力一搏,即使失败也没关系,初中三年也来得及。"她很坚定。

周末,她又一个人坐地铁去培训机构,老师说她又恢复了思维敏捷、认真学习的状态。

生命是孩子自己的,每一道坎,每一个挑战,都是需要她自己有力量和信心去迎战,我们作为教练,就是训练和引导他们发现自己的潜能,支持他们去迎战,无可替代。请一直记得,关键不是我们知道如何做,关键是孩子们知道目标在哪里,如何去做才能实现自己!日常教练的过程中,同样需要创造,让孩子能够有计划意识、分步意识、时机意识、面对障碍意识、时间意识。

或许你可以假设孩子接到一个任务：年终联欢会排练舞蹈，要求他们分步计划，并设想至少一个障碍，以及怎么选择排练时间、选择演员等，直到完成排练，成功表演。让孩子来完善和补充完成任务的过程和细节，并写下来。当然，还有其他你能想到的与他们相关的目标，也可以让他们自己来假设。

邀请孩子将写下来的分步计划讲给大家听，在客厅准备一个凳子，请孩子站在上面，就如站在舞台上。找一本书或别的什么，卷起来，让孩子拿在手里，假装是麦克风。然后准备一个手电筒，从他们的斜上方照下来，就如舞台上的聚焦灯。让孩子感觉就像是在舞台上展示自己一样。最初，可以将自己的计划朗读出来，之后就逐渐要求他们清晰地脱稿讲出来。这样的游戏方式，训练孩子的表达和演说能力，为他们将来能够随时站在万众瞩目的主席台上打基础。未来的小领袖，成就自己的旅途中，怎能少了演说的能力！

在培养孩子更多社会能力的方面，积极养育理念在发展，我自己的教养方式也在发展，当然还有你的！我们没有可以墨守的成规，只有不变的宗旨：提升孩子的自我认同、价值感、归属感、清白感；提升孩子管理情绪的能力；提升孩子的社会发展能力。关于此，我和大家一样，都在路上。可喜的是，在世界各地，积极养育的孩子如初成的雏鹰正振翅高飞，内心充斥着高能量，展开高能力的翅膀，喜悦激昂地翱翔！

第八章 爱给出去，会变得更多

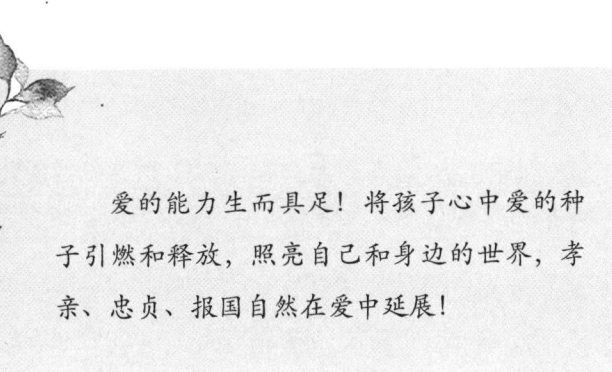

爱的能力生而具足！将孩子心中爱的种子引燃和释放，照亮自己和身边的世界，孝亲、忠贞、报国自然在爱中延展！

第八章 爱给出去，会变得更多

每一个孩子来到这个世界，都有一个故事，这个故事无论是否美好，至少孩子这个生命是纯粹、美好的。孩子这份纯净的能量，也唤醒了这个世界上更多人内心既有的纯净，他们本身就是爱的能量。

初来的时候，如同赤裸的身体，他们的心灵对着这个世界也是完全敞开的。首先吸收同化着家族养育者的信念和能量，入幼儿园后开始逐渐社会化的进程，在社会化的进程中，他们看到了什么、被告知了什么、遇到了什么，是他们形成自我的重要来源，也最终形成了自己的内在伦理世界、人格特质。这些社会化的因素是基于爱的，还是基于恐惧的，是形成孩子内在人格基调的关键。孩子也最终在所形成的内在运作模式的指引下，应对着这个世界，辐射着他们所吸收的能量，或许是爱的、或许是恐惧的。就如"种瓜得瓜，种豆得豆"，孩子的内心被种下了什么样的种子，他们就会以怎样的方式应对这个社会。

养育孩子是一个爱的系统工程，是世界上最伟大的呵护灵魂的事业：你的灵魂和孩子的灵魂，都在这样的工程中升华着！但是，我们很多的父母却是在无意识地进行着养育工作，不知所为，更不知所以为。

世界上的人们无非就只有这些活法：成功并幸福着的；不成功但幸福着的；成功并痛苦着的；不成功并痛苦着的。我想每一个父母都希望自己的孩子是最前者，成为逍遥之龙、自由之凤！我们可以想见，如果一个人是成功并幸福着的，就一定会在成就自己的征途中引领和照耀着一群人也朝向成功幸福，就一定会带着这份高昂的能量抚慰亲人、护卫同胞；相反，如果一个人是不成功并痛苦着的，他的能量一定还用于自身的挣扎、困顿，又如何顾及他人，甚至还会把自己的困顿归咎于他人，用怨恨、报复、妒忌摧毁他自认为的痛苦的世界，也包括其间无辜的人们。相对于物质世界的任何东西，

呵护宝贝内心的高能量

让孩子拥有高贵闪光的精神世界，是做父母的为这个世界做的最大的贡献！而孩子精神世界的滋养，只有依靠爱，我们所期望的孝亲、忠贞、爱国会自然在爱中延展！

孝亲、忠贞、爱国实际上是同一个素质，就是人们将爱回馈给曾经爱我们的亲人和国家。如今倡导的"孝道"思想，多数都是劝导，劝导人们体念母亲十月怀胎的辛苦，几十年育儿的辛劳，连自然界的生物都知道反哺，作为人类也应该要孝顺。我们当然可以理解，因为太多的人在成长过程中没有获得足够的爱，待到他们成人之后，需要这样的劝导，从理智上去体念和感恩自己的父母和国家。古代社会，崇尚孝行、忠贞的时代，那是一个社会主流价值观，无论是日常还是科举，国家在升迁官员的时候一个重要的考核指标就是——孝亲，因而无论为己还是为亲，实施孝行的人还是非常多的。

但如果一个人的孝不是从心自然而发，而是出于理智地思考，机械地服从，愧疚感地驱使，这样的孝其实并不是真的孝，也只是做做样子，摆摆架势而已。这样的孝不是建立在爱的自然回流，没有能量的交融，孝与被孝者之间心与心依旧是遥不可及的。

实际上，人类的孝也如自然界的乌鸦、小羊一样，只要是基于爱的自然养育，都会最终回到自然之孝，不需要再透过教化来唤醒。是不是从心而孝，是要看孩子在被养育的过程中是否有足够的归属感，即被接纳、被珍爱的感觉，如果是，孝行不必教育，父母与子女自然亲近，孝也在亲人间自然流动。

但如果不是，孩子一直感觉到被排斥、被贬抑、不被接纳，待他成年一定会远离且从内心疏离，没有足够被爱，又怎会有爱流回来？

与双亲的关系，也会自然延伸到与他人、与社会、与国家，对亲人疏离，也不会对他人亲近，更不会真正爱国。

对于父母，我们内心处于怎样的状态？是被爱滋养着，还是被困惑煎熬着？这当然也与自己是如何被养育的过程有关。只是过去已不可改变，就在此刻，你的内在状态正在影响着你输出给孩子的爱的质量，也就是你在孩子内心所种下的种子。这不仅仅关乎孩子是否能健康长大，孩子是否能用爱来滋养你，而是关乎民族，关乎国家！

爱孩子最难的不是如何去爱，而是如何调整好你自己！你是否拥有正向的自我认同，你是否拥有足够的归属感和价值感，你是否有足够掌控自己命运的能力和信心，你是否能够拥有清白感而不是心怀愧疚？你将自己的生命活出怎样的光彩？你的内心是爱意满满，还是匮乏焦虑？

最有趣的是：如果你的生活是成功并幸福的，爱孩子本身就是自然流淌的过程，你满溢的爱自然流向孩子，你光彩的灵魂自然照耀着他们；如果你的生活是不幸福的，你的爱也会被阻塞，黯淡的光芒无法照耀你的方向，更无法引领孩子。爱的最重要的前提，就是活出自由、美好的自己！

我们在前面也不断地在论述：养育孩子的18年历程，期间有四个重要的阶段：0～2岁无我混沌期；2～6岁第一个自我发展期；6～12岁自我检验期（人格形成期）；12～18岁青春期（自我成熟期），我们的养育任务就是在18岁之前，带着爱，陪伴孩子发展成熟的自我：正向自我认同感、归属感、价值感、权利感、清白感充盈，具有足够的生活能力，具有足够的认知和学习能力，然后看着他们展翅高飞！积极养育的思潮倡导，在无条件爱孩子的前提下，在社会化的进程中，培养他们必备的社会能力。

阶段	爱	规则	自由	能力
0～2岁	无条件爱孩子			自己、情绪和外界世界
2～6岁		引入规则意识（共同设立）		自己和他人的感受和情绪，遇事多种解决办法，认知能力，必要的生活能力。
6～12岁		深化规则意识（共同设立）	规则之上充分自由	自己和他人的感受，遇事多种解决办法、评估后果并计划实施，认知学习能力，完全照顾自己的能力。
12～18岁		规则不断成长（共同设立）		自己和他人的需求及感受，遇事多种解决办法、评估后果并计划实施，认知学习能力，独立生活能力。

你或许会说，本书的开头，对于培养高能领袖不仅仅只有这些能力而已。是的，当一个孩子具备最基本的能力和足够爱的滋养之后，他的能量就不必与负能量抗争，自然就会去到正向：成就自己的方向。他们会发现自己的天赋，

呵护宝贝内心的高能量

明了自己的使命和梦想，发展那些所需要的必要能力，你也可以用前一章所述分步目标的引导方式，跟他们一起看看如何实现他们的梦想，如何学习必要的技能。积极养育带给人们的养育方式，至少会让孩子能够很好地管理自己的情绪，能够轻松幸福，成就自己，成为自己想要成为的样子。在孩子成就自己的过程中，自然照耀他人、护佑家人、心存国家，成为真正高能量、高能力、高情商的时代引领者。而你，也可以收获自己生命本有的精彩，做回你自己！

爱，给出去，会变得更多！我们给孩子的爱，也会在社会释放着爱的光芒，照耀着世人，也照耀着我们自己！